elementos de processo penal

O selo DIALÓGICA da Editora InterSaberes faz referência às publicações que privilegiam uma linguagem na qual o autor dialoga com o leitor por meio de recursos textuais e visuais, o que torna o conteúdo muito mais dinâmico. São livros que criam um ambiente de interação com o leitor – seu universo cultural, social e de elaboração de conhecimentos –, possibilitando um real processo de interlocução para que a comunicação se efetive.

elementos de processo penal

Mário Luiz Ramidoff

2ª edição, revista e atualizada

EDITORA intersaberes

Rua Clara Vendramin, 58
Mossunguê . CEP 81200-170
Curitiba . PR . Brasil
Fone: (41) 2106-4170
www.intersaberes.com
editora@editoraintersaberes.com.br

- Conselho editorial
  Dr. Ivo José Both (presidente)
  Dr.ª Elena Godoy
  Dr. Neri dos Santos
  Dr. Ulf Gregor Baranow

- Editora-chefe
  Lindsay Azambuja

- Gerente editorial
  Ariadne Nunes Wenger

- Analista editorial
  Ariel Martins

- Assistente editorial
  Daniela Viroli Pereira Pinto

- Copidesque
  Emilson Richard Werner

- Edição de texto
  Sara Duim
  Arte e Texto Edição e Revisão de Textos
  Caroline Rabelo Gomes

- Revisão técnica
  Antoine Youssef Kamel
  Tieme Saito

- Projeto gráfico
  Raphael Bernadelli

- Capa
  Mayra Yoshizawa

- Diagramação
  Bruno M. H. Gogolla

- Designer responsável
  Luana Machado Amaro

- Iconografia
  Celia Kikue Suzuki

Dados Internacionais de Catalogação na Publicação (CIP)
(Câmara Brasileira do Livro, SP, Brasil)

Ramidoff, Mário Luiz
  Elementos de processo penal/ Mário Luiz Ramidoff. 2.ed.
rev. e atual. Curitiba: InterSaberes, 2021.

Bibliografia.
ISBN 978-65-5517-816-6

1. Processo penal 2. Processo penal – Brasil I. Título.

20-45473   CDU-343.1

Índices para catálogo sistemático:
1. Processo penal: Direito penal   343.1
Cibele Maria Dias – Bibliotecária – CRB-8/9427

1ª edição, 2017.
2ª edição revista e atualizada, 2021.

Foi feito o depósito legal.
Informamos que é de inteira responsabilidade do autor a emissão de conceitos.

Nenhuma parte desta publicação poderá ser reproduzida por qualquer meio ou forma sem a prévia autorização da Editora InterSaberes.

A violação dos direitos autorais é crime estabelecido na Lei n. 9.610/1998 e punido pelo art. 184 do Código Penal.

apresentação 9

como aproveitar ao máximo este livro 15

Capítulo 1 **Princípios e sistemas do processo penal - 17**

1.1 Os princípios legais no processo penal - 18
1.2 Princípios processuais penais - 20
1.3 Sistemas processuais penais - 35

Capítulo 2 **Juiz das garantias e inquérito policial - 53**

2.1 Juiz das garantias - 54
2.2 Inquérito policial e suas consequências - 59
2.3 Procedimentalidade - 61
2.4 Atribuições legais de investigação - 64
2.5 Arquivamento - 76

Capítulo 3 **Ação penal - 85**

3.1 Ação penal de iniciativa pública - 87
3.2 Ação penal de iniciativa privada subsidiária da pública - 92
3.3 Ação penal de iniciativa privada - 93

Capítulo 4 **Jurisdição - 105**

4.1 Competência jurisdicional - 106
4.2 Conflito de jurisdição - 124
4.3 Territorialidade e extraterritorialidade processual penal - 126

Capítulo 5 **Meios de prova - 131**

5.1 Noções gerais - 132
5.2 Exame de corpo de delito, cadeia de custódia e perícias - 135
5.3 Interrogatório - 147
5.4 Confissão - 152
5.5 Depoimento - 154
5.6 Testemunhas - 155
5.7 Reconhecimento de pessoas e de coisas - 162
5.8 Acareação - 163
5.9 Documentos - 164
5.10 Indícios - 166
5.11 Busca e apreensão - 166

Capítulo 6 **Processo, procedimento e nulidades - 173**

6.1 Noções gerais: questões prejudiciais e processos incidentes - 175
6.2 Exceções - 176
6.3 Incompatibilidades e impedimentos - 179
6.4 Restituição de coisas - 180
6.5 Sequestro de bens imóveis - 186
6.6 Incidente de falsidade - 189
6.7 Incidente de insanidade mental - 190
6.8 Processo - 192
6.9 Processo sumário - 249
6.10 Restauração de autos - 251
6.11 Medida de segurança (fato não delitivo) - 253
6.12 Sentença e coisa julgada - 254
6.13 Nulidades - 258

Capítulo 7 **Prisão, medidas cautelares e liberdade provisória - 273**

7.1 Prisão em flagrante - 283
7.2 Prisão preventiva - 288
7.3 Prisão domiciliar - 293
7.4 Suspensão condicional da pena (*sursis*) e suspensão condicional do processo - 295

7.5   Livramento condicional - 298
7.6   Medidas cautelares - 303
7.7   Liberdade provisória - 305
7.8   Audiência de custódia - 309

Capítulo 8   **Recursos e ações autônomas de impugnação - 321**

8.1   Noções gerais - 322
8.2   Instrumentalidade - 325
8.3   Espécies de recursos - 326
8.4   Ações autônomas de impugnação: *habeas corpus*, revisão criminal e mandado de segurança - 345

consultando a legislação   361
considerações finais   363
referências   367
respostas   381
sobre o autor   383

A presente obra se propõe a oferecer uma noção ampla e panorâmica sobre como funciona a legislação processual penal, quais são os princípios que pautam a sequência processual, quem são os principais atores no processo penal, quais são os procedimentos previstos a cada um dos atores e quais as principais regras que pautam o correr do processo. Com uma boa base de compreensão legal, é possível entender e aplicar as regras processuais penais, para fins de responsabilização criminal e entendimento do rumo que os processos tomam.

Neste livro, temos por objetivo estabelecer alguns pontos de partida para o estudo e a pesquisa mais aprofundada das categorias elementares da atual processualística penal brasileira. De igual maneira, esta obra serve de material de apoio e de consulta imediata para cursos de graduação em Direito, especializações *lato sensu* e capacitação de pessoal e de profissionais que desenvolvem atribuições não necessariamente apenas judicantes, mas também aquelas relacionadas ao direito – como cartorários, serventuários, oficiais de justiça, equipes multidisciplinares, peritos etc. –, perante o sistema de justiça penal.

apresentação

As regras processuais penais visam à regulamentação da relação jurídica processual e dos procedimentos pertinentes à investigação, à apuração, à instrução e ao julgamento de acontecimentos sociais considerados delituosos para fins de responsabilização penal – e, também, de modo subsidiário, responsabilização administrativa e civil – do agente a quem se atribui a prática do crime. É possível dizer que a processualística penal não só serve como limitação objetiva à intervenção estatal, de cunho repressivo-punitivo, mas também, ao lado do direito penal material (substantivo), constitui-se em um conhecimento ou saber oficial que autoriza e justifica, ajudando assim a legitimar a intervenção estatal a ser operacionalizada procedimentalmente pelo sistema de justiça penal, como forma de ritualização da violência estatal (punição), destinada ao controle social e penal daquilo que é identificado como violência social (crime).

No entanto, a abordagem que aqui levaremos a efeito, em grande parte, permanecerá nos parâmetros da dogmática jurídica, ou seja, num percurso ditado pela teoria jurídica reinante da processualística penal. Daremos ênfase a determinadas passagens de algumas importantes contribuições multidisciplinares, particularmente as oferecidas pelos estudos criminológicos críticos e pelas propostas emancipatórias de uma política criminal humanitária.

O estudo e a pesquisa da processualística penal certamente não podem ser resumidos, única e exclusivamente, aos marcos jurídico-legais da codificação do processo penal, cuja análise deve servir não só para esmiuçar os pontos de partida da legitimação da relação jurídica processual penal – que contempla a investigação, a instrução e o julgamento de casos concretos para fins de responsabilização penal –, mas também, para além de tudo isso, assegurar as liberdades públicas – isto é, os interesses indisponíveis, os direitos individuais e as garantias fundamentais – e principalmente o regime democrático.

A submissão de todos à lei, em especial à lei processual penal, é quesito indispensável à garantia do regime democrático, de modo que todo movimento processual penal – compreendido desde a perspectiva da legitimidade da investigação, apuração, instrução e julgamento – deverá submeter-se à legalidade, pautada em ditames civilizatórios e humanitários que constituem o Estado de direito.

Com esta obra *Elementos do processo penal*, buscamos contemplar a análise dos principais institutos jurídico-legais do processo penal brasileiro, levando em conta suas características, circunstâncias, condições, requisitos, pressupostos e objetos; enfim, os elementos estruturais das categorias processuais e procedimentais que são fundamentais para a prestação da tutela jurisdicional que o sistema de justiça penal emana, por meio da efetivação e da garantia do devido processo legal e de seus consectários constitucionais: a ampla defesa e o contraditório substancial.

É importante dizer que pontuamos algumas análises tendo como base as variadas perspectivas criminológicas ideologicamente críticas, pois é preciso compreender a teoria processual penal – se não o próprio processo penal, enquanto relação jurídica – como instrumento de inclusão social ou como metodologia humanitária que se destina a evitar a reprodução das formas de exclusão social – como expulsão social. Alguns dos nossos posicionamentos têm também seu contraponto em outros autores. Não se trata de ter predileção por um ou outro pensamento, mas de expor o que consideramos mais adequado, apresentando, sempre que possível, as divergências existentes.

A visitação das teorias criminológicas críticas com atenção dirigida à atual processualística penal brasileira tem o intuito, como já dissemos, de assegurar as liberdades públicas – interesses coletivos (indisponíveis), direitos individuais e garantias fundamentais – pelo delineamento de estratégias metodológicas e com base na concepção humanitária e democrática de respeito e responsabilidade pelo outro.

A processualística penal de viés crítico e humanitário se constitui, a nosso ver, em uma inovadora metodologia resolutiva que se apropria de importantes contribuições interdisciplinares, a fim de oferecer soluções cada vez mais adequadas às questões que se apresentam ao sistema de justiça penal. Um exemplo dessas contribuições são os importantes contributos resolutivos oferecidos pelas intervenções democratizadas da Justiça Restaurativa, em matéria penal, que há muito deixou de ser um mero projeto para, assim, transformar-se numa estratégia séria das políticas públicas socialmente consequentes.

Nesta obra, visamos, então, fornecer uma noção do processo penal como um todo, em especial da forma estabelecida no Código de Processo Penal (CPP) brasileiro, com base na lei, na doutrina e na jurisprudência. O delineamento conceitual – para uma visão geral de como seguirá nosso estudo – pode ser visto no próprio sumário, mas o apresentamos também a seguir, com um pouco mais de detalhe.

O Capítulo 1 tem como título "Princípios e sistemas do processo penal" e nele tratamos dos princípios, sejam aqueles explícitos e positivamente expressos na Carta Magna e no CPP, sejam os demais, implícitos e decorrentes do próprio regime democrático. Trata-se de normas abstratas e genéricas cuja finalidade não se restringe à interpretação da norma e à efetivação das regras processuais penais, mas abrange a integração das hipóteses de anomias e antinomias.

Nesse mesmo capítulo, tratamos também dos sistemas processuais penais, isto é, como se classificam as formas de persecução penal – o sistema acusatório, o inquisitório e o misto –, concluindo que, em relação ao Brasil, a partir de nossa visão fundamentada, não é possível classificar o complexo normativo pátrio em qualquer um desses sistemas.

Por outro lado, o Capítulo 2 tematiza o "Inquérito policial" como procedimento administrativo cuja finalidade é investigar a possibilidade da ocorrência de determinado crime, evidenciando provas suficientes de autoria e materialidade. Em que pese não constitua parte efetiva do processo penal, que se dá posteriormente, é a fase que consubstancia o início deste.

No Capítulo 3 – cujo tema é a "Ação penal" –, abordamos o instrumento pelo qual a persecução penal se desenvolve. Veremos que a ação penal pode se dar por iniciativa pública, por movimento do Ministério Público mediante denúncia, ou por iniciativa privada, por meio de queixa-crime, oferecida pela defesa da própria vítima. Há que se compreender, nesta seara, a distinção existente entre as diferentes ações, seus requisitos específicos e seus desdobramentos.

O tema "Jurisdição" é abordado no Capítulo 4, apresentando-se, então, os critérios de fixação da competência do juízo, como tempo e lugar do crime. Ademais, são abordados outros institutos pertinentes à temática, como o foro por prerrogativa de função e a competência decorrente de conexão e continência.

São objeto de análise no Capítulo 5 os "Meios de prova" utilizados no processo penal. Para tanto, torna-se necessária a análise de sua licitude, uma vez que a autoria e a materialidade devem ser devidamente consubstanciadas sempre se observando os princípios do devido processo legal, do contraditório e da ampla defesa, a fim de que eventual decisão condenatória não seja arbitrária, nula ou anulável.

Os temas tratados no Capítulo 6 são "Processo, procedimento e nulidades", e nele, de uma maneira ampla e geral, abordamos como se executam a persecução criminal, a instrução, o julgamento e a execução das eventuais sanções a ser impostas. Importante ressaltarmos a abordagem realizada quanto aos procedimentos específicos em relação a determinados delitos e a ocorrência geral e específica dos ritos processuais.

Além disso, a análise das nulidades do processo penal é imprescindível, haja vista que a ocorrência de determinados vícios nesse processo pode acarretar a sua imprestabilidade. Estabelecemos dessa maneira, a distinção entre nulidades absolutas e nulidades relativas, apontando também suas consequências jurídicas.

O Capítulo 7 traz como temas "Prisão, medidas cautelares e liberdade provisória", apresentando as modalidades de prisão e de medidas cautelares, a liberdade provisória e a medida de política criminal conhecida como *sursis* – suspensão condicional da pena.

Por fim, o Capítulo 8 apresenta os instrumentos pertinentes à insurgência do acusado em face de decisão judicial, quais sejam, os recursos. Uma vez proferida a decisão judicial em face da qual não haja concordância do réu, poderá este impugná-la, desde que pelo instrumento correto ao fim que se destina – assunto que também é abordado –, os recursos *em espécie*.

Ainda no Capítulo 8, apresentamos duas garantias constitucionais, quais sejam, o *habeas corpus*, que, diferentemente do que muitos pensam, não é peça exclusiva de advogado, podendo o próprio réu manejá-la; e o mandado de segurança, cuja finalidade é a proteção de direito líquido e certo não amparado por *habeas corpus* ou *habeas data*. Também nesse capítulo abordamos a revisão criminal, cuja natureza não é recursal, razão pela qual não apresenta prazo legal para impetração.

Em cada Capítulo desta obra, as categorias jurídicas e os institutos elementares acrescentados ou alterados pela Lei n. 13.964/2019 (Lei Anticrime) foram atualizados, revistos e comentados à luz da nova disciplina legislativa do processo penal brasileiro.

Tão importante quanto o domínio dos institutos do direito material penal – seja com o objetivo de formular acusação, seja de defesa, seja puramente acadêmico – é o estudo aprofundado e a análise das facetas do direito processual penal; afinal, é por meio dele que a norma jurídica toma forma e surte efeito, para além do "dever ser", consignado na letra pura da norma. O principal objetivo, nesta obra, é o aprofundamento de seus conhecimentos sobre a temática exposta.

Empregamos nesta obra recursos que visam enriquecer seu aprendizado, facilitar a compreensão dos conteúdos e tornar a leitura mais dinâmica. Conheça a seguir cada uma dessas ferramentas e saiba como elas estão distribuídas no decorrer deste livro para bem aproveitá-las.

Conteúdos do capítulo:

Logo na abertura do capítulo, relacionamos os conteúdos que nele serão abordados.

Síntese

Ao final de cada capítulo, relacionamos as principais informações nele abordadas a fim de que você avalie as conclusões a que chegou, confirmando-as ou redefinindo-as.

como aproveitar ao máximo este livro

Questões para revisão

1) *Recursos são:*
   a. Impugnações derivadas necessariamente da decisão judicial (sentença penal) em que as partes, em comum acordo, não concordarem com a resolução final prolatada pelo órgão julgador.
   b. Impugnações contra decisão judicial (sentença penal) que as partes podem interpor, apenas em conjunto, se houver decisão de absolvição final prolatada pelo órgão julgador.
   c. Impugnações contra decisão judicial (sentença penal) que as partes, no processo penal, podem interpor quando forem sucumbentes e não concordarem com a resolução final prolatada pelo órgão julgador.
   d. manifestações públicas contra decisão judicial (sentença penal) nas quais as partes, discordam da decisão do processo.
   e. Impugnações contra uma parte do processo, podendo ser juiz ou promotor, desde que as partes, no processo penal, concordem com a resolução final prolatada pelo órgão julgador, sendo desconstituída ou tribunal.

2) O recurso em sentido estrito é permitido:
   a. para revisão (reforma ou modificação) de uma decisão judicial, despacho ou sentença, nas hipóteses expressamente previstas no art. 581 do CPP.
   b. Não se encontram previstos esses tipos de recursos no Brasil.
   c. apenas na hipótese de condenação *in pejus* do acusado.
   d. apenas se o Ministério Público encontrar-se na posição de perder o processo.
   e. nas ações de iniciativa pública, privada e consensual.

Questões para revisão

Ao realizar estas atividades, você poderá rever os principais conceitos analisados. Ao final do livro, disponibilizamos as respostas às questões para a verificação de sua aprendizagem.

Questão para reflexão

Pense um pouco sobre as medidas cautelares. Existe algum estudo sobre sua eficácia? Pode ser uma solução para a superlotação penitenciária?

Questões para reflexão

Ao propor estas questões, pretendemos estimular sua reflexão crítica sobre temas que ampliam a discussão dos conteúdos tratados no capítulo, contemplando ideias e experiências que podem ser compartilhadas com seus pares.

BRASIL. Constituição (1988). *Diário Oficial da União*, Brasília, 5 out. 1988. Disponível em: <http://www.planalto.gov.br/ccivil_03/Constituicao/Constituicao.htm>. Acesso em: 11 abr. 2017.

O art. 5º da Constituição Federal (CF) de 1988 traz todo o rol dos garantias e direitos individuais protegidos pelo ordenamento jurídico brasileiro. Especificamente sobre o processo penal, tratam o inciso I, que garante a isonomia de todos perante a lei, em direitos e obrigações; o inciso II, sobre o direito processual penal e o princípio da legalidade; o inciso III, que prevê a dignidade da pessoa humana, pela prescrição de que ninguém será submetido a tortura nem tratamento desumano ou degradante; o inciso XXXIX, que também se relaciona à legalidade, *nullum crimen, nulla poena sine lege* (não há crime sem lei anterior que o defina); o inciso XLIX, que garante a integridade física e moral do preso; o inciso LIV, que trata o princípio do devido processo penal explicitamente; o inciso LIII, que garante o juiz natural; o inciso LV, que determina a necessidade do contraditório e da ampla defesa; o inciso LVII, que garante que o recurso e o trânsito em julgado para a condenação. É recomendável a leitura completa do art. 5º da CF, pois o conhecimento sobre os direitos e garantias e segurança para o cidadão é necessário para o estudioso de direito.

Consultando a legislação

Listamos e comentamos nesta seção os documentos legais que fundamentam a área de conhecimento, o campo profissional ou os temas tratados na obra para você consultar a legislação e se atualizar.

I

Princípios e sistemas do processo penal

Conteúdos do capítulo:

» Princípios do direito processual penal: juiz natural; inevitabilidade; indeclinabilidade; devido processo legal; contraditório; ampla defesa; não autoincriminação; presunção de inocência; *in dubio pro reo*; inadmissibilidade de provas ilícitas.
» Sistemas processuais reconhecidos pela dogmática jurídica processual penal.
» Sistema acusatório, sistema inquisitório e sistema dito *misto* e as caraterísticas e peculiaridades procedimentais de cada um.

Neste capítulo, estudaremos os princípios do processo penal com base na legislação pertinente – a saber, a Constituição Federal (CF) de 1988 (Brasil, 1988) e o Código de Processo Penal (CPP), Decreto-Lei n. 3.689, de 3 de outubro de 1941 (Brasil, 1941) –, debatendo sua importância para a regularidade e a validade do processo (relação jurídico-processual). É preciso esclarecer que essa importância está relacionada à responsabilização criminal do agente a quem se atribui a prática de um crime, com o intuito de que lhe sejam assegurados todos os direitos e garantias fundamentais em todo o correr do processo. Essas duas fontes (CF e CPP) são as consideradas *fontes processuais penais principais*, em contraposição às *fontes processuais penais extravagantes*, que são as leis infraconstitucionais que modificam ou complementam as principais, com abrangência sobre a processualística penal.

Mais adiante, trataremos dos sistemas processuais mais debatidos: as espécies de sistema processual (acusatório e inquisitório) são estudadas e debatidas, destacadamente, acerca da influência que uma ou outra modalidade possa exercer no que se pratica no Brasil. Até mesmo supõe-se a existência de um sistema *misto*, que seria composto de características de ambos os sistemas principais. Porém, como pretendemos mostrar, por se contradizerem, os sistemas são inconciliáveis – portanto, paradoxais –, e o que se tem são encaixes de partes de um em outro, com vistas a conciliar a prática brasileira, a qual é, por si mesma, contraditória. Talvez por isso não existe consenso sobre qual sistema processual melhor caracterizaria, por inteiro, o processo penal brasileiro, nem sequer sobre a existência do sistema misto.

1.1 Os princípios legais no processo penal

Os princípios gerais são tomados como uma das fontes do direito, aos quais se recorre em caso de falta de regra escrita; são o fundamento da legislação – encontrando-se explícitos em alguma norma legal, ou implícitos, como dedução lógica dela – e funcionando como norte para os elaboradores e aplicadores das normas. Os princípios, de forma geral, destinam-se à aplicação da regra jurídico-legal e, por consequência, determinam restrições a todo e qualquer ato de interpretação que se vincule à efetivação das normas em qualquer área do direito. De igual maneira, os princípios pertinentes ao processo penal se destinam não só à interpretação das regras processuais, mas também à integração dessas regras, nas hipóteses de anomias e antinomias*. Nessas hipóteses, contudo, é preciso "limitar ao máximo o subjetivismo" do órgão julgador**, conforme advertência de Dimitri Dimoulis (2007, p. 229), para quem essa limitação é possível como consequência do dever constitucional, imposto ao juízo, de "fundamentar sua decisão de forma detalhada e completa, permitindo aos interessados controlar como e por quais razões foi aplicado determinado princípio de direito". De acordo com esse autor:

> os princípios desempenham outras funções no ordenamento jurídico [...] são abstratos e genéricos, não permitindo, assim, decidir com certeza sobre sua aplicação no âmbito de uma subsunção [...] constata-se muito frequentemente a colisão entre dois ou mais princípios. [...] o aplicador do direito deve ponderar os princípios conflitantes, tentando harmonizar os interesses em jogo ou, se isso não for possível, aplicar o princípio que apresenta maior importância no caso concreto. [...] o descumprimento de princípios do ordenamento jurídico pode ensejar

---

* Anomias são situações em que ocorre ausência de normas em relação a certa situação, ou ainda quando as normas, embora existentes, não alcançam eficácia na sociedade, não coibindo as condutas que determinam ser proibidas; *antinomias* são, por sua vez, situações em que duas normas apresentam incompatibilidade, mesmo pertencendo ao mesmo ordenamento jurídico e sendo válidas.

** Todas as vezes em que se referir, nesta obra, a órgão julgador, de um modo geral, tem-se a intenção de contemplar não só o juiz de direito, mas também desembargadores (estaduais e federais) e ministros dos superiores tribunais, haja vista que o termo *juiz* utilizado pelo CPP pode causar confusões.

uma ação específica em prol de seu respeito [descumprimento de preceito fundamental]. (Dimoulis, 2007, p. 229)

É esse comando constitucional que determina a imprescindível necessidade de fundamentação das decisões, segundo o qual:

> Art. 93. [...]
> IX – todos os julgamentos dos órgãos do Poder Judiciário serão públicos, e fundamentadas todas as decisões, sob pena de nulidade, podendo a lei limitar a presença, em determinados atos, às próprias partes e a seus advogados, ou somente a estes, em casos nos quais a preservação do direito à intimidade do interessado no sigilo não prejudique o interesse público à informação[;] (Brasil, 1988)

Os princípios podem ser expressamente enunciados e, portanto, consignados pelos textos legislativos; porém, há outros princípios, estes decorrentes de regras jurídicas que possuem conteúdo fundante, como os direitos individuais e as garantias fundamentais (liberdades públicas, relacionados no art. 5º da CF).

Os princípios, portanto, dentro do processo penal, têm inúmeras funções, que são determinantes da validade e da eficácia dos atos a serem adotados no sistema de justiça penal – como, por exemplo, as decisões judiciais –, servindo, assim, como critérios verificatórios não só das eventuais nulidades processuais, mas também da própria pertinência constitucional da administração da justiça penal e, consequentemente, do regime democrático.

1.2 Princípios processuais penais

A processualística penal, então, apoiada nos estudos e nas pesquisas que têm por objeto de análise a aplicação das regras processuais, estabelece os princípios que a orientam – e, de certa forma, vinculam, como na declaração das nulidades processuais –, assim como balizam a verificação da validade e da eficácia dos atos processuais e procedimentais. Os princípios fundamentais do processo penal, por certo, não se esgotam nas espécies ou modalidades expressamente estabelecidas no texto constitucional ou nos infraconstitucionais legalmente codificados, senão que, também, é possível reconhecer orientações principiológicas implícitas, decorrentes do próprio regime democrático, e que, portanto, servem como critérios objetivos para aplicação da norma processual. A seguir, veremos alguns dos princípios norteadores do nosso direito processual penal.

1.2.1 Juiz natural

De acordo com o inciso XXXVII, do art. 5º da CF, "não haverá juízo ou tribunal de exceção" (Brasil, 1988) para atribuição de responsabilidade penal; ou seja: é vedada a instalação de juízo ou tribunal de exceção para o julgamento do agente a quem se atribui a prática ou o envolvimento em conduta considerada delituosa. Com isso, o ordenamento veda a criação de um órgão do Judiciário exclusivamente para o julgamento de uma infração penal específica. Isso faz com que apenas os órgãos existentes anteriormente ao crime sejam considerados competentes para o julgamento do ato infracional. Assim está constituído o princípio do juiz natural, garantindo que o juiz, em sua pessoa, seja constituído antes, de modo a impedir mudanças nas regras de jurisdição.

O ordenamento jurídico nacional "reconhece como juiz natural o órgão do Poder Judiciário cuja competência, previamente estabelecida, derive de fontes constitucionais" (Oliveira, 2014, p. 37). Num Estado que se entende democrático (constitucional) e de direito, é fundamental não apenas que as atribuições públicas sejam desenvolvidas de acordo com os ditames legais, mas também que os órgãos competentes se submetam a esses ditames, ou seja, observem as regras processais previamente estabelecidas para a responsabilização criminal.

Dessa maneira, como complemento necessário ao princípio do juiz natural, "ninguém será processado ou julgado senão por órgão judicial previamente consagrado em nosso sistema constitucional", segundo Afrânio Silva Jardim e Pierre Souto Maior Coutinho de Amorim (2007), para quem a indelegabilidade da jurisdição estaria compreendida no princípio do juiz natural, uma vez que o órgão julgador competente não poderia "delegar sua jurisdição a outro órgão, pois estaria, por via indireta, atingindo a garantia do prévio juiz constitucional" (Silva Jardim; Amorim, 2007, p. 10).

Os autores advertem que

> tal garantia não tem a ver com o foro por prerrogativa de função [...]. O foro decorrente do exercício de uma função pública relevante não pode ser confundido com um privilégio pessoal, vez que abrange toda uma classe de cargos públicos, de forma genérica. [...] não pode ser renunciado. [...] Tutela-se o prestígio do cargo e evita-se qualquer suspeita de que seja ele utilizado em prol do funcionário denunciado. (Silva Jardim; Amorim, 2007, p. 10)

Desse modo, o princípio do juiz natural engloba a previsão legal do juízo, a garantia de não haver tribunais de exceção e de que ninguém pode ser processado por órgãos criados especificamente para uma situação.

1.2.2 Inevitabilidade

O princípio da inevitabilidade da jurisdição também é um vetor determinante no âmbito jurídico-legal do processo penal, uma vez que se impõe como função pública; ou seja, a resolução adequada de casos legais que importem na responsabilização criminal do agente é uma atribuição constitucional e legalmente destinada ao Estado. De acordo com Silva Jardim e Amorim (2007, p. 10), "é uma afirmação do caráter público da função jurisdicional [...]. A ninguém é lícito se furtar ao poder imperativo do Estado que monopolizou a justiça e proibiu a composição privada coativa dos conflitos de interesses". Em outras palavras, o Estado detém o poder de julgar e punir, e ninguém pode fugir dele.

1.2.3 Indeclinabilidade

A indeclinabilidade da jurisdição também é um dos princípios orientativos do processo penal. É uma garantia fundamental receber o julgamento dos casos apresentados ao Poder Judiciário, conforme o que se encontra no art. 5º, inciso XXXV da CF: "a lei não excluirá da apreciação do Poder Judiciário lesão ou ameaça a direito". O princípio da indeclinabilidade assegura o direito à tutela jurisdicional, uma vez que "garante eficazmente a tutela do processo como instrumento de satisfação de pretensões [...]. O juiz não se exime de sentenciar ou despachar alegando lacuna ou obscuridade da lei" (Silva Jardim; Amorim, 2007, p. 10). Mesmo que seja um caso muito complexo ou difícil e que a lei pareça não tratar daquele caso, o órgão julgador deve sentenciar.

1.2.4 Devido processo legal

O princípio do devido processo legal destina-se a assegurar toda a relação jurídica processual, desde a inauguração, passando pelo trâmite regular e válido, até o julgamento final, sempre consoante às regras processuais e procedimentais estabelecidas para a prestação jurisdicional. Essa prestação é requerida como tutela estatal para efetivação e asseguramento de interesses indisponíveis, direitos individuais e garantias fundamentais, que são, nessa eventualidade, constitucional e legalmente reconhecidos ao agente a quem se atribui a prática ou o envolvimento numa conduta considerada delituosa.

O devido processo legal é considerado uma das expressões mais significativas do que se compreende como *Estado democrático* – isto é, constitucional e de direito –, haja vista que determina a todas as pessoas que ajam e interajam entre si ao longo da relação jurídica processual penal não apenas observando a lei, mas também submetendo-se às regras estabelecidas para o processo.

É dessa forma que o Estado trata de responder, de maneira adequada, ao conclame democrático de um direito processual penal que respeite os direitos fundamentais, com foco na **dignidade da pessoa humana**, por vezes desentendida. Somente assim se pode buscar reconstruir a cidadania brasileira, nesta luta de mais de 25 anos de CF (Rosa, 2014).

Nesse aspecto do devido processo legal, importante distinção é feita por Fredie Didier Júnior (2017) em relação às duas dimensões em que o princípio do devido processo deve se dar:

1. **Devido processo legal formal**: É também chamado de *devido processo legal procedimental*. Nesta dimensão, o devido processo é o mais naturalmente tratado pelos operadores jurídicos, apenas constituído pelas garantias processuais legais.

2. **Devido processo legal substancial**: É também chamado de *devido processo legal material*. O processo devido é aquele que permite decisões substancialmente devidas, não bastando apenas o seguimento de ritos processuais escritos, mas aquele com o trâmite garantido até o provimento de sentença final ou acórdão por força oficial. Tem-se daí que ele é devido e adequado, ou seja, respeitou sua sequência necessária, proporcional e razoável até o fim (*fair trial*).

Portanto, ademais de ser apenas a obediência a ritos, o devido processo é garantia de direitos do cidadão contra um poder que é limitado pelo processo conforme as regras.

1.2.5 Contraditório

O contraditório é uma consequência constitucional da diretriz principiológica do devido processo legal. Por meio desse princípio, é assegurada a possibilidade de contrapor-se à pretensão deduzida pela parte adversa, mediante a produção de todos os meios de prova admitidos pelo direito. No art. 5º, inciso LV, a CF expressamente dispõe que "aos litigantes, em processo judicial ou administrativo, e aos acusados em geral são assegurados o contraditório e ampla defesa, com os meios e recursos a ela inerentes" (Brasil, 1988).

A substancialidade do contraditório, isto é, a possibilidade de oposição a tudo que criminalmente seja atribuído ao agente a quem se imputa a prática de conduta considerada delituosa, reconhecendo-lhe, assim, a faculdade procedimental de contrapor argumentos e fundamentos à acusação, mediante a utilização de todos os meios de prova admitidos pelo direito.

De acordo com o princípio do contraditório, o agente a quem se atribui a conduta delituosa deve ser respeitado como sujeito de direito, assegurando-lhe, assim, o direito de ser devidamente ouvido pelas autoridades públicas. De igual maneira, é garantido a ele o direito de ter suas argumentações, seus requerimentos e sua defesa considerados durante a instrução e, principalmente, no momento do julgamento da causa.

Dessa forma, é possível dizer que todos os elementos de convencimento trazidos à relação jurídica processual penal pelos meios de prova admitidos em direito devem ser colocados à disposição para que possam ser contraditados pela parte adversa. Em suma, o princípio do contraditório, enquanto expressão do próprio regime democrático, também deve orientar todo e qualquer ato processual ou procedimental decorrente não só da atuação do julgador, mas também do órgão de execução ministerial e das demais pessoas que irão intervir na relação jurídica processual penal. Essa garantia se dá, inclusive, por meio do fornecimento de ampla publicidade dos atos aos interessados, quando a legislação processual penal expressamente não o restringir.

1.2.6 Ampla defesa

A ampla defesa, como já verificamos anteriormente, constitui uma das liberdades públicas mais importantes, assegurada expressamente no art. 5º, inciso LV da CF. A ampla defesa também pode ser identificada como uma das consequências constitucionais e legais decorrentes do princípio do devido processo legal, que garante os meios disponíveis na lei para se contrapor a acusações de condutas delituosas. É esse princípio que também garante que o indiciado, o acusado ou o réu não tenha obrigação de demonstrar a sua inocência, porém de exigir que, em razão da imputação penal que lhe for endereçada, o órgão acusador cumpra o dever legal de comprovar o que contra ele for alegado.

Portanto, cabe ao órgão de execução ministerial a comprovação da imputação de culpa ao agente pelos meios de prova admitidos em direito para fins de responsabilização penal. Para tanto, devem-se observar as regras processuais e procedimentais especificamente dispostas para o desenvolvimento regular e válido da relação jurídica processual. Somente dessa maneira o agente a ser criminalmente responsabilizado poderá exercer plenamente a ampla faculdade processual de contrapor-se pontual e substancialmente a cada uma das condições, das circunstâncias, dos requisitos e dos pressupostos aduzidos na acusação que pesa contra sua pessoa.

O exercício do direito individual à ampla defesa, de cunho fundamental, depende, portanto, da regularidade e da validade procedimental da ação penal, desde sua propositura, passando pela instrução probatória e pelo julgamento do caso concreto, até alcançar a fase de cumprimento de sanção penal – eventualmente determinada em condenação criminal – também em sede recursal.

Em matéria processual penal, a ampla defesa assegura ao acusado o exercício pleno do direito de defesa – ainda que não estabeleça o dever legal de demonstrar sua inocência, já que esta é constitucionalmente presumida – em razão da dedução de pretensão administrativa ou judicial que se destine à sua responsabilização, com aplicação de sanção disciplinar ou penal mediante determinação judicial de seu cumprimento.

À pessoa que for investigada ou judicialmente acusada é reconhecida a possibilidade processual e procedimental de utilizar de todos os meios de prova admitidos pelo direito para o fim de contestar a imputação criminal que lhe for endereçada por ação penal própria, circunstanciada e necessariamente fundamentada.

Quando se fala que a ação penal deve ser circunstanciada, significa dizer que ela deve ser detalhada, descrevendo cada circunstância de forma clara e explícita, para que o agente saiba precisamente do que é investigado ou acusado e, assim, de forma plena, possa se defender.

A impugnação da acusação, isto é, da imputação penal que se destina à atribuição de culpa do agente, pode ser realizada por todos os meios de defesa legalmente admitidos, mediante resposta à acusação, arguição de exceção (suspeição; incompetência do juízo; litispendência; ilegitimidade de parte; coisa julgada) etc.

1.2.7 Não autoincriminação

É muito importante observar que nem sempre "quem cala, consente", especialmente quando se tratar de responsabilização criminal, uma vez que, no direito processual penal, o acusado tem o direito de permanecer em silêncio.

O princípio da não autoincriminação – em latim, *nemo tenetur se detegere* –, também conhecido como *direito ao silêncio*, estabelece a garantia de não se ter o dever de produzir qualquer meio de prova contra si mesmo; isto é, o agente a quem se atribui a prática de conduta delituosa não tem o dever de incriminar a si mesmo, sendo, portanto, reconhecido constitucionalmente a ele o direito de permanecer calado, tanto no momento de sua prisão como durante todo o período de judicialização da instrução criminal.

É o que dispõe o inciso LXIII do art. 5º da CF, segundo o qual "o preso será informado de seus direitos, entre os quais o de permanecer calado, sendo-lhe assegurada a assistência da família e de advogado" (Brasil, 1988).

O CPP, em seu art. 186, de igual maneira regulamenta o direito individual, de cunho fundamental, ao silêncio, ao dispor que "o acusado será informado pelo juiz, antes de iniciar o interrogatório, do seu direito de permanecer calado e de não responder perguntas que lhe forem formuladas" (Brasil, 1941). Dessa forma, é certo que o silêncio do acusado não importará confissão nem poderá ser interpretado em prejuízo de sua defesa.

1.2.8 Presunção de inocência

De acordo com o inciso LVII do art. 5º da CF, é assegurado a toda pessoa a quem se atribua a prática de conduta delituosa não apenas o devido processo legal e os subsequentes direitos à ampla defesa e ao contraditório substancial, mas também, e principalmente, a presunção de inocência, a qual, ainda além, proíbe a presunção de culpa. Dessa maneira, não se pode presumir a responsabilidade criminal do agente a quem se atribui a prática de conduta considerada delituosa.

Portanto, ninguém pode ser juridicamente considerado culpado até que se opere o trânsito em julgado quando o órgão julgador sentencia, a sua decisão judicial (sentença penal) não transita imediatamente em julgado, haja vista que a legislação penal prevê prazo legal para a interposição de recurso. Diz-se que uma decisão judicial teve trânsito em julgado quando não houver mais possibilidade de recurso, seja por terem sido esgotados todos os prazos legais para a sua interposição, seja pelo julgamento final da pretensão recursal deduzida da sentença penal que estabeleça condenação irrecorrível ao agente. Porém, isso não prorroga o cumprimento da sanção penal, prévia e legalmente prevista, apenas para depois dos últimos recursos, pois desde o início do ano de 2016, quando o Supremo Tribunal Federal (STF) julgou o *Habeas corpus* n. 126.292-SP, compreende-se que "a possibilidade de início da execução da pena condenatória após a confirmação da sentença em segundo grau não ofende o princípio constitucional da presunção da inocência" (STF, 2016). A responsabilidade criminal deve ser sempre subjetiva*, vedando-se, assim, a responsabilização objetiva em matéria penal; vale dizer que a legislação penal proíbe a antecipação da imputação ou atribuição de culpa mediante presunção que abdique da necessidade de demonstração probatória da culpa.

---

* A *responsabilidade subjetiva* depende de haver dolo ou culpa por parte do agente causador de algum dano; já a *responsabilidade objetiva* depende apenas do nexo causal entre a conduta e o dano causado à vítima. A primeira é a base do direito civil (à exceção do citado no art. 927) e do direito penal brasileiros; a segunda embasa o Código de Defesa do Consumidor (CDC), por exemplo.

1.2.9 *In dubio pro reo*

A responsabilização penal, além de não poder ser presumida, também impõe a comprovação por meios de prova admitidos, sobre os quais não pode resultar dúvida fundante, tanto sobre a existência quanto à autoria do crime, pois, do contrário, não se poderá legitimamente punir o agente a quem se atribui a prática ou o envolvimento em determinada conduta delituosa.

A diretriz principiológica denominada *in dubio pro reo* é uma conquista civilizatória e humanitária decorrente da (re)democratização das relações sociais, quando, então, partindo-se da concepção de que o acusado é presumidamente inocente, por certo, impõe-se a quem o imputa culpa o ônus probatório. Portanto, a responsabilização penal deve ser decorrência lógica da comprovação legal e legítima da culpa – com base e nos meios de prova admitidos –, não se permitindo, pois, que reste dúvida acerca da culpabilidade do agente a quem se atribui a prática de crime. Vale dizer que não é qualquer dúvida que tem o condão de legitimar a absolvição do acusado, mas apenas aquela que seja minimamente razoável acerca da culpabilidade do agente, consoante as circunstâncias do crime a serem evidenciadas pelos meios de prova ao longo da instrução criminal.

O inciso VI do art. 386 do CPP, ao contemplar as diretrizes do *in dubio pro reo*, prevê expressamente que o acusado deverá ser absolvido quando "existirem circunstâncias que excluam o crime ou isentem o réu de pena [...], ou mesmo se houver fundada dúvida sobre sua existência" (Brasil, 1941), isto é, sobre a materialidade delitiva.

1.2.10 Inadmissibilidade de provas ilícitas

A Constituição de 1988 foi promulgada no Brasil como ponto final de uma era de ditadura, em que muitos direitos e garantias haviam sido suspensos ou vilipendiados. Uma inovação, portanto, quanto a esse estado de coisas em que não se tinha o processo penal guiado pela licitude, foi o princípio da inadmissibilidade de provas ilícitas. Esse princípio é derivado do devido processo legal substancial. A lei veda explicitamente a prova ilícita no inciso LVI do art. 5º da CF: "são inadmissíveis, no processo, as provas obtidas por meios ilícitos"(Brasil, 1988). Essa é uma garantia à própria dignidade da pessoa humana, estando, portanto, na categoria de princípio, sobrepondo-se à atuação do Estado contra o agente e impondo limites à persecução penal, ao menos no que tange a sua restrição ao previsto em lei. A essa ilicitude atribuída pela CF soma-se a vedação constante do CPP, acrescentada ao código pela Lei n. 11.690, de 9 de junho de 2008 (Brasil, 2008a):

> Art. 157. São inadmissíveis, devendo ser desentranhadas do processo, as provas ilícitas, assim entendidas as obtidas em violação a normas constitucionais ou legais.
> § 1º São também inadmissíveis as provas derivadas das ilícitas, salvo quando não evidenciado o nexo de causalidade entre umas e outras, ou quando as derivadas puderem ser obtidas por uma fonte independente das primeiras.
> § 2º Considera-se fonte independente aquela que por si só, seguindo os trâmites típicos e de praxe, próprios da investigação ou instrução criminal, seria capaz de conduzir ao fato objeto da prova.
> § 3º Preclusa a decisão de desentranhamento da prova declarada inadmissível, esta será inutilizada por decisão judicial, facultado às partes acompanhar o incidente. (Brasil, 1941)

Após a CF, também tivemos no Brasil a ratificação, pelo Decreto 678, de 6 de novembro de 1992 (Brasil, 1992), do acordo internacional chamado *Pacto de São José da Costa Rica*, conhecido como *Convenção Americana sobre Direitos Humanos*, o qual declara, no art. 11, que "ninguém pode ser objeto de ingerências arbitrárias ou abusivas em sua vida privada, na de sua família, em seu domicílio ou em sua correspondência, nem de ofensas ilegais à sua honra ou reputação" (CIDH, 1969), interpretado como a expressão do não reconhecimento de provas ilícitas.

Da mesma maneira, o CPP determina que, além de serem inadmissíveis, as provas ilícitas sejam desentranhadas do processo, e, após isso, inutilizadas; ou seja, excluídas do processo e posteriormente destruídas.

A essa restrição, soma-se ainda uma diferença decorrente do tipo de ilicitude apresentado pela prova: no cerne dessa proibição, podemos entender que se esteja falando tanto das provas ilícitas quanto das ilegítimas. Alguns autores, inclusive, enquadram essas duas categorias em uma maior, a da **prova ilegal** (Soares, 2007). Definem-se como *ilícitas* as provas obtidas por meio da violação de normas constitucionais ou legais; ou seja, são provas cuja obtenção derivou de violação da lei. Vimos anteriormente que esses meios de prova são banidos do processo e inadmissíveis, devendo ser desentranhados do processo.

De outro modo são definidas as provas *ilegítimas*, as quais derivam de ofensa a ritos e regras processuais. Nesse caso, são aqueles meios de prova que desrespeitaram algum rito descrito no CPP ou nas normas processuais quando de sua produção, em juízo (ou seja, em meio ao processo, no momento em que ela se apresenta). É ilegítima, por exemplo, a prova produzida em interrogatório de réu sem a presença de advogado, ou aquela produzida por advogado, no exercício de sua profissão, que inculpe seu cliente. Vemos, assim, que essas provas ocorrem em meio ao processo, mas devem ser consideradas **nulas** ou **anuláveis**, já que em algumas ocasiões podem ser renovadas, quando tal fato não prejudicar o correr do processo. Porém, a regra é que as provas ilegítimas sejam declaradas nulas pelo juiz e sejam refeitas – por exemplo, realizando-se novo interrogatório do réu, em presença de seu advogado.

Os meios de prova devem ser utilizados para demonstração e comprovação das alegações que são aduzidas, tanto para a imputação quanto para a isenção de responsabilidade penal. Por isso mesmo, não podem ser obtidos por meio de medidas e providências consideradas ilícitas, justamente porque não observam as regras constitucionais ou processuais penais estabelecidas para a sua produção. É isso o que diz o art. 157 do CPP, que, para além de regulamentar a produção probatória, também, determina as consequências legais da inadmissibilidade, quais sejam: o desentranhamento do processo e a desconsideração jurídico-legal do conteúdo probatório obtido por meios ilícitos, para fins de comprovação do que foi alegado.

Dessa maneira,

> *podem ser definidas como provas ilícitas as provas obtidas, admitidas ou produzidas com violação das garantias constitucionais, sejam as que asseguram liberdades públicas, sejam as que estabelecem garantias processuais. Os meios de prova obtidos ilicitamente são inadmissíveis no processo, e, se nele indevidamente ingressarem, devem ser desentranhados.* (Badaró, 2014, p. 289)

Todos os meios de prova têm esse mesmo princípio: devem se pautar pelas regras constitucionais e legais para que sejam admitidas. Por exemplo, pode um policial grampear o telefone de um suspeito em investigação? Em regra, não; a interceptação telefônica apenas é permitida quando houver estrita observância às regras procedimentais expressamente estabelecidas na Lei n. 9.296, de 24 de julho de 1996 (Brasil, 1996a), por exemplo, mediante a indispensável autorização judicial.

A interceptação telefônica é uma medida legal que deve ser utilizada apenas excepcionalmente, uma vez que não será processualmente admitida quando houver a possibilidade de utilização de outras formas para obtenção de prova, conforme dispõe o inciso II do art. 2º da Lei n. 9.296/1996.

Enfim, o parágrafo 1º do art. 157 do CPP é claro também quanto à derivação de provas, quando elas partem de uma prova inicial ilícita. Desse modo, seguindo a teoria chamada *dos frutos da árvore envenenada (fruits of the poisoned tree)*, da linha norte-americana, determina-se que, em nossa doutrina, são inadmissíveis também as provas resultantes diretamente das provas ilícitas, salvo quando não ficar evidenciado o nexo causal entre elas, resultando na ilicitude de todas elas.

1.2.11 Proporcionalidade

Um caso à parte, quando se trata de ilicitude de provas, é um princípio ainda mais geral, que no direito brasileiro é chamado de *princípio da proporcionalidade*, derivado do que, no direito norte-americano, é chamado de *princípio da razoabilidade*. Por meio desse princípio, por vezes, também no processo legal brasileiro, admite-se o uso de provas inicialmente consideradas ilícitas, como uma atenuação do âmbito em que se regula a proporção ou, de modo mais concreto, a ponderação de interesses, considerando-se o bem maior a se resguardar. Assim, quando há bem mais importante, no caso concreto, a se defender, este deve prevalecer em detrimento da ilicitude da prova. É o caso, por exemplo, em que provas ilegais são admitidas para uso em favor do réu, quando são indispensáveis e produzidas por ele mesmo. Considera-se então, que a ilegalidade seria suplantada pelo direito à legítima defesa do réu, o que exclui a antijuridicidade (Soares, 2007). Nesse processo, consuma-se outro princípio norteador do processo penal, o que chamamos *princípio do favor rei* (*in dubio pro reo* ou *favor libertatis*, de que falamos anteriormente). É desse modo que se consagra, pelo princípio da proporcionalidade, a limitação ao poder estatal, em cumprimento à garantia de integridade física e moral dos que ao Estado se encontram subordinados.

Há outros princípios, sobre os quais não iremos nos alongar, mas que, da mesma maneira, incluem formas de valorar a aplicação do direito penal, como o do duplo grau de jurisdição, o da inocência, o da anterioridade da lei penal, o da iniciativa das partes, o do impulso oficial, o da obrigatoriedade e da indisponibilidade da ação penal pública, o da imparcialidade do juiz, o da persuasão racional, o do livre convencimento, o do *ne eat judex ultra petita partium**, o do *non bis in idem*** e o da verdade material ou verdade real. No entanto, não é por não se encontrarem aqui em expressão alongada que deixam de ser direções para as quais a interpretação legal e a responsabilidade decisória do juiz se voltam. Princípios são a base de todo o ordenamento, constituem o fundamento ético por trás das leis.

Os princípios processuais penais servem como diretrizes hermenêuticas à interpretação e à aplicação das normas de direito penal material, visando à garantia dos direitos individuais fundamentais assegurados a qualquer cidadão, tendo como fundamento a dignidade da pessoa humana.

1.3 Sistemas processuais penais

Para entendermos o sistema processual penal brasileiro, precisamos entender a lógica histórico-social que o faz pender, conforme o contexto social de cada época, entre dois extremos: o sistema

---

* A expressão latina *ne eat judex ultra petita partium* significa "não vá o juiz além do pedido da parte". Juridicamente, o juiz não pode mudar o que for solicitado pelas partes; não pode alterar o pedido do Ministério Público, porém pode mudar o tipo penal arguido.

** A expressão latina *non bis in idem* significa "não incidir duas vezes sobre o mesmo assunto". Juridicamente, o indivíduo não pode ser punido duas vezes pelo mesmo fato.

processual penal acusatório e o sistema processual penal inquisitório. Assim entende também Aury Lopes Júnior (2014, p. 37), para quem a "estrutura do processo penal variou ao longo dos séculos, conforme o predomínio da ideologia punitiva ou libertária"; e no mesmo trecho, logo em seguida, citando Goldschmit: "a estrutura do processo penal de um país funciona como um termômetro dos elementos democráticos ou autoritários de sua Constituição" (Lopes Júnior, 2014, p. 37). Ou seja, em períodos mais democráticos, o processo penal tende a ser mais acusatório, e em períodos mais autoritários, mais inquisitório.

O sistema processual penal, para Paulo Rangel (2012a, p. 49), é "o conjunto de princípios e regras constitucionais, de acordo com o momento político de cada Estado, que estabelece as diretrizes a serem seguidas à aplicação do direito penal a cada caso concreto". Assim, podemos perceber que é consensual entre os pensadores ver o momento político-social como um determinante das escolhas dos Estados em relação ao sistema processual penal adotado.

Por *sistema processual penal*, sempre se considerando a situação histórica contextual, é possível compreender o conjunto ordenado de regras, princípios, diretrizes, deveres, direitos, atribuições, ações, organização institucional, competência, funcionamento e demais critérios que envolvem a regulamentação das relações jurídicas – processuais e procedimentais – à investigação, à instrução e ao julgamento de casos concretos para fins de responsabilização criminal.

Tomando-se os sistemas em contraponto, suas principais características são as seguintes, segundo Oliveira (2009, p. 9, grifo nosso e do original):

> a. no **sistema acusatório**, além de se atribuir a órgãos diferentes as funções de acusação (e investigação) e de julgamento, a órgãos diferentes, o processo, rigorosamente falando, somente teria início com o oferecimento da acusação;

b. *já no* **sistema inquisitório**, *como o juiz atua também na fase de investigação, o processo se iniciaria com a notitia criminis, seguindo-se a investigação, acusação e julgamento.*

Alguns autores preferem colocar lado a lado com esses sistemas um terceiro, denominado *misto*, como Eugênio Pacelli de Oliveira (2009), datando sua inauguração no ano de 1808, no regime bonapartista na França, com as seguintes características:

> *Nesse sistema processual, a jurisdição também se iniciaria na fase de investigação, e sob a presidência de um magistrado – os Juizados de Instrução –, tal como ocorre no sistema inquisitório. No entanto, a acusação criminal ficava a cargo de outro órgão (o Ministério Público) que não o juiz, característica já essencial do sistema acusatório.* (Oliveira, 2009, p. 29)

Porém, para o autor, não se justifica tentar enquadrar o sistema brasileiro nessa classificação, pois nunca tivemos a instituição do juizado de instrução, sendo a fase de inquérito apenas pré-processual, sem extravasar para o processo propriamente dito. Nem para Lopes Júnior (2014 p. 37), o qual refuta também esse tipo de classificação, com argumentação bastante contundente:

> *Ora, afirmar que o "sistema é misto" é absolutamente insuficiente, é um reducionismo ilusório, até porque não existem mais sistemas puros (são tipos históricos), todos são mistos. A questão é, a partir do reconhecimento de que não existem mais sistemas puros, identificar o princípio informador de cada sistema, para então classificá-lo como inquisitório ou acusatório, pois essa classificação feita a partir do seu núcleo é de extrema relevância.*

Dessa maneira, de acordo com a doutrina mais atual, devemos verificar quais características de cada sistema permeiam o nosso sistema brasileiro, sem, no entanto, nos preocuparmos em classificá-lo como misto, já que praticamente todos os Estados adotam predominantemente um sistema principal, mesclando-o com instituições ou características do outro. O que equivale a dizer que, se todos os sistemas são mistos, a classificação como tal não é definidora, pois não diferencia uns dos outros. Resta-nos verificar as qualidades de um e outro presentes, para não incorrer em paradoxo conceitual ou indefinição prática do sistema adotado.

1.3.1 Sistema processual penal acusatório

O sistema processual penal de viés acusatório pode ser caracterizado com base em critérios objetivamente verificáveis, como a "titularidade atribuída ao órgão da acusação", segundo Oliveira (2009, p. 9), para quem o "inquisitorial seria o sistema em que as funções de acusação e de julgamento estariam reunidas em uma só pessoa (ou órgão), enquanto o *acusatório* seria aquele em que tais papéis estariam reservados a pessoas (ou órgãos) distintos". Em um Estado que se entenda democrático (constitucional) e de direito, é certo que a sistemática processual penal caracteristicamente acusatória apresenta pertinência metodológica muito maior do que a inquisitória para a resolução adequada de casos concretos submetidos ao sistema de justiça penal.

Dessa maneira, é possível distinguir a sistemática processual penal acusatória daquela identificada como inquisitória, tendo-se em conta o critério de gestão da prova, ou seja, "no sistema acusatório, o processo continua sendo um instrumento de descoberta de uma verdade histórica. Entretanto, considerando que a gestão da prova está nas mãos das partes, o juiz dirá, com base exclusivamente nessas provas, o direito a ser aplicado no caso concreto" (Coutinho, 1998, p. 166).

O sistema processual penal brasileiro está longe tanto de ser puramente acusatório quanto de ser marcadamente inquisitorial, independentemente do critério a ser considerado objetivamente acerca da gestão probatória, em que pese ser possível observar no exercício cotidiano das diversas atribuições legais desenvolvidas perante qualquer instância judicializada fortes tendências à inquisitorialidade das formas procedimentais e dos atos processuais.

O sistema de processo penal acusatório é considerado uma maneira de conferir ao cidadão um processo mais condizente com o Estado democrático de direito, como garantia contra os arbítrios estatais. Algumas qualidades caracterizam esse sistema:

a. *clara distinção entre as atividades de acusar e julgar;*

b. *a iniciativa probatória deve ser das partes (decorrência lógica da distinção entre as atividades);*

c. *mantém-se o juiz como um terceiro imparcial, alheio a labor de investigação e passivo no que se refere à coleta da prova, tanto de imputação como de descargo;*

d. *tratamento igualitário das partes (igualdade de oportunidades no processo);*

e. *procedimento é em regra oral (ou predominantemente);*

f. *plena publicidade de todo o procedimento (ou de sua maior parte);*

g. *contraditório e possibilidade de resistência (defesa);*

h. *ausência de uma tarifa probatória, sustentando-se a sentença pelo livre convencimento motivado do órgão jurisdicional;*

i. *instituição, atendendo a critérios de segurança jurídica (e social) da coisa julgada;*

j. *possibilidade de impugnar as decisões e o duplo grau de jurisdição.* (Lopes Júnior, 2014, p. 39)

Esse sistema, embora tenha origem no segundo período da evolução do direito romano, desenvolveu-se mais na Inglaterra, desde que lá foi instituído em 1166, tendo depois criado dentro de si a figura do Ministério Público (MP), como propositor da ação penal pública. Novamente, Lopes Júnior (2014, p. 40) conclui:

> *O processo penal acusatório caracteriza-se, portanto, pela clara separação entre juiz e partes, que assim deve se manter ao longo de todo o processo (por isso de nada serve a separação inicial das funções se depois permite-se que o juiz atue de ofício na gestão da prova, determine a prisão de ofício etc.) para garantia da imparcialidade (juiz que vai atrás da prova está contaminado, prejuízo que decorre dos pré-juízos, como veremos no próximo capítulo) e efetivação do contraditório.*

Quando analisada por seus princípios democráticos explicitados durante sua preparação e também em seu conteúdo, a CF opta claramente pela lógica acusatória, pois tem vários dispositivos garantidores, como o da tutela jurisdicional (art. 5º, inciso XXXV), do devido processo legal (art. 5º, inciso LIV), da garantia do acesso à justiça (art. 5º, incisos LXXIV), da garantia do juiz natural (art. 5º, incisos XXXVII e LIII), do tratamento paritário das partes (art. 5º, *caput* e inciso I), da ampla defesa (art. 5º, incisos LV, LVI e LXII), da publicidade dos atos processuais e motivação dos atos decisórios (art. 93, inciso IX) e da presunção da inocência (art. 5º, inciso LVII).

Embora a CF preveja um modelo acusatório, particularmente em seu art. 129, quando determina a apresentação da acusação pelo MP, e garanta, em seu art. 5º, os princípios do juiz natural, do devido processo legal e do contraditório, o CPP, por outro lado, determina várias práticas de caráter probatório ou executório ao juiz, dando a ele um papel inquisitório. Talvez se possa atribuir essa dessintonia à diferença de época em que as leis foram produzidas, já que o CPP entrou em vigor em 1941 e a CF, em 1988. Lopes Júnior (2014, p. 40) elenca vários desses atos atribuídos ao juiz:

> a possibilidade de o juiz decretar a prisão preventiva de ofício (art. 311); a decretação, de ofício, da busca e apreensão (art. 242); a iniciativa probatória a cargo do juiz (art. 156); a condenação do réu sem pedido do Ministério Público, pois isso viola também o Princípio da Correlação (art. 385); e vários outros dispositivos do CPP que atribuem ao juiz um ativismo tipicamente inquisitivo.

No entanto, é preciso notar que com o advento da Lei n. 13.964, de 24 de dezembro de 2019 (Brasil, 2019a), conhecida como *Lei Anticrime*, não há mais a possibilidade de decretação de prisão preventiva, de ofício, pelo órgão julgador, passando, assim, a depender de requerimento ministerial do querelante ou do assistente ou, ainda, de representação da autoridade policial (art. 311 da Lei Anticrime).

Porém, em outra vereda, Capez (2014, p. 547) afirma que o "Código de Processo Penal adotou o sistema acusatório" simplesmente. Essas opiniões divergentes mostram, de maneira clara, a especificidade do sistema brasileiro, reconhecendo-o como diferente, sem, no entanto, classificá-lo como *misto* – classificação ainda mais complexa por se basear no modelo histórico napoleônico de fases secretas da investigação, prévias ao processo propriamente dito. Não se entenda, desse modo, que algumas discrepâncias determinariam caráter misto ao direito processual penal brasileiro. Para que tal enquadramento fosse possível, teríamos de abarcar, em nossas leis, fases processuais como a fase preliminar, com procedimento secreto, sem garantias a contraditório e ampla defesa, por exemplo. Isso não se conforma ao modelo brasileiro, em que a regra é a publicidade.

De qualquer maneira, independentemente de suas características como sistema puro, por causa do momento histórico atual – o qual faz muitos países tenderem para a escolha da democracia como regime –, coloca-se o sistema acusatório como um modelo a ser perseguido. Como afirma Lopes Júnior (2016, p. 148), "o sistema acusatório é um imperativo do moderno processo penal" e deve ser efetivado não apenas como intenção, mas também como realidade.

1.3.2 Sistema processual penal inquisitório

O sistema processual penal de viés inquisitório – quando, por assim dizer, puro – é identificado como aquele em que o órgão julgador concentra os atos de gestão da instrução criminal, tendo a gestão probatória como critério de verificação do desenvolvimento procedimental e da prática dos atos processuais que se destinam à prestação de tutela jurisdicional como forma de resolução de caso concreto pelo sistema de justiça penal. Por isso mesmo, "pode-se dizer que o sistema inquisitório, regido pelo princípio inquisitivo, tem como principal característica a extrema concentração de poder nas mãos do órgão julgador, o qual detém a *gestão da prova*" (Coutinho, 1998, p. 166, grifo do original).

Historicamente, o sistema inquisitório é derivado do modo com que a Inquisição, ou Tribunal do Santo Ofício, instituiu seus processos durante o período de predomínio da lei da Igreja sobre a lei dos homens. Resumidamente, em sua pureza, o sistema se constitui na aglutinação de todos os atos do processo – investigação e busca da prova, decisão e execução da sentença – nas mãos de uma só pessoa: o juiz. Rangel (2012a, p. 46) define o sistema deste modo: "não há separação de funções, pois o juiz inicia a ação, defende o réu e, ao mesmo tempo, julga-o".

Nesse sistema, o agente a quem se atribui a prática de uma conduta considerada delituosa não é considerado sujeito de direito, porém tão somente alguém a ser minuciosa e circunstancialmente investigado, acusado e, consequentemente, responsabilizado criminalmente, independentemente de qualquer outra consideração lógica que não seja a razão do Estado (racionalidade pública) – que se orienta pelo controle social por meio da legitimação da violência estatal para o controle de uma dita, e assim identificada, violência social. Como consequência dessa objetificação, não se pode sequer falar em *parte* em um processo; o acusado se torna um objeto da verificação da verdade dita *real* construída pelo juiz-inquisidor.

A processualística penal inquisitorial, por sua vez, constitui-se numa dimensão teórica que legitima, como uma das expressões da dogmática jurídica, a objetivação da relação jurídica processual penal a serviço do controle social violento, a qual, portanto, deveria superar a "relação funcional, dogmaticamente imaginada, entre seu modelo e a aplicação judicial do Direito [Processual] Penal, abstratamente considerada [...] *locus* apolítico por ela idealizado (aplicação científica e neutra da lei [processual] penal pelo Judiciário" (Andrade, 1997, p. 232).

Novamente, há algumas características que demonstram a tendência de um determinado sistema a ser inquisitorial:

» *gestão/iniciativa probatória nas mãos do juiz (figura do juiz-ator e do ativismo judicial = princípio inquisitivo);*

» *ausência de separação das funções de acusar e julgar (aglutinação das funções nas mãos do juiz);*

» *violação do princípio ne procedat iudex ex officio, pois o juiz pode atuar de ofício (sem prévia invocação);*

» *juiz parcial;*

» *inexistência de contraditório pleno;*

» *desigualdade de armas e oportunidades.* (Lopes Júnior, 2014, p. 39)

Não se pode esquecer que as diretrizes orientadoras de viés tanto acusatório quanto inquisitório oferecem importantes contribuições para a configuração do sistema processual penal brasileiro e, marcadamente, para a instrumentalização do exercício de poder que se dirige à resolução de casos concretos postos a julgamento pelo sistema de justiça penal.

Além disso, como já vimos, é possível afirmar que há um enxerto de alguns preceitos inquisitórios no processo penal brasileiro; porém, esse enxerto não autoriza a classificação desse processo como misto, já que, para tanto, implicariam algumas características essenciais, como a divisão em fases estanques, entre o pré-processo, que é secreto, e as fases processuais, que são posteriores, todas geridas por um só juiz-inquisidor.

Há, ainda, quem defenda que o sistema processual penal brasileiro é "(neo) inquisitório" (Lopes Júnior, 2014). Porém, o mesmo autor afirma, sem dúvidas:

> *Entendemos que a Constituição demarca o modelo acusatório, pois desenha claramente o núcleo desse sistema ao afirmar que a acusação incumbe ao Ministério Público (art. 129), exigindo a separação das funções de acusar e julgar (e assim deve ser mantido ao longo de todo o processo) e, principalmente, ao definir as regras do devido processo no art. 5º, especialmente na garantia do juiz natural (e imparcial, por elementar), e também inciso LV, ao fincar pé na exigência do contraditório.* (Lopes Júnior, 2014, p. 40-41)

Não há contradição entre as afirmações do autor, apenas devemos atentar para o fato de que ele reconhece o perfil acusatório na maior parte dos textos da CF e do CPP que regulam o assunto. Em sentido contrário, reconhece também algumas regras inquisitórias, principalmente no que diz respeito a certos procedimentos durante a fase pré-processual, no inquérito policial e na fase processual, em relação a algumas liberalidades do juiz.

1.3.3 Sistema processual penal misto

O sistema processual denominado *misto*, por sua origem histórica, é situado na França de Napoleão, com a publicação do Código Napoleônico de 1808, em que se divide o processo penal em duas fases distintas: uma pré-processual, de caráter totalmente inquisitório, ou seja, secreta e com um juiz-inquisidor; e a outra processual, de caráter acusatório, ou seja, pública, com direito à defesa e com acusação a cargo do MP. É essa, em geral, a classificação que alguns doutrinadores dão ao direito processual penal brasileiro, já que este tem a fase do inquérito policial como pré-processual e inquisitória e a fase processual como acusatória, devido a um MP que acusa durante o processo.

No sistema processual conhecido como *misto*, da forma como se constituiu historicamente, é necessária a determinação de fases independentes no processo. A primeira delas é a fase de instrução penal, realizada, já neste momento, por um juiz de instrução – o que difere bastante da prática brasileira, na qual a fase pré-processual é realizada em forma de inquérito pela autoridade policial, não sendo, portanto, considerada parte do processo. É por essa diferença que se afirma com segurança que nosso sistema não é misto, pois não dispomos de juizado de instrução em nossa regulamentação penal.

De acordo com algumas fontes doutrinárias, seria possível reconhecer uma espécie de sistema processual penal caracteristicamente **misto**, isto é, com aportes nítidos da sistemática acusatória e outros tantos que se vinculam à sistemática inquisitória, constituindo-se, por assim dizer, uma sistemática processual penal mista – também denominada *impura*.

Na verdade, tal posição não se defende completamente, pois tem alguns problemas como classificação:

» *é reducionista, na medida em que atualmente **todos os sistemas são mistos**, sendo os modelos puros apenas uma referência histórica;*

» *por ser misto, é crucial analisar qual o núcleo fundante para definir o predomínio da estrutura inquisitória ou acusatória, ou seja, se o princípio informador é o inquisitivo **(gestão da prova nas mãos do juiz)** ou acusatório **(gestão da prova nas mãos das partes)**;*

» *a noção de que a (mera) separação das funções de acusar e julgar seria suficiente e fundante do sistema acusatório é uma concepção reducionista, na medida em que de **nada serve a separação inicial das funções se depois se permite que o juiz tenha iniciativa probatória**, determine de ofício a coleta de provas (v.g. art. 156), decrete de ofício a prisão preventiva ou mesmo condene diante do pedido de absolvição do Ministério Público;*

» *a concepção de sistema processual **não pode ser pensada de forma desconectada do princípio supremo do processo, que é a imparcialidade**, pois existe um imenso prejuízo que decorre dos pré-juízos, (conforme consolidada jurisprudência do Tribunal Europeu de Direitos Humanos), isto é, juiz que vai de ofício atrás da prova está contaminado [...] e não pode julgar, pois ele decide primeiro (quebra a imparcialidade) e depois vai atrás da prova necessária para justificar a decisão já tomada (quebra da concepção de processo como procedimento em contraditório);*

> também é incompatível com a visão de por Fazzalari, na medida em que o **ativismo judicial quebra o imprescindível contraditório** e o provimento judicial deixa de ser construído em contraditório para ser um mero ato de poder (decisionismo). (Lopes Júnior, 2014, p. 42, grifo do original)

O sistema processual penal misto (impuro) compreenderia as categorias processuais penais elementares que são pertinentes tanto ao sistema processual penal acusatório quanto ao inquisitório, as quais se imbricariam para a formação de uma pretendida uniformidade regulamentadora dos atos processuais e procedimentais a serem praticados pelas partes – o órgão julgador e os demais órgãos intervenientes na relação jurídica processual penal.

No entanto, permanece a discussão sobre o possível reconhecimento teórico e pragmático de um sistema processual penal caracteristicamente misto, pois o problema central, para Coutinho (1998, p. 167) entre outros doutrinadores, é que:

> não é preciso grande esforço para entender que não há – e nem pode haver – um princípio misto, o que, por evidente, desfigura o dito sistema. Assim, para entendê-lo, faz-se mister observar o fato de que, ser misto significa ser, na essência, inquisitório ou acusatório, recebendo a referida adjetivação por conta dos elementos (todos secundários), que de um sistema são emprestados ao outro.

Dessa maneira, vemos que o cerne da questão é não podermos tratar de um sistema misto, já que esse sistema não tem princípios próprios, por assim dizer; efetiva-se, então, na mistura de dois sistemas de base, sem que tenha um padrão próprio em que se baseie. Não podemos aceitar que apenas a existência de uma acusação independente do juiz (que denota separação inicial das funções) constitua, por si só, um processo acusatório, pois é preciso que tal separação se mantenha por todo o processo, para que não se quebre a estrutura inicial acusatória e, como consequência necessária, se tenha em todo o decorrer do processo a iniciativa probatória sob responsabilidade das partes. Desse modo, seria garantida a imparcialidade do juiz, o que caracteriza o sistema. Como o contraditório é princípio básico para o processo, é necessário o alheamento do juiz, da mesma maneira que a proporcionalidade entre as partes (chamada de *paridade de armas*).

É por reconhecer que a classificação como sistema misto diria pouco sobre nosso sistema – pois todos os sistemas são, de um modo ou de outro, mistos – que Lopes Júnior (2014) refuta tal classificação, tratando o processo penal brasileiro basicamente como neoinquisitório, por concentrar a gestão da prova nas mãos do juiz mesmo na fase processual. Ele colige várias razões para tal:

> *Contudo, não basta termos uma separação **inicial**, com o Ministério Público formulando a acusação e depois, ao longo do procedimento, permitir que o juiz assuma um papel ativo na busca da prova ou mesmo na prática de atos tipicamente da parte acusadora, como, por exemplo, permitir que o juiz de ofício converta a prisão em flagrante em preventiva (art. 310), pois isso equivale a "prisão decretada de ofício"; ou mesmo decrete a prisão preventiva de ofício no curso do processo (o problema não está na fase, mas, sim, no atuar de ofício!), uma busca e apreensão (art. 242), o sequestro (art. 127); ouça testemunhas além das indicadas (art. 209); proceda ao reinterrogatório do réu a qualquer tempo (art. 196); determine diligências de ofício durante a fase processual e até mesmo no curso da investigação preliminar (art. 156, incisos I e II); reconheça agravantes ainda que não tenham sido alegadas (art. 385); condene, ainda que o Ministério Público tenha postulado a absolvição (art. 385), altere a classificação jurídica do fato (art. 383) etc.* (Lopes Júnior, 2014, p. 43, grifo do original)

Dessa maneira, chegamos a uma conclusão mais satisfatória: de que, na prática, o sistema brasileiro contém características dos dois sistemas, com atos permitidos durante todo o processo que poderiam caracterizá-lo como inquisitório ou acusatório, ou ainda misto (o que não significa muito); porém, é um sistema único e complexo, em que a justiça e os atores têm de se mover dentro dessa pluralidade de circunstâncias, de modo a garantir os direitos e os princípios em todos os atos do processo.

Contudo, com a promulgação da Lei n. 13.964/2019 (Lei Anticrime), o sistema processual penal brasileiro passou a ser normativamente declarado acusatório, em razão de sua estrutura; pois, como se pode verificar, o art. 3º-A – em que pese encontrar-se com os efeitos jurídico-legais judicialmente sobrestados por decisão do STF, em sede de Ações Diretas de Inconstitucionalidade (ADIs) n. 6.298, n. 6.300 e n. 6.305, todas contempladas na ADI n. 6299 MC/DF – proibiu toda e qualquer iniciativa do órgão julgador na fase de investigação – policial, ministerial e ou parlamentar (Comissão Parlamentar de Inquérito – CPI) – e mesmo a substituição da atuação probatória do órgão de acusação.

Síntese

Princípios não são regras; são mais gerais que elas, visto que não obrigam ao seu cumprimento ou determinam comportamentos sob pena de sanção. Os princípios são mais abstratos, têm conteúdo mais valorativo, maior fundamento ético e indicam um norte, não uma conduta estrita. Portanto, podem ser enquadrados mais como normas e consistem em proposições abstratas de fundo moral e axiológico, que fundamentam todo o ordenamento jurídico. A pessoa investigada em uma operação policial, assim como aquela que for denunciada em um juízo de direito, tem o direito a não se incriminar, bem como a ser legalmente considerada inocente até que transite em julgado eventual decisão judicial que possa condená-la criminalmente. Em sua defesa, poderá utilizar-se de todos os meios de prova admitidos pelo direito, ou mesmo optar pelo silêncio durante as audiências, o que lhe é assegurado, para contrapor-se, assim, à acusação que lhe for atribuída (imputada).

Esses princípios básicos devem nortear todos os acontecimentos do processo penal em proteção aos direitos do cidadão que vem a ser acusado, investigado ou torna-se réu de processo criminal, constituindo efetivas garantias decorrentes da CF, do CPP ou do próprio Estado democrático de direito a um tratamento igualitário a todos durante o processo.

Os princípios de que tratamos nesse capítulo não englobam todos aqueles que dizem respeito ao processo; porém, podem servir como guia hermenêutico para se entender como, na evolução da doutrina e das teorias, o direito penal e o direito processual penal se valem de conceitos e ideias que, muitas vezes, se encontram ancorados numa legislação, descritos e explícitos; por outras vezes, porém, essas garantias e direitos podem estar em outro local, externo à legislação, expressos em princípios que embasam as leis, ou até mesmo sobre elas, como fundamento filosófico do direito do ser humano.

Para complementar, neste capítulo, debatemos as espécies de sistemas processuais: o sistema processual acusatório e o inquisitório. No sistema inquisitório, o suspeito é investigado sem que tenha assegurado o amplo direito à defesa; o agente a quem se atribui a prática de uma conduta considerada delituosa não é devidamente considerado sujeito de direito, mas tão somente alguém a ser minuciosa e circunstancialmente investigado, acusado e, consequentemente, responsabilizado criminalmente. No sistema acusatório, é reconhecido ao agente a ampla defesa e o contraditório, consoante o primado do devido processo legal (penal), uma vez que é respeitado como sujeito de direito.

Além desses dois, vislumbra-se um outro, que é a combinação de ambos: o sistema processual penal misto. Contudo, verifica-se que, na prática, a caracterização desse suposto sistema é difícil de se aceitar, razão pela qual não há consenso entre a doutrina de que o sistema brasileiro seja um, nem outro.

Questões para revisão

1) O princípio do juiz natural reconhece:
   a. o juiz nascido na comarca.
   b. o juiz da comarca em que os fatos delitivos ocorreram.
   c. o órgão do Poder Judiciário cuja competência esteja pautada em fontes constitucionais previamente estabelecidas.
   d. o juiz determinado pelo Tribunal de Justiça da região.
   e. o juiz que entrar em conhecimento de fato delitivo, qualquer que seja sua região ou juízo em que atue.

2) Indeclinabilidade é o princípio que afirma:
   a. A lei não conhece fatos delitivos que não tenha previsto anteriormente.
   b. O juízo não pode legislar por casuísmo, a lei é que define o crime.
   c. Não existe crime sem lei que o defina.
   d. Os crimes estão todos na lei, não há delito sem lei.
   e. A lei não excluirá da apreciação do Poder Judiciário lesão ou ameaça a direito.

3) São os dois tipos de devido processo legal:
   a. Devido processo legal formal e devido processo legal substancial.
   b. Devido processo legal informal e devido processo legal objetivo.

c. Devido processo legal substancial e devido processo legal insubstancial.
d. Devido processo legal substancial e devido processo legal essencial.
e. Devido processo legal formal e devido processo legal informal.

Questão para reflexão

Sobre os princípios do direito penal brasileiro, classifique-os em *acusatórios* e *inquisitórios*.

II

Juiz das garantias e inquérito policial

Conteúdos do capítulo:

» Juiz das garantias.
» Inquérito policial.
» Procedimentos do inquérito policial.

Neste capítulo, inicialmente, analisaremos a nova categoria jurídica trazida pela Lei n. 13.964, de 24 de dezembro de 2019 (Brasil, 2019a) (conhecida como *Lei Anticrime*), denominada *juiz das garantias*, bem como suas características, requisitos, pressupostos, conceito, competência e demais atribuições legais; mesmo que seus efeitos jurídico-legais, em razão da Ação Direta de Inconstitucionalidade (ADI) n. 6.299 MC/DF, ainda estejam em suspensão por determinação do Supremo Tribunal Federal (STF). De igual maneira, voltaremos nosso estudo à análise do procedimento administrativo conhecido como *inquérito policial*. Os comentários se destinam à compreensão do tema e de suas peculiaridades – quando se inicia e como se desenvolve o inquérito policial, quem são as pessoas e os profissionais envolvidos e em que momento pode ser encerrado, por exemplo. Formularemos algumas respostas a perguntas como: Quem preside o inquérito policial? Como ele se desenvolve? Quais são os outros órgãos envolvidos na operação de investigação? Também trataremos do arquivamento dos inquéritos e das hipóteses em que ele pode ocorrer.

2.1 Juiz das garantias

A Lei n. 13.964/2019 (Lei Anticrime) estabeleceu alterações em inúmeras legislações penais, e, entre elas, a relativa à processualística penal, passando, assim, a declarar a natureza jurídica do processo penal brasileiro, o qual adquiriu uma estrutura eminentemente acusatória; isto é, baseada na distribuição de atribuições legais a cada um dos órgãos públicos legalmente constituídos para a investigação criminal, a apuração/instrução judicial e o julgamento com o objetivo de responsabilização penal do agente a quem se atribui a prática de uma conduta normativamente classificada como crime e/ou o envolvimento em determinado acontecimento delituoso.

Senão, é o que expressamente dispõe o art. 3º-A do Código de Processo Penal (CPP) – Decreto-lei n. 3.689, de 3 de outubro de 1941 (Brasil, 1941) –, segundo o qual é proibida toda e qualquer iniciativa do órgão julgador ao longo da investigação criminal, bem como lhe é vedada a prática de todo e qualquer ato legalmente atribuído ao órgão acusador para fins de atuação probatória, impedindo-se, assim, que o substitua e mesmo que venha a se imiscuir em sua atuação probatória.

Nos termos do art. 3º-B do CPP, alterado pela Lei n. 13.964/2019, "O juiz das garantias é responsável pelo controle da legalidade da investigação criminal e pela salvaguarda dos direitos individuais" (Brasil, 2019a, art. 3º) do agente a quem se atribuiu a prática delitiva ou o envolvimento em acontecimento delituoso.

Dessa maneira, o juiz das garantias deve assegurar os direitos individuais, de cunho fundamental, ao longo da investigação criminal, cumprindo inúmeras providências procedimentais tanto para a regularidade e a validade da investigação criminal quanto para a asseguração das liberdades públicas do investigado. Portanto, ainda de acordo com a nova redação do art. 3º-B do CPP, o juiz das garantias é competente para:

> I – receber a comunicação imediata da prisão, nos termos do inciso LXII do caput do art. 5º da Constituição Federal;
> II – receber o auto da prisão em flagrante para o controle da legalidade da prisão, observado o disposto no art. 310 deste Código;
> III – zelar pela observância dos direitos do preso, podendo determinar que este seja conduzido à sua presença, a qualquer tempo;
> IV – ser informado sobre a instauração de qualquer investigação criminal;
> V – decidir sobre o requerimento de prisão provisória ou outra medida cautelar, observado o disposto no § 1º deste artigo;
> VI – prorrogar a prisão provisória ou outra medida cautelar, bem como substituí-las ou revogá-las, assegurado, no primeiro caso, o exercício do contraditório em audiência pública e oral, na forma do disposto neste Código ou em legislação especial pertinente;
> VII – decidir sobre o requerimento de produção antecipada de provas consideradas urgentes e não repetíveis, assegurados o contraditório e a ampla defesa em audiência pública e oral;

VIII – prorrogar o prazo de duração do inquérito, estando o investigado preso, em vista das razões apresentadas pela autoridade policial e observado o disposto no § 2º deste artigo;

IX – determinar o trancamento do inquérito policial quando não houver fundamento razoável para sua instauração ou prosseguimento;

X – requisitar documentos, laudos e informações ao delegado de polícia sobre o andamento da investigação;

XI – decidir sobre os requerimentos de:

a) interceptação telefônica, do fluxo de comunicações em sistemas de informática e telemática ou de outras formas de comunicação;

b) afastamento dos sigilos fiscal, bancário, de dados e telefônico;

c) busca e apreensão domiciliar;

d) acesso a informações sigilosas;

e) outros meios de obtenção da prova que restrinjam direitos fundamentais do investigado;

XII – julgar o habeas corpus impetrado antes do oferecimento da denúncia;

XIII – determinar a instauração de incidente de insanidade mental;

XIV – decidir sobre o recebimento da denúncia ou queixa, nos termos do art. 399 deste Código;

XV – assegurar prontamente, quando se fizer necessário, o direito outorgado ao investigado e ao seu defensor de acesso a todos os elementos informativos e provas produzidos no âmbito da investigação criminal, salvo no que concerne, estritamente, às diligências em andamento;

XVI – deferir pedido de admissão de assistente técnico para acompanhar a produção da perícia;

XVII – decidir sobre a homologação de acordo de não persecução penal ou os de colaboração premiada, quando formalizados durante a investigação;

XVIII – outras matérias inerentes às atribuições definidas no caput deste artigo. (Brasil, 2019a, art. 3º)

O juiz das garantias também tem a competência jurisdicional para prorrogar por até 15 dias, uma única vez, a duração do inquérito policial de investigado que estiver preso, em atendimento à solicitação da autoridade policial formalizada por meio de representação e desde que seja previamente ouvido o Ministério Público (MP). Contudo, depois de adotada tal providência legal, impõe-se o imediato relaxamento da prisão se a investigação criminal não for concluída pela autoridade policial.

A competência jurisdicional reconhecida ao juiz das garantias não contempla as infrações penais de menor potencial ofensivo, as quais permanecem regulamentadas pela Lei n. 9.099, de 26 de setembro de 1995 – Lei dos Juizados Especiais (Brasil, 1995); caso contrário, deve cessar com o recebimento da ação penal, seja de iniciativa pública (denúncia), seja de iniciativa privada (queixa), nos termos do inc. XIV do art. 3º-B, bem como observando as disposições do art. 399, ambos do CPP.

Dessa maneira, uma vez recebida a denúncia ou queixa, as demais questões que ainda se encontrarem pendentes de apreciação judicial devem ser remetidas e, oportunamente, decididas pelo juiz de direito que tenha competência jurisdicional para a instrução e o julgamento do feito.

Ademais, é importante salientar que as decisões até então proferidas pelo juiz das garantias não vinculam nem material nem formalmente o juiz de direito competente para a instrução e o julgamento do feito, quem, depois do recebimento da denúncia ou queixa, tem o dever legal de (re)apreciar a necessidade, a adequação, a pertinência, a utilidade, a compatibilidade das medidas cautelares que se encontram em curso, no prazo legal de até 10 dias.

Para que o juiz de direito competente para a instrução e o julgamento do feito mantenha sua isenção acerca do que deve ser conhecido sob o crivo do contraditório substancial e da ampla defesa, a legislação processual penal prevê expressamente que os autos que compõem as matérias de competência do juiz das garantias devem permanecer acautelados na secretaria desse juízo, à disposição das partes.

Desse modo, o MP e a defesa têm acesso aos autos acautelados na secretaria (§ 4º do art. 3º-C do CPP) que contemplam as matérias de competência do juiz das garantias, mas esses autos não podem ser apensados aos autos do processo a serem encaminhados ao juiz de direito competente para a instrução e o julgamento do feito. Entretanto, verifica-se que as exceções a essa regra se encontram expressamente ressalvadas na legislação processual penal acerca dos documentos relativos às provas irrepetíveis, às medidas de obtenção de provas ou à antecipação de provas, que devem ser remetidos para apensamento em apartado.

A competência jurisdicional afeta ao juiz das garantias também se dará por exclusão, isto é, o órgão julgador que, na fase procedimental destina à investigação criminal, praticar qualquer ato incluído nas atribuições legalmente elencadas nos arts. 4º e 5º do CPP, será impedido de funcionar como órgão julgador na fase judicial, isto é, na relação jurídica processual destinada à responsabilização criminal do agente a quem se atribui a prática de conduta delituosa ou o envolvimento em acontecimento delituoso.

Uma outra questão relacionada à organização e à administração judiciária está expressamente prevista na legislação processual penal, qual seja, o sistema de rodízios de magistrados que se destina ao atendimento das atribuições legalmente incumbidas ao juiz das garantias, nas comarcas em que funcionar apenas um órgão julgador monocrático.

A título de regulamentação dos parâmetros a serem adotados para a designação do órgão julgador competente para funcionar como juiz das garantias, verifica-se que a legislação processual penal a vinculou às regras de organização e administração judiciária da União, dos Estados e do Distrito Federal, inclusive estabelecendo que devem ser observados minuciosamente os critérios objetivos a serem periódica e publicamente divulgados pelos respectivos tribunais (art. 3º-E do CPP).

Entre as matérias afetas à competência jurisdicional do juiz das garantias, destaca-se o dever de asseguração do tratamento digno à pessoa privada de liberdade, inclusive impedindo eventual acordo ou ajuste de qualquer autoridade pública com os meios de comunicação social (órgãos de imprensa) para exploração da imagem do preso que se encontre sob sua custódia, sob pena de ser responsabilizado civil, administrativa e criminalmente.

Portanto, as autoridades públicas devem disciplinar a matéria por meio de regulamento próprio, no prazo legal de até 180 dias e, assim, descrever a maneira pela qual as informações sobre a prisão e a identidade da pessoa presa devem ser transmitidas aos meios de comunicação social, assegurando-se, desse modo, a efetividade da persecução penal, o direito à informação e a dignidade da pessoa submetida à prisão.

2.2 Inquérito policial e suas consequências

O inquérito policial é, na legislação brasileira, um instrumento que persistiu no CPP, como afirma Lopes Júnior (2001, p. 127), com certa inspiração autoritária:

> *É imprescindível uma leitura crítica do CPP, para que ele seja adequado à Constituição e não o contrário, O sujeito passivo não deve mais ser considerado um mero objeto da investigação, pois, em um Estado de Direito como o nosso, existe toda uma série de garantias e princípios de valorização do indivíduo que exigem uma leitura constitucional do CPP, no sentido de adaptá-lo à realidade.*

O inquérito policial é um dos procedimentos administrativos – juntamente com as Comissões Parlamentares de Inquérito (CPIs) e as sindicâncias administrativas – e se destina à investigação da existência e da autoria de uma infração penal (art. 4º, CPP), consoante as regras estabelecidas no próprio código. É uma fase que antecede o processo penal propriamente dito (fase pré-processual); contudo, também nessa fase impõe-se a observância dos direitos individuais e das garantias fundamentais, constitucional e legalmente assegurados, à pessoa a quem se atribui a prática ou o envolvimento em um crime.

O inquérito policial deve ser presidido pela autoridade policial, conforme as regras estabelecidas administrativamente acerca de suas atribuições legais, por exemplo, em razão do território (circunscrição) ou da natureza do crime, entre outros critérios que possam ser especificamente descritos em ato administrativo específico emanado pelo órgão competente.

A investigação acerca da prática (ocorrência) e da autoria de um crime, no entanto, não é atribuição legal exclusivamente destinada à autoridade policial, uma vez que o parágrafo único do art. 4º do CPP expressamente dispõe que o mencionado dever legal (investigação pela autoridade policial) "não excluirá a de autoridades administrativas, a quem por lei seja cometida a mesma função" (Brasil, 1941). Conforme já apontamos, procedimentos como as CPIs e as sindicâncias também apresentam o mesmo resultado.

Portanto, afigura-se como legitimamente plausível a investigação sobre a existência e a autoria de um crime tanto por CPI e instâncias administrativas quanto pelo MP; ressaltando-se, por óbvio, que essas atividades de investigação não se confundem com a presidência do inquérito policial, a qual indiscutivelmente é destinada à autoridade policial. A CPI, as instâncias administrativas e o MP, portanto, podem levar a cabo suas investigações acerca da autoria e da materialidade de determinado crime, independentemente da investigação policial. Até mesmo porque a função do MP, por exemplo, não pressupõe inquérito policial específico para a propositura de ação por meio de denúncia, que se destina à responsabilização penal do agente a quem se atribuiu a prática de conduta delituosa (crime); basta ao MP, para esse fim, que fundamente sua pretensão punitiva com os meios de prova admitidos.

Exemplo desse fato em disposição legal é o parágrafo 5º do art. 39 do CPP, que determina: "O órgão do Ministério Público dispensará o inquérito, se com a representação, forem oferecidos elementos que o habilitem a promover a ação penal, e, neste caso, oferecerá a denúncia no prazo de quinze dias" (Brasil, 1941). Em casos assim, o MP pode oferecer a denúncia e o processo se iniciar sem a fase do inquérito policial.

2.3 Procedimentalidade

Nos crimes de ação penal de iniciativa pública, isto é, cuja iniciativa é privativa do MP no oferecimento de denúncia, o inquérito policial deverá ser iniciado de ofício pela autoridade policial, mediante requisição do MP, a requerimento do ofendido ou de seu representante legal, conforme dispõem os incisos I e II do art. 5º do CPP.

O requerimento do ofendido ou de quem tiver qualidade para representá-lo, entretanto, deverá conter, sempre que for possível, a **narração do fato** com todas as suas circunstâncias; a **individualização do agente (autor)** que praticou a ofensa (ameaça ou violência a bem juridicamente protegido pela lei penal); e a **nomeação das pessoas** que eventualmente tenham testemunhado ou, de alguma maneira, tomado conhecimento da prática da conduta delituosa.

No caso de indeferimento desse requerimento, por meio de despacho da autoridade policial, caberá recurso administrativo ao seu superior hierárquico, nos termos do parágrafo 2º do art. 5º do CPP: "Do despacho que indeferir o requerimento de abertura de inquérito caberá recurso para o chefe de Polícia" (Brasil, 1941).

O chefe de polícia – superior hierárquico conforme a organização estrutural e funcional do estado e do Distrito Federal – poderá ser o delegado-chefe (geral) da Polícia Civil ou o secretário estadual ou distrital cujas atribuições contemplem a responsabilidade pela chefia da polícia correspondente, a exemplo das Secretarias de Segurança Pública e de Justiça, por meio de seus órgãos administrativos (coordenadorias, diretorias, núcleos, seccionais, subdivisões etc.).

É dever legal da autoridade policial instaurar procedimento administrativo investigatório, isto é, inquérito policial, sempre que obtiver informações verídicas sobre a ocorrência de fato que, em razão de suas circunstâncias, configure-se em infração cuja ação penal seja de iniciativa pública.

A notícia de um fato que configure infração penal pode ser realizada perante a autoridade policial por qualquer pessoa que tiver conhecimento de tal fato, independentemente de forma, podendo ser comunicada verbalmente ou por escrito, conforme dispõe o parágrafo 3º do art. 5º do CPP: "Qualquer pessoa do povo que tiver conhecimento da existência de infração penal em que caiba ação pública poderá, verbalmente ou por escrito, comunicá-la à autoridade policial, e esta, verificada a procedência das informações, mandará instaurar inquérito" (Brasil, 1941).

É importante destacar que o agente que fizer a notícia de fato que, intencional e deliberadamente, seja inverídica poderá então incorrer num dos crimes contra a administração da justiça previstos no CPP, como denunciação caluniosa (art. 339, CPP); comunicação falsa de crime ou contravenção (art. 340, CPP); autoacusação falsa (art. 341, CPP); falso testemunho (art. 342, CPP); coação no curso do processo (art. 344, CPP).

O procedimento administrativo investigatório policial (inquérito) que se destine à apuração das circunstâncias em que se deu a prática de conduta delituosa que, em razão de sua natureza, deva ser perscrutada por meio de ação penal de iniciativa pública condicionada, somente pode ser inaugurado mediante o oferecimento de representação à autoridade policial, nos termos do que dispõe o parágrafo 4º do art. 5º do CPP: "O inquérito, nos crimes em que a ação pública depender de representação, não poderá sem ela ser iniciado" (Brasil, 1941). Esse dispositivo coíbe a ação pública *ex officio*, sem provocação de quem represente o fato à autoridade.

Em tais hipóteses, o inquérito policial não poderá ser instaurado pela autoridade policial enquanto não for apresentada a devida representação pela vítima ou por seu representante legal, haja vista que a persecução penal se opera por meio de ação penal de iniciativa pública condicionada a tal representação. A representação, por sua vez, não se vincula a qualquer fórmula legal para o seu oferecimento, podendo ser apresentada verbalmente ou mesmo por escrito, quando não colhida mediante termo de declaração perante a autoridade policial.

Já nos crimes cuja ação penal seja de iniciativa privada, os legitimamente interessados deverão requerer expressamente a instauração do procedimento administrativo investigatório (inquérito) perante a autoridade policial competente.

Dessa maneira, a autoridade policial, nos crimes de ação penal de iniciativa privada, encontra-se vinculada à observância de dois requisitos legais:

1. Somente poderá proceder a inquérito mediante requerimento.
2. Esse requerimento deve ser realizado por quem tenha qualidade para intentá-lo (legitimidade), conforme descrito no parágrafo 5º do art. 5º do CPP: "Nos crimes de ação privada,

a autoridade policial somente poderá proceder a inquérito a requerimento de quem tenha qualidade para intentá-la" (Brasil, 1941).

Assim, cabe à vítima, a seu representante legal ou a seu procurador – o qual deverá ter poderes especiais para esse fim – formular requerimento à autoridade policial, para que proceda, então, à instauração de inquérito policial, com base nas informações prestadas sobre a materialidade e a autoria do crime.

2.4 Atribuições legais de investigação

O art. 6º do CPP descreve as atribuições legais que são destinadas à autoridade policial, sempre e logo que tiver conhecimento da ocorrência de um crime, sob pena, não agindo, de incorrer em responsabilização administrativa, civil e criminal. O artigo mostra uma sequência investigatória:

> Art. 6º Logo que tiver conhecimento da prática da infração penal, a autoridade policial deverá:
> I – dirigir-se ao local, providenciando para que não se alterem o estado e conservação das coisas, até a chegada dos peritos criminais;
> II – apreender os objetos que tiverem relação com o fato, após liberados pelos peritos criminais;
> III – colher todas as provas que servirem para o esclarecimento do fato e suas circunstâncias;
> IV – ouvir o ofendido;
> V – ouvir o indiciado, com observância, no que for aplicável, do disposto no Capítulo III do Título VII, deste Livro, devendo o respectivo termo ser assinado por duas testemunhas que lhe tenham ouvido a leitura;
> VI – proceder a reconhecimento de pessoas e coisas e a acareações;

> VII – determinar, se for caso, que se proceda a exame de corpo de delito e a quaisquer outras perícias;
> VIII – ordenar a identificação do indiciado pelo processo datiloscópico, se possível, e fazer juntar aos autos sua folha de antecedentes;
> IX – averiguar a vida pregressa do indiciado, sob o ponto de vista individual, familiar e social, sua condição econômica, sua atitude e estado de ânimo antes e depois do crime e durante ele, e quaisquer outros elementos que contribuírem para a apreciação do seu temperamento e caráter.
> X – colher informações sobre a existência de filhos, respectivas idades e se possuem alguma deficiência e o nome e o contato de eventual responsável pelos cuidados dos filhos, indicado pela pessoa presa. (Brasil, 1941)

Portanto, logo que tiver conhecimento da prática de uma conduta considerada delituosa, a autoridade policial deve encaminhar-se até o local, buscando garantir que não se alterem o estado e a conservação das coisas – o corpo de delito, isto é, os vestígios deixados pela prática delitiva – enquanto os peritos criminais não chegarem ao lugar onde se deu o crime.

De igual maneira, a autoridade policial deve apreender os objetos que tiverem relação com o crime, desde que esses objetos e demais vestígios a serem recolhidos – isto é, "todas as provas que servirem para o esclarecimento do fato e suas circunstâncias" (Brasil, 1941), conforme inciso III do art. 6º – tenham sido liberados pelos peritos criminais. A autoridade policial, sempre que possível, deve ouvir o ofendido, da mesma maneira que o indiciado como autor, coautor, cúmplice ou instigador, observando sempre o procedimento especificamente estabelecido para esse fim – no Capítulo III do Título VII do CPP – e levando em conta os direitos individuais e as garantias fundamentais constitucionalmente previstas.

O termo de declarações do indiciado deverá ser produzido na presença da autoridade policial, a qual deverá fazer constar somente o que lhe for declarado, colhendo-se, ao final, a assinatura de duas testemunhas que lhe tenham ouvido a leitura. A autoridade policial também deverá proceder ao reconhecimento de pessoas e coisas e a acareações, tomando para tanto as cautelas necessárias, a fim de que não se determine nulidade alguma – a de induzir o reconhecimento de pessoas, por exemplo. Determinará, também, quando necessária, a realização de exame de corpo de delito e de qualquer outra análise técnica que se apresente indispensável para o esclarecimento das circunstâncias e condições em que se deu a prática delitiva.

O indiciado deverá ser identificado por determinação da autoridade policial, sendo certo que tal providência poderá ser realizada por documentação civil que suficientemente evidencie a condição pessoal, familiar, laborativa ou social do agente. A Lei n. 12.037, de 1º de outubro de 2009, que regulamentou o inciso LVIII do art. 5º da CF, determina que "o civilmente identificado não será submetido a identificação criminal, salvo nos casos previstos nesta lei" (Brasil, 2009b). A identificação civil é legalmente atestada pela carteira de identidade; pela carteira de trabalho; pela carteira profissional; pelo passaporte; pela carteira de identificação funcional; pela identificação militar; ou por outro documento público que permita a identificação do indiciado.

Do contrário, a autoridade policial poderá ordenar a identificação do indiciado pelo processo datiloscópico e fotográfico, se possível, inclusive, quando qualquer uma das identificações civis ou militares for considerada insuficiente para identificar o indiciado, evitando-se, contudo, toda sorte de constrangimento sobre ele, *in verbis*:

> Art. 3º Embora apresentado documento de identificação, poderá ocorrer identificação criminal quando:
> I – o documento apresentar rasura ou tiver indício de falsificação;
> II – o documento apresentado for insuficiente para identificar cabalmente o indiciado;
> III – o indiciado portar documentos de identidade distintos, com informações conflitantes entre si;
> IV – a identificação criminal for essencial às investigações policiais, segundo despacho da autoridade judiciária competente, que decidirá de ofício ou mediante representação da autoridade policial, do Ministério Público ou da defesa;
> V – constar de registros policiais o uso de outros nomes ou diferentes qualificações;
> VI – o estado de conservação ou a distância temporal ou da localidade da expedição do documento apresentado impossibilite a completa identificação dos caracteres essenciais.
> Parágrafo único. As cópias dos documentos apresentados deverão ser juntadas aos autos do inquérito, ou outra forma de investigação, ainda que consideradas insuficientes para identificar o indiciado. (Brasil, 2009b)

A autoridade policial deverá determinar a juntada da folha de antecedentes criminais do agente no procedimento administrativo investigatório policial (inquérito); ou então, de igual forma, deverá averiguar a vida pregressa do indiciado, sob o ponto de vista individual, familiar e social, analisando também sua condição econômica, sua atitude e estado de ânimo antes e depois do crime e durante ele e quaisquer outros elementos que possam contribuir para a apreciação do seu temperamento e caráter, conforme manda o CPP.

A autoridade policial pode determinar a reconstituição do fato considerado criminoso, com o intuito de verificar o modo, as condições e as circunstâncias em que se deu a conduta delituosa, ressalvando-se, contudo, que a reprodução simulada não contrarie a moralidade ou a ordem pública (art. 7º, CPP). A prisão em flagrante delito deverá ser procedimentalmente formalizada conforme o que se encontra especificamente disposto nos arts. 301 a 310 do CPP, levando-se em conta as atribuições legais para a realização da prisão em flagrante, bem como as respectivas concepções do que se considera normativamente como *flagrante* (arts. 302 e 303 do mesmo código) e demais formalidades.

A autuação procedimental de todas as peças que compõem o inquérito policial é determinada pela autoridade policial, a qual deverá incumbir o servidor com tais atribuições da tarefa de realizar o processado: encadernação, numeração, juntada de documentos, redução a termo de declarações, que deverão ser rubricadas ou certificadas acerca de sua autenticidade (art. 9º, CPP). As peças informativas do inquérito policial devem ser autuadas em procedimento específico, pois servem – apesar de não vincularem – para a formação da *opinio delicti* do membro do MP – já que "Eventual vício no procedimento investigatório não tem o condão de contaminar a ação penal, dada a natureza meramente informativa de suas peças, bem como a sua dispensabilidade na formação da *opinio delicti*" (Brasil, 2015d).

O CPP estabelece o prazo de 10 dias para o término do inquérito policial, então inaugurado com a prisão em flagrante delito, sendo certo que, caso o indiciado tenha sido preso preventivamente, esse prazo legal deve ser contado a partir do dia em que se executou a ordem de prisão. No entanto, encontrando-se em liberdade o agente a quem se atribui a prática da conduta considerada criminosa – ainda que por determinação legal, por exemplo, em liberdade provisória, mediante fiança ou não –, tem-se que o prazo legal para o término do inquérito policial é de 30 dias, conforme dispõe o art. 10 do CPP. Para tanto, a autoridade policial deverá realizar minucioso relatório acerca do que tiver sido apurado, tendo em conta as circunstâncias em que se deu o fato e remetendo, assim, oportunamente o processado (isto é, os autos do inquérito policial) ao juízo de direito que detenha a competência jurisdicional criminal.

O relatório, minucioso e circunstanciado, poderá conter a indicação de testemunhas que não tenham sido inquiridas, sendo certo que a autoridade policial deve indicar o lugar em que podem ser encontradas. Para além dos mencionados prazos legais estabelecidos para a finalização do inquérito policial, é certo que a autoridade judiciária poderá estabelecer outros, com objetivo de realizar diligências ulteriores em casos concretos considerados de difícil elucidação, considerando, ainda, a condição de liberdade ou não do indiciado.

Portanto, é possível o estabelecimento de prazo judicial para a realização de diligências – investigações, providências, medidas legais, buscas etc. – nas hipóteses em que o acontecimento for de difícil elucidação e o indiciado estiver solto. Nessa fase, então, a autoridade policial poderá requerer a devolução dos autos de inquérito policial para esse fim. A autoridade policial deverá determinar a apreensão dos instrumentos do crime e a juntada destes aos autos de inquérito policial, bem como os objetos que interessarem à prova, importando, assim, no acompanhamento destes aos autos do inquérito policial que deverá ser enviado ao juízo de direito competente (art. 11, CPP).

Como já se viu, o órgão de execução ministerial, para propor ação penal, não depende da realização ou do acompanhamento de inquérito policial, pois trata-se de processado meramente informativo para formação da *opinio delicti*. No entanto, sempre que o inquérito policial servir de fundamentação para a formulação de ação penal – por meio de denúncia ou de queixa (queixa-crime) –, os respectivos autos deverão acompanhar aquela peça inaugural (art. 12, CPP).

A autoridade policial tem por atribuição legal a obrigação de fornecer às autoridades judiciárias as informações necessárias para a instrução e o julgamento dos processos criminais, sendo certo que deverá realizar as diligências requisitadas tanto pelo órgão julgador quanto pelo órgão de execução ministerial. Da mesma maneira, deverá cumprir os mandados de prisão expedidos pelas autoridades Judiciárias competentes e, também, poderá representar pela decretação de prisão preventiva.

Nos termos do art. 13-A do CPP, acrescentado pela Lei n. 13.344, de 6 de outubro de 2016 (Brasil, 2016c), na investigação dos crimes de sequestro, cárcere privado, redução a condição análoga à escravisão, tráfico de pessoa, extorsão mediante restrição da liberdade da vítima, mediante sequestro, que resulte em lesão corporal grave ou morte e envio ilegal de criança ou de adolescente para o exterior, o membro do MP ou o delegado de polícia pode requisitar, isto é, exigir de quaisquer órgãos do poder público ou de empresas da iniciativa privada dados e informações cadastrais referentes à vítima ou aos suspeitos.

A requisição ministerial ou realizada pela autoridade policial impreterivelmente deverá ser atendida no prazo legal de até 24 horas e, para tanto, constará do expediente "I – o nome da autoridade requisitante; II – o número do inquérito policial; e III – a identificação da unidade de polícia judiciária responsável pela investigação criminal" (Brasil, 1941, art. 13-A, parágrafo único).

De igual maneira, a título de prevenção e repressão a crimes relacionados ao tráfico de pessoas que se encontrem em curso, o membro do MP ou a autoridade policial pode requisitar às empresas prestadoras de serviço de telecomunicações e/ou telemática, mediante autorização judicial, a imediata disponibilização de meios técnicos adequados para a localização da vítima ou dos suspeitos (*caput* do art. 13-B do CPP).

Nesse contexto, o *sinal* é normativamente conceituado como "posicionamento da estação de cobertura, setorização e intensidade de radiofrequência" (Brasil, 1941, art. 13-B, § 1º) e, dessa maneira, observa-se que não se deve permitir acesso ao conteúdo da comunicação de qualquer natureza, o que certamente depende de autorização judicial; no entanto, o sinal deve ser "fornecido pela prestadora de telefonia móvel celular por período não superior a 30 (trinta) dias, renovável por uma única vez" (Brasil, 1941, 13-B, § 2º, II), haja vista que, para períodos superiores, é obrigatória apresentação de ordem judicial.

Nos casos supramencionados, "o inquérito policial deverá ser instaurado no prazo máximo de 72 (setenta e duas) horas, contado do registro da respectiva ocorrência policial" (Brasil, 1941, 13-B, § 3º).

Na hipótese de não haver "manifestação judicial no prazo máximo de 12 (doze) horas, a autoridade competente [ministerial, policial, parlamentar] requisitará às empresas prestadoras de serviço de telecomunicações e/ou telemática que disponibilizem imediatamente os meios técnicos adequados [...] [à] localização da vítima ou dos suspeitos do delito em curso" (Brasil, 1941, 13-B, § 4º), contudo, impõe-se a imediata comunicação ao órgão julgador competente.

A autoridade policial também poderá realizar diligências requeridas pelo ofendido, ou por seu representante legal, e pelo indiciado, nos casos em que entenda indispensáveis para a elucidação do modo, das condições e das circunstâncias em que se deu o crime (art. 14, CPP).

Os agentes de segurança pública vinculados às polícias federal, rodoviária federal e ferroviária federal ou às polícias civis e militares, aos corpos de bombeiros militares e às polícias penais federal, estaduais e distrital, quando forem indiciados em inquéritos policiais (civis ou militares), bem como nos demais procedimentos extrajudiciais, podem constituir defensor nas investigações criminais destinadas a apurar condutas e "fatos relacionados ao uso da força letal praticados no exercício profissional, de forma consumada ou tentada, incluindo as situações dispostas no art. 23 do Decreto-Lei nº 2.848, de 7 de dezembro de 1940 (Código Penal)" (Brasil, 1941, art. 14-A), que configuram causas de justificação da antijuridicidade (ilicitude), a saber: "I – em estado de necessidade; II – em legítima defesa;

III – em estrito cumprimento do dever legal ou no exercício regular de direito" (Brasil, 1940, art. 23).

Para tanto, o agente de segurança pública que figurar como investigado tem a garantia fundamental de "ser citado da instauração do procedimento investigatório, podendo constituir defensor no prazo de até 48 (quarenta e oito) horas" (Brasil, 1941, art. 14-A, § 1º); sendo certo que, uma vez esgotado esse prazo e não tendo sido constituído e indicado o "defensor pelo investigado, a autoridade responsável pela investigação deverá intimar a instituição a que estava vinculado o investigado à época da ocorrência dos fatos, para que essa, no prazo de 48 (quarenta e oito) horas, indique defensor para a representação do investigado" (Brasil, art. 14-A, § 2º).

Os membros das Forças Armadas, então denominados *militares*, que se encontram vinculados à Marinha, ao Exército ou à Aeronáutica na qualidade de servidores (militares) também detêm idênticas garantias asseguradas, "desde que os fatos investigados digam respeito a missões para a Garantia da Lei e da Ordem" (Brasil, art. 14-A, § 6º).

O art. 15 do CPP estabelece a necessidade de nomeação de curador, pela autoridade policial, para o indiciado com idade entre 18 e 21 anos.

No entanto, com o advento do novo Código Civil (CC) – Lei n. 10.406, de 10 de janeiro de 2002 (Brasil, 2002) – e da Lei n. 10.792, de 1º de dezembro de 2003 (Brasil, 2003a), tem-se entendido que já não existe mais a necessidade da prévia nomeação de curador ao indiciado ou mesmo ao acusado menor de 21 anos. Não fosse isso, argumenta-se que não há nulidade do inquérito policial, da ação penal e, sequer, da relação jurídica processual penal; asseverando-se inclusive que, caso fosse possível reconhecer tal nulidade, também impor-se-ia a sua suscitação, uma vez que se trata de nulidade relativa e, portanto, pendente de demonstração do efetivo prejuízo causado pela inobservância da supramencionada providência processual.

Nesse sentido, o Superior Tribunal de Justiça (STJ) já entendeu que

> Não há nulidade ante a falta de nomeação de curador no inquérito policial ao réu menor de 21 e maior de 18 anos de idade, uma vez que a Lei 10.792/2003 extinguiu a figura do curador com a revogação do art. 194 do CPP, derrogando-se, tacitamente, os arts. 15, 262 e 564, III, c, parte final, todos do CPP. (Brasil, 2008c)

O inquérito policial poderá ser devolvido à autoridade policial, nos casos em que o MP judicialmente assim o requerer, sob o fundamento de que ainda são necessárias novas diligências imprescindíveis para o curso da ação penal.

Os autos de inquérito policial não poderão ser arquivados pela autoridade policial (art. 17 do CPP), haja vista que ela não possui a atribuição legal de determinar o arquivamento desse procedimento administrativo investigatório, em que pese se tratar de peça meramente informativa. O inquérito policial somente poderá ser arquivado pela autoridade judiciária em hipóteses, por exemplo, em que faltem base fática ou de direito (normativa) para o oferecimento de denúncia ou de queixa. No entanto, a autoridade policial poderá realizar novas investigações sempre que obtiver notícia de outras provas sobre determinado caso concreto, ainda que o inquérito policial tenha sido regular e validamente arquivado pela autoridade judiciária (art. 18, CPP).

Nos crimes em que a instauração da relação jurídica processual penal se dê pela apresentação de queixa, os autos de inquérito policial deverão ser encaminhados ao juízo de direito competente, aguardando-se, assim, a iniciativa do ofendido ou de seu representante legal pelo prazo legalmente estabelecido para esse fim; caso contrário, deverão ser entregues ao requerente, se o pedir, mediante traslado.

A autoridade policial deverá assegurar, no inquérito policial, o sigilo indispensável para a devida elucidação do fato considerado delituoso e, de igual maneira, quando o sigilo for exigido pelo interesse da sociedade (coletivo), assegurando-se, contudo, em todo caso, as liberdades públicas.

Atualmente, conforme redação dada pela Lei n. 12.681, de 4 de julho de 2012 (Brasil, 2012b), ao parágrafo único do art. 20 do CPP, não se pode mais "mencionar quaisquer anotações referentes à instauração de inquérito" (Brasil, 1941) policial nos atestados de antecedentes (criminais) que forem solicitados à autoridade policial.

Nesse sentido, o STJ entendeu que a expedição de certidão das anotações de antecedentes criminais deve ser disciplinada, com o intuito de que seja evitada toda e qualquer informação ou efeito negativo decorrente de tal certificação. É possível impedir, dessa forma,

> *publicidade negativa, às vezes desairosa, que estigmatiza a pessoa antes da condenação [...] a certidão somente será expedida por solicitação de magistrado, membro do Ministério Público, autoridade policial, ou agente do Estado, em requerimento fundamentado, explicitando o uso do documento.* (Brasil, 1996b)

A incomunicabilidade do indiciado dependerá sempre de despacho fundamentado da autoridade judiciária a requerimento da autoridade policial ou do membro do MP, ao longo das investigações levadas a cabo e devidamente documentadas nos autos de inquérito policial, e somente será permitida quando o interesse da sociedade (coletivo) ou a conveniência da investigação criminal assim o exigir (art. 21, CPP). Tal incomunicabilidade, contudo, não poderá exceder 3 dias, sendo certo que, em qualquer hipótese, deverá ser respeitado o que se encontra no inciso III do art. 7º da Lei n. 8.906, de 4 de julho de 1994 – o **Estatuto da Advocacia** –, de acordo com o qual é direito do advogado

> *comunicar-se com seus clientes, pessoal e reservadamente, mesmo sem procuração, quando estes se acharem presos, detidos ou recolhidos em estabelecimentos civis ou militares, ainda que considerados incomunicáveis.* (Brasil, 1994)

Contudo, é possível dizer que a incomunicabilidade do preso atualmente encontra-se expressamente proibida, haja vista que o inciso IV do parágrafo 3º do art. 136 da CF determina que "é vedada a incomunicabilidade do preso" (Brasil, 1988), assegurando-se, assim, o direito individual, de cunho fundamental, de comunicação da pessoa apreendida com o seu advogado, tornando inócua a mencionada providência investigatória.

A autoridade policial poderá desenvolver suas atribuições legais em circunscrição policial diversa daquela em que se encontra em exercício, em razão das circunstâncias e das condições em que se deram a prática da conduta delituosa – como nas hipóteses de perseguição, também denominadas *quase flagrante*, nos termos do inciso III do art. 302 do CPP: "é perseguido, logo após, pela autoridade, pelo ofendido ou por qualquer pessoa, em situação que faça presumir ser autor da infração" (Brasil, 1941) –, ordenando diligências independentemente de autorizações ou requisições. Nesse sentido, a autoridade policial não depende de prévia autorização judicial – ou de autorização de qualquer outra autoridade pública – para a prática das atribuições que foram legalmente destinadas ao exercício do cargo público, como o de delegado de polícia.

O delegado de polícia não precisa de tutela jurisdicional para o exercício regular de suas atribuições legais mediante atos de ofício – por exemplo, efetuar prisão em flagrante delito e determinar a abertura de inquérito policial, entre outros. No entanto, como forma de controle da intervenção estatal, alguns procedimentos investigativos são jurisdicionalizados, isto é, dependem de provocação a ser realizada por pessoas legitimadas para tanto. Exemplo disso é a intercepção telefônica – regulada pela Lei n. 9.296, de 24 de julho de 1996 (Brasil, 1996a) –, a qual não se presta propriamente como meio de prova, mas como modalidade de investigação, cujos procedimentos deverão ser conduzidos pela autoridade policial, que, por sua vez, dará ciência ao MP, o qual poderá acompanhar a realização da interceptação (art. 6º, CPP).

A autoridade policial, nos inquéritos em que esteja procedendo, poderá ordenar diligências em circunscrição policial diversa da sua, independentemente de precatórias ou requisições, inclusive podendo providenciar que compareça a autoridade policial com atribuições legais, sobre qualquer fato que ocorra em sua presença e naquela outra circunscrição policial (art. 22, CPP). A autoridade policial deverá oficiar ao Instituto de Identificação e Estatística, ou repartição congênere, prestando informações sobre a pessoa indiciada e a infração penal que foi atribuída ao indiciado e indicando, também, o juízo de direito a que remeteu ou a que teriam sido distribuídos os autos de inquérito policial (art. 23, CPP).

2.5 Arquivamento

O inquérito policial não pode ser diretamente arquivado pela autoridade policial; contudo, em relatório final, esta poderá declarar a ausência de fundamentos fáticos e jurídicos para a proposição de ação penal e, assim, suscitar o arquivamento do inquérito policial. O inquérito policial que contenha as investigações imprescindíveis e já se encontre com o relatório final da autoridade policial deve ser encaminhado ao MP, por meio dos procedimentos estabelecidos no sistema de justiça penal. O MP, por sua vez, tem entre suas atribuições legais a de ordenar o arquivamento do inquérito policial – assim como de quaisquer peças de informação investigatória –, em vez de oferecer a ação penal de iniciativa pública, e, uma vez homologado o arquivamento pela instância de revisão ministerial, o inquérito policial será devidamente arquivado.

Com as modificações trazidas pela Lei n. 13.964/2019, o art. 28 do CPP passou a vigorar com a seguinte redação:

> Art. 28 Ordenado o arquivamento do inquérito policial ou de quaisquer elementos informativos da mesma natureza, o órgão do Ministério Público comunicará à vítima, ao investigado e à autoridade policial e encaminhará os autos para a instância de revisão ministerial para fins de homologação, na forma da lei. (Brasil, 1941)

À vítima ou a seu representante legal, entretanto, faculta "não concordar com o arquivamento do inquérito policial", podendo, "no prazo de 30 (trinta) dias do recebimento da comunicação, submeter a matéria à revisão da instância competente do órgão ministerial" (Brasil, 1941, art. 28, § 1º).

Ademais, observa-se que em se tratando de "crimes praticados em detrimento da União, Estados e Municípios, a revisão do arquivamento do inquérito policial [homologado pela instância de revisão ministerial] poderá ser provocada pela chefia do órgão a quem couber a sua representação judicial" (Brasil, 1941, art. 28, § 2º).

A Lei Anticrime ainda acrescentou o art. 28-A ao CPP, o qual se destina a regulamentar a proposta ministerial acerca do acordo de não persecução penal, estabelecendo, assim, os requisitos legais indispensáveis para seu oferecimento, quais sejam:

» não se tratar de caso de arquivamento;
» o investigado ter confessado formal e detalhadamente a prática delitiva;

» não ter havido violência ou grave ameaça na prática delitiva;
» a pena mínima não ser superior a 4 anos;
» que o acordo de não persecução penal se afigure necessário e suficiente para reprovação e prevenção do crime.

De igual maneira, essa nova figura legislativa processual penal, de maneira expressa, elencou cada uma das condições para o oferecimento da proposta de acordo de não persecução penal, que, inclusive, podem ser cumulativas e alternativamente ajustadas, quais sejam:

> I – reparar o dano ou restituir a coisa à vítima, exceto na impossibilidade de fazê-lo;
> II – renunciar voluntariamente a bens e direitos indicados pelo Ministério Público como instrumentos, produto ou proveito do crime;
> III – prestar serviço à comunidade ou a entidades públicas [...];
> IV – pagar prestação pecuniária [...] que tenha, preferencialmente, como função proteger bens jurídicos iguais ou semelhantes aos aparentemente lesados pelo delito; ou
> V – cumprir, por prazo determinado, outra condição indicada pelo Ministério Público, desde que proporcional e compatível com a infração penal imputada. (Brasil, 1941, art. 28-A)

Para verificação da proporcionalidade e da compatibilidade de qualquer dessas condições, por certo, deve ser levada em conta a infração penal imputada ao agente-beneficiado, sendo certo que a pena mínima legalmente cominada deve ser aferida por meio da consideração das "causas de aumento e diminuição aplicáveis ao caso concreto" (Brasil, 1941, art. 28-A, § 1º).

O acordo de não persecução penal, no entanto, não pode ser proposto pelo MP

> I – se for cabível transação penal de competência dos Juizados Especiais Criminais, nos termos da lei;
> II – se o investigado for reincidente ou se houver elementos probatórios que indiquem conduta criminal habitual, reiterada ou profissional, exceto se insignificantes as infrações penais pretéritas;
> III – ter sido o agente beneficiado nos 5 (cinco) anos anteriores ao cometimento da infração, em acordo de não persecução penal, transação penal ou suspensão condicional do processo; e
> IV – nos crimes praticados no âmbito de violência doméstica ou familiar, ou praticados contra a mulher por razões da condição de sexo feminino, em favor do agressor. (Brasil, 1941, art. 28-A, § 2º)

O acordo de não persecução penal é formalizado por escrito, livre e voluntariamente firmado pelo órgão de execução ministerial, com atribuições para tal desiderato, pelo investigado-beneficiado e por seu defensor – contratado, dativo, nomeado ou defensor público –, e depende de homologação judicial, que é "realizada [em] audiência na qual o juiz deverá verificar a sua voluntariedade, por meio da oitiva do investigado na presença do seu defensor, e sua legalidade" (Brasil, 1941, art. 28-A, § 4º) na condição de forma de controle democrático (constitucional) da intervenção estatal de cunho repressivo-punitivo.

Nos casos em que o órgão julgador entender que os requisitos legais foram atendidos e que as condições estipuladas são adequadas, suficientes, proporcionais e compatíveis, homologará, mediante provimento judicial, o acordo de não persecução penal e, oportunamente, encaminhará os respectivos autos ao MP para que adote as medidas legais cabíveis e se inicie seu integral e fiel cumprimento, isto é, sua execução perante o Juízo de Direito da Vara de Execuções Penais competente.

A legislação processual penal, de forma expressa, determina que a vítima deverá ser obrigatoriamente comunicada de todas as etapas procedimentais relativas à homologação, à execução e também ao eventual descumprimento do acordo de não persecução penal, conforme termos do parágrafo 9º do art. 28-A do CPP.

Contudo, na hipótese de o órgão julgador considerar as condições estipuladas na proposta ministerial de acordo de não persecução penal inadequadas, insuficientes, desproporcionais, incompatíveis ou abusivas, deve devolver os autos ao MP, com o intuito de que a proposta de acordo seja reformulada, inclusive, mediante a concordância do investigado e de seu defensor.

Assim, caso haja a devida adequação, o órgão julgador procederá à homologação, conforme acima explicitado; no entanto, quando não for realizada a adequação pelo órgão de execução ministerial – deixando de atender minimamente aos requisitos legais ou mesmo se as condições propostas forem inadequadas, insuficientes, desproporcionais, incompatíveis ou abusivas –, o órgão julgador competente poderá deixar de homologar o acordo de não persecução penal oferecido.

Portanto, uma vez recusada a homologação do acordo de não persecução penal, o órgão julgador competente para tal desiderato deverá encaminhar os respectivos autos ao órgão de execução ministerial com atribuições legais para a (re)análise da necessidade ou não de complementação das investigações criminais ou então do oferecimento de denúncia.

Na hipótese em que o órgão de execução ministerial se recusar a propor acordo de não persecução penal, ao investigado, é legalmente reconhecida a possibilidade de requerer a remessa dos respectivos autos para o órgão ministerial superior, isto é, para a instância revisional ministerial, conforme dispõe o § 14 do art. 28-A do CPP.

Nos casos em que houver descumprimento injustificado e mesmo reiterado das condições estipuladas no acordo de não persecução penal judicialmente homologado, uma vez iniciado seu cumprimento (execução), o órgão ministerial deverá comunicar ao órgão julgador que homologou o referido acordo, com o intuito de que o benefício processual seja rescindido e, por conseguinte, possa ser oportunamente oferecida a respectiva ação penal (denúncia).

De igual maneira, o órgão de execução ministerial poderá deixar de oferecer a suspensão condicional do processo, tomando por base o descumprimento injustificado do acordo de não persecução penal pelo investigado, então, beneficiado, levando-se em conta os motivos e as circunstâncias concretas que foram determinantes para o descumprimento.

Para o mais, a celebração, a homologação e o cumprimento do acordo de não persecução penal não deverão constar da certidão de antecedentes criminais, apenas para que se evite a concessão de benefício ao agente que já foi contemplado com idêntica medida e, mesmo com a concessão de transação penal ou suspensão condicional do processo, nos 5 anos anteriores à prática delitiva, nos termos do parágrafo 12 do art. 28-A do CPP.

Ao final, no caso do acordo de não persecução penal ter sido cumprido fiel e integralmente pelo indiciado-beneficiado, é certo que caberá ao órgão julgador competente decretar a extinção de sua punibilidade.

Síntese

A autoridade policial é a responsável por instaurar inquérito e deve fazê-lo conforme requisitos muito bem definidos em lei. O inquérito policial é um procedimento administrativo, a princípio sem interferência do Poder Judiciário, que se presta à investigação da existência e da autoria de um crime. Porém, o inquérito tem limites: há a garantia dos direitos individuais e fundamentais assegurados constitucional e legalmente à pessoa a quem se atribui a prática ou o envolvimento num crime.

Como incumbência inicial ao investigar um crime, a autoridade policial deverá encaminhar-se até o local, cuidar da integridade desse local e, em seguida, dar início ao procedimento de investigação e descrição das circunstâncias do ocorrido. Essa etapa, ainda anterior ao processo, é o inquérito policial, no qual se define a comunicação da ocorrência, circunstanciada e fundamentada, ao MP, para que se dê ao fato a devida consequência, seja o processo, seja o arquivamento.

Questões para revisão

1) O inquérito policial é, na legislação brasileira:
   a. parte do processo penal inquisitório.
   b. parte do processo penal neoacusatório.
   c. procedimento que antecede o processo penal propriamente dito (fase pré-processual).
   d. investigação presidida pelo juiz de instrução e observada pelo Ministério Público.
   e. rito processual do juiz de instrução.

2) Junto com o inquérito, também são procedimentos investigatórios prévios à ação:
   a. As CPIs e as instâncias administrativas.
   b. Os processos inquisitórios, sem investigação.
   c. A guarda de provas e o julgamento pelo mesmo juiz.
   d. A narração dos fatos pelo ofendido e pelo acusador.
   e. Não existem tais procedimentos.

3) Quanto ao procedimento no inquérito, a autoridade policial deve:
   a. proceder sempre *ex officio*, ou seja, quando quiser investigar um crime.
   b. proceder sempre que presenciar um crime, onde quer que seja.
   c. proceder somente mediante requerimento de pessoa com legitimidade para apresentá-lo.
   d. proceder somente a inquérito solicitado pela vítima.
   e. proceder somente se solicitado por advogado.

Questão para reflexão

O inquérito policial é um resquício do sistema inquisitório no direito penal brasileiro? Como fazer para termos um direito penal apenas acusatório?

III

Conteúdos do capítulo:

» A ação penal e seus tipos.
» Ação penal de iniciativa pública.
» Ação penal de iniciativa privada.
» Ação penal de iniciativa privada subsidiária da pública.
» Princípios que orientam o manejo da ação penal.

A ação penal é o instrumento processual utilizado para responsabilização criminal, ou seja, é a maneira pela qual se realiza a acusação, a imputação de um acontecimento descrito na lei como delituoso. Ela pode ser de iniciativa pública ou de iniciativa privada. A primeira procede mediante denúncia, enquanto a segunda procede mediante queixa-crime. A ação penal, assim, constitui-se em direito publicamente reconhecido àqueles legitimados pela processualística penal para provocar o Estado a cumprir o dever legal de julgar, isto é, oferecer prestação jurisdicional, por meio de seus órgãos julgadores, a fim de apurar a responsabilização criminal do agente a quem se atribui a prática de crime.

O conceito de ação penal é derivado do processo penal acusatório, e com isso se quer dizer que ele é próprio desse sistema, pois é com a ação que se dá início ao processo propriamente dito, sob a tutela do Ministério Público (MP), e não de um juiz de instrução. Esse poder é exclusivo do MP, consagrado no inciso I do art. 129 da Constituição Federal (CF) de 1988: "Art. 129. São funções institucionais do Ministério Público: I – promover, privativamente, a ação penal pública, na forma da lei; [...]" (Brasil, 1988).

Para Lopes Júnior (2014, p. 154), a ação penal é "um poder político constitucional de acudir aos tribunais para formular a pretensão acusatória. É um direito (potestativo) constitucionalmente assegurado de invocar e postular a satisfação da pretensão acusatória". Essa pretensão acusatória é baseada em certos requisitos, como maneira de narrar um fato com aparência de delito (*fumus comissi delicti*), composta por elementos subjetivo, objetivo (o próprio fato) e de atividade (declaração petitória). Esta última é o que se entende por **acusação**, o ato de iniciação processual.

A ação se constitui como um direito público, autônomo e abstrato: *público* porque é o exercício, entre o particular e o Estado, para que se perfaça o direito penal (que é de natureza pública); e *autônomo* e *abstrato* porque não depende de relações de direito material – é fruto de um direito tomado como imagem de uma realidade e se dá de maneira própria. Porém, no processo penal, para Lopes Júnior (2014, p. 155), "não se admite a plena abstração, pois, para a acusação ser exercida e admitida, dando início ao processo, é imprescindível que fique demonstrado o *fumus commissi delicti*" (a fumaça de materialidade e autoria).

Para que se dê uma ação penal, é necessário que se realizem algumas condições, sem as quais a ação não deve ocorrer: a legitimidade, o interesse e a possibilidade jurídica do pedido. **Legitimidade** é a pertinência subjetiva, ou seja, a possibilidade de ser aquele agente legítimo para dar sequência à ação. O **interesse** de agir é identificado como a justa causa no processo penal, ou seja, não havendo um mínimo de provas a sustentá-la, a ação deve ser rejeitada. E a **possibilidade jurídica** é descrita como a admissão em abstrato no ordenamento jurídico para a providência solicitada ao Poder Judiciário.

Desse modo, persistem como condições precípuas da ação penal, para Lopes Júnior (2014, p. 158), segundo o art. 395 do CPP – Código de Processo Penal (CPP), Lei n. 3.689, de 3 de outubro de 1941 (Brasil, 1941):

» prática de fato aparentemente criminoso – *fumus commissi delicti*;
» punibilidade concreta;
» legitimidade de parte;
» justa causa.

Satisfeitas essas condições, tem início a ação penal, segundo seus tipos: ação penal de iniciativa pública, condicionada ou incondicionada, e ação penal de iniciativa privada.

3.1 Ação penal de iniciativa pública

A ação penal de iniciativa pública, nos termos do inciso I do art. 129 da CF, é uma atribuição privativa do MP. De acordo com o art. 127 da CF, o MP é uma instituição permanente, essencial à função jurisdicional do Estado, incumbindo-lhe, portanto, a defesa da ordem jurídica, do regime democrático e dos interesses sociais e individuais indisponíveis.

A ação penal de iniciativa pública pode ser classificada como **condicionada** ou **incondicionada**, ou seja, quando depender ou não, segundo determinação expressamente prevista em lei, de representação do ofendido ou de quem tiver qualidade para representá-lo (art. 24 do CPP).

Assim, denomina-se *ação penal de iniciativa pública incondicionada* à promoção ministerial da acusação por meio de denúncia que não depende de requisição (ministro da justiça) ou de representação do ofendido. A ação penal de iniciativa pública condicionada, no entanto, dependerá de requisição ou de representação, conforme previsão legal, para que seja possível o oferecimento de denúncia a fim de promover acusação que se destine à responsabilização criminal.

O órgão ministerial poderá dispensar o inquérito policial, na hipótese em que, na representação oferecida pelo ofendido, por seu representante legal ou por seu procurador, existir elementos suficientes sobre a materialidade e a autoria do crime, quando, então, poderá promover a ação penal.

Nesse sentido, o Superior Tribunal de Justiça (STJ) já entendeu:

> *o inquérito policial não é indispensável à propositura da ação penal, podendo tanto o Ministério Público, nas ações penais públicas, quanto o particular, nas ações privadas, oferecerem em denúncia ou queixa fundamentada em outros elementos de convicção, normalmente denominadas, na lei processual, de peças de informação (CPP, arts. 28, 39, § 5º, e 46, § 1º). Aliás, qualquer do povo pode levar tais elementos a conhecimento das autoridades, seja o delegado de polícia, seja o membro do Ministério Público.* (Brasil, 2014b)

De igual maneira, os órgãos julgadores – monocráticos (juiz de direito) e colegiados (tribunais) – que tomarem conhecimento, em razão de atuação profissional em autos do processo ou por meio de documentos, da existência de crime de ação penal de iniciativa pública têm o dever legal de remeter tais informações ao MP, assim como as cópias e os documentos necessários ao oferecimento da denúncia.

Nos casos em que o acusado estiver privado de liberdade, a denúncia deverá ser oferecida no prazo legal de 5 dias a ser contado da data em que o órgão de execução ministerial receber os autos do inquérito policial; e de 15 dias, quando o acusado estiver solto ou em liberdade provisória, mediante fiança ou não, sendo certo que, nesta última hipótese, se houver devolução do inquérito à autoridade policial para a realização de diligências, o mencionado prazo legal passará a ser contado da data em que o órgão de execução ministerial voltar a receber o inquérito policial.

Caso o MP dispense o inquérito policial como base para obtenção de informações acerca da materialidade e da autoria da conduta considerada delituosa, o prazo legal para o oferecimento da denúncia deverá ser contado a partir da data em que tiver recebido as peças de informações ou a representação do ofendido, de seu representante ou de seu procurador. O inquérito policial não é indispensável para que o órgão de execução ministerial ofereça ação penal de iniciativa pública, uma vez que pode se valer de outros meios de prova admitidos para obter informações acerca da materialidade e da autoria de um fato considerado delituoso.

Tratando agora especificamente da ação penal de iniciativa pública condicionada, a condição de que ela depende para existir, conforme seu nome, é a **requisição** (quando feita pelo ministro da justiça) ou a **representação** (pelo ofendido ou por seu representante legal), conforme previsão legal, a fim de que seja possível o oferecimento de denúncia para promover a acusação que se destine à responsabilização criminal. Ou seja, apesar de ser manifestamente uma ação pública, ela se condiciona a uma "espécie de autorização do ofendido, para que possa ser exercida. Essa autorização é a 'representação' ou, nos delitos praticados contra a honra do presidente da República, a 'requisição' do Ministro da Justiça (art. 145, parágrafo único, CP)" (Lopes Júnior, 2014, p. 170). Para que a representação seja válida, é necessário que seja feita pelo ofendido ou por seu representante legal (cônjuge, ascendente, descendente ou irmão), de acordo com o parágrafo 1º do art. 24 do CPP. Se o ofendido for menor de 18 anos, a representação deve ser feita por seu representante legal (pais, avós, irmãos maiores de 18 anos ou até mesmo tios, se detiverem a guarda legal).

No caso de o autor do delito – polo passivo da ação penal – ser menor de 18 anos, a representação não precisa identificá-lo, o que pode ocorrer no decorrer da ação. Por isso, não é necessário que a representação identifique o polo passivo.

A essa observação, adiciona Lopes Júnior (2014, p. 172): "Contudo, se a intenção é fazer a representação diretamente no MP, sem prévio inquérito (o que é possível em tese, mas pouco usual), a questão muda radicalmente de tratamento, devendo ela conter todos os elementos necessários para a formulação da denúncia".

A legitimidade para o exercício do direito de representação não se restringe apenas ao ofendido, conforme dispõe o art. 39 do CPP, mas também ao seu procurador, que deverá dispor de poderes especiais para esse fim, mediante declaração, escrita ou oral, feita ao órgão julgador, ao órgão de execução ministerial ou à autoridade policial. A representação, por sua vez, não tem fórmula legalmente estabelecida e, portanto, pode ser dirigida verbalmente ou por escrito à autoridade pública – juiz de direito, órgão ministerial e autoridade policial. Na hipótese de não ter sido lançada assinatura do ofendido, de seu representante legal ou de seu procurador, poderá ser reduzida a termo, na presença de representante do MP.

A representação deverá conter informações indispensáveis que possam servir à apuração do acontecimento do fato e do agente a quem se atribui a prática de conduta delituosa (autoria). A autoridade policial deverá instaurar o devido inquérito policial para investigação da existência do crime e de sua respectiva autoria sempre que lhe for oferecida ou reduzida a termo a representação pelo ofendido, por seu representante legal ou procurador, ou, então, no caso de não apresentar atribuições legais para tanto, deverá, necessariamente, remeter a representação à autoridade pública competente.

Nos casos em que o ofendido, seu representante legal ou seu procurador oferecer ou reduzir a termo a representação perante o órgão julgador, deverá, então, ser remetida à autoridade policial com o intuito de que, assim, instaure o devido inquérito policial para apuração da existência e da autoria do crime. Nos termos do art. 25 do CPP, a representação oferecida pelo ofendido pode ser retratada até o oferecimento da denúncia, sendo certo que, depois de oferecida a denúncia, a representação será irretratável, pois, como se observa, a representação do ofendido constitui-se como uma das condições para a propositura da ação penal, nas hipóteses em que expressamente a lei assim o exigir.

Na representação, embora tenha forma relativamente livre, devem constar ao menos alguns elementos básicos, como:

» **Lugar**: Diretamente ao juiz, ao MP ou à polícia.
» **Tempo**: No prazo decadencial de 6 meses, que está atrelado à representação.
» **Forma**: É facultativa, ou seja, a vítima não é obrigada a representar e o Estado não pode proceder; é de livre manifestação do ofendido; pode ser oral ou escrita, e se oral, deve ser reduzida a termo pela autoridade.

Ocorrida a representação, pode haver retratação do ofendido até ser oferecida a denúncia, o que retira a autorização do MP para oferecer a denúncia.

Quando há requisição do ministro da justiça, pode haver retratação também, pois é submetida aos mesmos critérios de oportunidade e conveniência da vítima – aqui, especialmente, à conveniência e ao interesse político, tendo em vista a especial qualidade do ofendido. Ocorrendo requisição, não há prazo decadencial, podendo ser ela oferecida a qualquer tempo, até a prescrição da pretensão punitiva do Estado em abstrato ou pela pena a ser aplicada, como defende Lopes Júnior (2014), por entender que não há justa causa ou punibilidade concreta nos casos de crime contra a honra do presidente da República, definidos no art. 145 do Código Penal (CP) – Decreto-Lei n. 2.848, de 7 de dezembro de 1940 (Brasil, 1940).

A ação penal de iniciativa pública, tanto a condicionada como a incondicionada, é indisponível, ou seja, o MP não poderá desistir da ação penal, nos termos do art. 42 do CPP.

3.2 Ação penal de iniciativa privada subsidiária da pública

A ação penal de iniciativa privada subsidiária da pública é, na verdade, uma autorização legal para o exercício do direito de ação, pelo ofendido, em crimes que originariamente deveriam ser apurados por meio de ação penal de iniciativa pública, mas que, em razão da inércia do MP, deixou de ser promovida no prazo legal. Contudo, observe-se que a natureza jurídica desse tipo de ação penal permanece inalterada, ou seja, continua a ser um direito subjetivo público, ampliando-se apenas a legitimação para a sua aplicação ante a inércia ministerial.

A inação não pode ser confundida com o arquivamento, ou mesmo com qualquer outro entendimento do órgão de execução ministerial, como requisitar novas diligências ou tacitamente deixar de oferecer denúncia em relação a um ou outro indiciado. É o que dispõe o art. 29 do CPP, segundo o qual, em regra, não se admite a proposição de ação penal de iniciativa privada nos crimes cuja provocação inaugural se realiza por meio de ação penal de iniciativa pública; contudo, essa regra admite a exceção legalmente prevista nas hipóteses em que não for intentada a ação penal de iniciativa pública no prazo legal.

A persecução penal poderá ter início por meio da propositura de ação penal de iniciativa privada, isto é, de queixa, assegurando-se, contudo, ao MP a oportunidade processual de aditá-la. A queixa – por mais que seja uma ação penal posta exclusivamente à disposição da vítima –, caso seja subsidiária da pública, e apenas nesse caso, poderá ser aditada pelo MP, a quem caberá não só completar com elementos essenciais a ação penal – por exemplo, incluir entre os acusados o coautor da conduta considerada delituosa, consoante orientação do princípio da indivisibilidade da ação penal de iniciativa privada –, mas, também, intervir em todos os demais atos e termos subsequentes do processo (art. 45, CPP).

O MP pode, também, repudiar a queixa e, inclusive, oferecer denúncia substitutiva – ação penal de iniciativa pública –, quando não intervir em todos os termos do processo, fornecendo elementos de prova e, também, restando-lhe assegurada a possibilidade de interposição de recurso, sendo certo que a qualquer momento, no caso de negligência do querelante, poderá retomar a ação penal como parte principal.

Assim como é indisponível a ação penal de iniciativa pública, de igual maneira entende-se que a ação penal de iniciativa pública que fora intentada por iniciativa privada (ação privada), em razão da inércia do órgão de execução ministerial, também é indisponível.

3.3 Ação penal de iniciativa privada

A ação penal de iniciativa privada é aquela em que a "legitimidade ativa para a causa será exclusivamente do ofendido ou de quem seja o seu representante" (Boschi, 2010, p. 274). Vale dizer que o objetivo é o de:

> *identificar o sujeito ativo da ação porque, rigorosamente, toda ação é pública, endereça-se contra o Estado e não contra o réu e só por razões especiais é que a iniciativa para provocar a jurisdição (isto é, para o exercício do direito de ação) é entregue pelo Estado-Administração ao particular."* (Boschi, 2010, p. 274)

A ação penal de iniciativa privada, iniciada por queixa-crime, deve ser intentada pelo ofendido ou a quem tenha qualidade para representá-lo. A queixa também pode ser oferecida por procurador com poderes especiais para a propositura de tal ação penal. O procurador do ofendido deve apresentar instrumento do mandato, no qual deve constar o nome do querelante e a menção do fato criminoso, por certo, ressalvando-se a hipótese em que tais informações dependam de diligências, as quais, no entanto, deverão ser previamente requeridas perante o juízo de direito da Vara Criminal.

O exercício do direito de oferecer a queixa-crime ou de prosseguir nos demais termos da ação penal poderá ser reconhecido a cônjuge, ascendente, descendente ou irmão, nos casos de morte do ofendido ou declaração judicial de ausência do ofendido, conforme os termos dos arts. 30 e 31 do CPP.

O exercício da prerrogativa ministerial de aditar a queixa deve ser realizado no prazo legal de 3 dias, de acordo com o parágrafo 2º do art. 46 do CPP, a ser contados da data em que o órgão de execução ministerial receber os respectivos autos, sendo certo que, decorrido o prazo legal sem que tenha havido pronunciamento ministerial, entende-se que o MP não tem o que aditar, prosseguindo-se o trâmite da relação jurídica processual penal em seus ulteriores termos. Nos casos em que o MP julgar necessários outros ou maiores esclarecimentos, assim como documentos complementares ou novos elementos de convicção, deverá requisitá-los diretamente a quaisquer autoridades ou servidores públicos que, em razão de suas atribuições legais, tenham o dever ou possam fornecê-los. Esse requisito legal (art. 46, § 2º, CPP) aplica-se somente à ação penal privada subsidiária da pública, e não à ação penal privada privativa do ofendido. Tal restrição reflete-se em decisões da jurisprudência, como:

> *Na ação penal pública, vigoram os princípios da obrigatoriedade e da divisibilidade da ação penal, os quais, respectivamente, preconizam que o Ministério Público não pode dispor sobre o conteúdo ou a conveniência do processo. Porém, não é necessário que todos os agentes ingressem na mesma oportunidade no polo passivo da ação, podendo haver posterior aditamento da denúncia.*
> (Brasil, 2011b)

A requisição ministerial é uma prerrogativa funcional reconhecida constitucional e legalmente para que o órgão de execução ministerial possa desenvolver suas atribuições legais, conforme a legislação processual penal, em atendimento do interesse público, sem, contudo, olvidar da observância e do respeito aos direitos individuais e das garantias fundamentais. Nesse sentido, o inciso VIII do art. 129 da CF é expresso ao prever dentre as funções institucionais do MP a possibilidade de "requisitar diligências investigatórias e a instauração de inquérito policial, indicados os fundamentos jurídicos de suas manifestações processuais" (Brasil, 1988).

O prazo legalmente estabelecido para que o ofendido deva intentar a ação penal de iniciativa privada – assim como para que ofereça representação – é de 6 meses, o qual deverá ser contado a partir do dia em que o ofendido vier a saber quem é o autor do crime (art. 38, CPP). Nas hipóteses de ação penal de iniciativa privada subsidiária da pública, o início da contagem dos 6 meses para tal proposição será o "dia em que se esgotar o prazo para o oferecimento da denúncia", conforme dispõe o art. 38 do CPP (Brasil, 1941).

O prazo legal determinado para o exercício do direito de ação, isto é, de queixa, assim como o de representação – nas hipóteses compreendidas no art. 24 (requisição ou representação) e no parágrafo único do art. 31 (representação) –, é de 6 meses, cuja natureza jurídica é caracteristicamente decadencial. O prazo legal classificado como *decadencial*, por sua natureza jurídica, não se renova, uma vez que determina a perda do próprio direito a ser exercido, isto é, decai do direito. Aqui, a ideia de *decair do direito* significa que houve a extinção do direito de oferecer queixa ou representação, consequentemente, da pretensão punitiva, e não somente do exercício de um direito de ação, em razão da inação de quem tinha a titularidade do direito e não o exercitou ao longo do prazo legalmente estabelecido para tanto.

Para a decadência, isto é, para a extinção de um direito, o que apenas importa é "o transcurso do tempo sem ação do titular do direito", uma vez que é irrelevante "se houve ou não vontade quanto à omissão" (Mello, 2007, p. 140). Portanto, com a inobservância do prazo legal estabelecido para o exercício do direito, por certo, operar-se-á a decadência do direito do ofendido a oferecer ação penal de iniciativa privada, conforme dispõe o parágrafo único do art. 38 do CPP.

Por outro lado, observa-se que a eventual demora na adoção de providências legais a cargo da serventia judicial não pode ser considerada motivo determinante para o reconhecimento da decadência, conforme dispõe a Súmula n. 106 do STJ: "proposta a ação no prazo fixado para o seu exercício, a demora na citação, por motivos inerentes ao mecanismo da Justiça, não justifica o acolhimento da arguição de prescrição ou decadência" (Brasil, 2020, p. 125).

A denúncia ou a queixa deverá conter a exposição do acontecimento considerado delituoso, com todas as suas circunstâncias, condições e informações, bem como a qualificação do acusado – ou, pelo menos, a indicação de dados e esclarecimentos pelos quais se possa identificá-lo –, a classificação do crime e, quando necessário, o rol das testemunhas (art. 41, CPP).

3.3.1 Renúncia

Pode haver renúncia ao exercício do direito de queixa; e essa renúncia poderá ser tácita ou expressa. A **renúncia tácita** é condizente com a inação do ofendido, de seu representante ou de seu procurador em relação a um ou a qualquer outro dos demais agentes a quem se atribua a prática de uma conduta delituosa.

A **renúncia expressa**, por sua vez, deverá constar de declaração assinada pelo ofendido, por seu representante legal ou por seu procurador com poderes especiais, os quais deverão estar consignados no instrumento de mandato específico para esse fim, conforme dispõe o art. 50 do CPP. Em se tratando de ofendido com idade inferior a 18 anos, a renúncia ao exercício do direito de queixa poderá ser apresentada pelo seu representante legal, sendo certo que, ao completar a idade de maioridade – civil e penal, isto é, 18 anos – o ofendido poderá exercer o direito de queixa.

De igual maneira, a renúncia ao exercício do direito de queixa do ofendido que houver completado 18 anos não excluirá o direito de seu representante legal, nos termos do parágrafo único do art. 50 do CPP. Portanto, tanto o ofendido ao completar 18 anos de idade quanto o seu representante legal, no momento do adimplemento da idade de maioridade de seu pupilo (representado), independentemente um do outro, possuem legitimidade para o exercício do direito de queixa.

O art. 104 do CP, por sua vez, regulamenta a renúncia ao exercício do direito de queixa do ofendido, ao prescrever:

> Art. 104. O direito de queixa não pode ser exercido quando renunciado expressa ou tacitamente.
> Parágrafo único – Importa renúncia tácita ao direito de queixa a prática de ato incompatível com a vontade de exercê-lo; não a implica, todavia, o fato de receber o ofendido a indenização do dano causado pelo crime. (Brasil, 1940)

Desse modo, vemos que ser indenizado por ato resultante de crime não exclui a possibilidade da queixa pela infração cometida; porém, havendo renúncia tácita ou expressa, deixa-se de ter o direito de queixa.

3.3.2 Perdão

O perdão do ofendido, por outro modo, é regulamentado pelos arts. 105 e 106 do CP, prescrevendo, então, que a sua concessão "nos crimes em que somente se procede mediante queixa, obsta ao prosseguimento da ação" (Brasil, 1940).

A legislação penal conceitua, no parágrafo 1º do art. 106 do CP, como perdão tácito aquele que "resulta da prática de ato incompatível com a vontade de prosseguir na ação" (Brasil, 1940). O perdão do ofendido, entretanto, não será admitido depois que passar em julgado a sentença condenatória (art. 106, §2º, do CP).

O perdão poderá ser exercido por querelante com idade inferior a 21 anos e superior a 18 anos ou por seu representante legal, sendo certo que o perdão concedido por qualquer deste em oposição ao outro não produzirá os efeitos jurídicos legalmente previstos – isto é, diversamente, pois, do que acontece com o regime legal estabelecido para a renúncia ao exercício do direito de queixa. Idêntica racionalidade do procedimento deve ser utilizada para a hipótese de querelado – isto é, em relação a quem se propõe uma ação penal de iniciativa privada – com idade inferior a 21 anos, quanto à aceitação do perdão, conforme expressamente determina o art. 54 do CPP.

A lei processual penal determina que, em casos em que o querelado não tiver capacidade psíquica – ou seja, "for mentalmente enfermo ou retardado mental" –, não tiver representante legal ou, ainda, quando seus interesses colidirem com os de seu representante legal, a aceitação do perdão oferecido pelo ofendido deve ser manifestada por curador a ser nomeado pelo órgão julgador (art. 53, CPP).

A processualística penal prevê que o perdão do ofendido poderá ser aceito pelo procurador do querelado que, no entanto, deverá apresentar instrumento de mandato com poderes especiais para tal finalidade (art. 55, CPP). Em relação ao perdão que se realizar fora do processo (extraprocessual), impõe-se a adoção de providências que expressamente consignem a vontade do ofendido ou de seu representante legal e, consequentemente, deve constar de declaração assinada pelo ofendido, por seu representante legal ou por seu procurador com poderes especiais. Ademais, observe-se que a própria lei processual penal permite, para a comprovação da renúncia tácita e para o perdão tácito, o uso de todos os meios de prova admitidos, conforme dispõe o art. 57 do CPP.

No caso de perdão expresso do ofendido, por meio de declaração manifesta nos próprios autos, impõe-se a intimação do querelado para que, querendo, manifeste-se, em até 3 dias, sobre a proposição, sendo certo que, nesse mesmo ato procedimental, deverá ser cientificado de que o seu silêncio importará em sua aceitação tácita do perdão oferecido (art. 58, CPP).

A consequência jurídico-legal da aceitação expressa ou tácita do perdão do ofendido (expresso ou tácito) será sempre a extinção judicial da punibilidade do querelado (representado), conforme dispõe o parágrafo único do art. 58 do CPP. Na hipótese de a aceitação do perdão do ofendido ocorrer fora da relação jurídica processual penal, deverá ser consignada, então, em declaração a ser necessariamente assinada pelo querelado, por seu representante legal ou pelo procurador cujo instrumento de mandato contenha expressamente poderes especiais para tal finalidade.

3.3.3 Perempção

O art. 60 do CPP cuida da perempção da ação penal de iniciativa privada, isto é, da queixa, descrevendo, assim, as hipóteses legais em que se considera normativamente perempta a ação penal. A perempção pode ser entendida como a perda do direito de ação em razão da extinção de uma relação jurídica processual (processo), em virtude do abandono da parte autora, por certo lapso de tempo em que deveria adotar determinada providência ou medida judicial.

Nesse sentido, considera-se perempta a ação penal de iniciativa privada quando, depois de já iniciada, a parte autora deixar de promover o andamento do processo durante 30 dias seguidos; no caso de falecimento do querelante ou, sobrevindo sua incapacidade, não comparecer em juízo para prosseguir no feito dentro do prazo legal de 60 dias qualquer das pessoas a quem couber fazê-lo; quando injustificadamente o querelante deixar de comparecer a qualquer ato do processo a que deva estar presente, ou deixar de formular o pedido de condenação nas alegações finais; e quando o querelante for pessoa jurídica e se extinguir sem deixar sucessor (art. 60, CPP).

A perempção, assim, também pode ser concebida como "uma característica exclusiva da ação [penal] de iniciativa privada e consiste na perda do direito de agir" (Dotti, 2010, p. 782), quando se verificar qualquer uma das hipóteses legalmente previstas, as quais, inclusive, compõem rol considerado exaustivo, vale dizer, que não permite ampliação e sequer interpretação extensiva.

O órgão julgador poderá, em qualquer fase procedimental ou instância judicial, de ofício, declarar a extinção da punibilidade do querelado sempre que reconhecer quaisquer das hipóteses legalmente previstas para esse fim.

A extinção da punibilidade poderá ser requerida pelo MP, pelo querelante ou pelo querelado (representado). Quando for requerida, então, o órgão julgador deverá determinar a autuação do pedido, em apartado, bem como facultar a ouvida da parte contrária e, se o julgar conveniente, conceder o prazo legal de 5 dias para a produção dos meios de prova admitidos. Na sequência, em igual prazo, deverá proferir decisão ou, senão, reservar-se ao direito de apreciar o pedido em seu provimento final (sentença).

No caso de falecimento do acusado, do querelado ou do representado, o órgão julgador somente poderá declarar extinta a punibilidade do agente depois de oportunizar faculdade processual ao MP, com o intuito de que se pronuncie sobre a matéria. Nesse caso, é indispensável a juntada, nos autos, da respectiva Certidão de Óbito, a qual objetivamente comprova a morte, enquanto causa legal de extinção da punibilidade (art. 62, CPP).

3.3.4 Indivisibilidade

O art. 48 do CPP prevê a indivisibilidade da ação penal de iniciativa privada, assim, a "queixa contra qualquer dos autores do crime obrigará ao processo de todos, e o Ministério Público velará pela sua indivisibilidade" (Brasil, 1941).

Nesse sentido, o STJ já entendeu que, "Caso o querelante proponha, na própria queixa-crime, composição civil de danos para parte dos querelados, a peça acusatória deverá ser rejeitada em sua integralidade – isto é, em relação a todos os querelados" (Brasil, 2014c).

Isso porque a composição pelos danos, sendo aceita e homologada judicialmente, implica a renúncia ao direito de queixa, nos termos do disposto no art. 74, parágrafo único, da Lei n. 9.099, de 26 de setembro de 1995 (Brasil, 1995), tratando-se a renúncia, expressa ou tácita (art. 104, CP), de causa extintiva da punibilidade, sendo irretratável (inciso V, art. 107, CP). Por força do princípio da indivisibilidade, a todos se estende a manifestação do intento de não processar parte dos envolvidos, de modo que a renúncia beneficia a todos eles (Brasil, 2014c).

A renúncia ao exercício do direito de queixa, de igual maneira, orienta-se pelo princípio da indivisibilidade da ação penal de iniciativa privada, isto é, caso seja proposta a qualquer um dos autores da conduta considerada delituosa, a todos os demais autores e coautores também se estenderão os efeitos da renúncia, nos termos do art. 49 do CPP.

O perdão do ofendido concedido a um dos querelados, de igual maneira, será estendido a todos os demais, sem que produza, todavia, efeito em relação ao querelado que recusar o perdão, nos termos do art. 51 do CPP. O querelado tem direito à instância (jurisdicional) e, assim, a ver-se judicialmente absolvido e, portanto, isentado de qualquer modalidade de responsabilidade – seja ela administrativa, civil ou criminal.

Os arts. 105 e 106 do CP também regulamentam o perdão do ofendido, prescrevendo, então, que sua concessão "nos crimes em que somente se procede mediante queixa, obsta ao prosseguimento da ação" (Brasil, 1940) e também pode ser concedido no processo ou fora dele, de maneira expressa ou tácita. A regra é que, uma vez concedido a qualquer dos querelados, a todos se aproveitará o perdão do ofendido; porém, ainda que concedido por um dos ofendidos, não prejudicará o direito do exercício de queixa dos demais ofendidos, sendo certo que, caso o querelado recuse o perdão do ofendido, em relação a ele não serão produzidos os efeitos jurídico-legais decorrentes da concessão do perdão.

Síntese

A ação penal é o instrumento processual utilizado para responsabilização criminal; é a maneira pela qual se realiza a imputação de um acontecimento descrito na lei como *delituoso*. Pode ser de iniciativa pública ou de iniciativa privada.

A ação penal de iniciativa pública é uma atribuição privativa do MP. É a regra que o crime seja processado dessa maneira, exceto quando é previsto de forma diferente.

Esse tipo de ação se dá de duas maneiras: incondicionada ou condicionada. A ação penal de iniciativa pública incondicionada não depende de requisição (do ministro da justiça) ou de representação do ofendido. Já a condicionada depende de requisição ou de representação, conforme previsão legal, para que seja possível o oferecimento de denúncia para fins de promoção da acusação. A regra é que seja incondicionada; só será condicionada quando a lei assim o prever.

A ação penal de iniciativa privada, por sua vez, nada mais é do que uma ação penal em que a legitimidade para a causa será apenas do ofendido ou de quem seja o seu representante. A peculiaridade é que o Estado não inicia a imputação penal, mantendo-se, então, como fiscal da lei nessa modalidade de apuração do crime, mas é o próprio ofendido ou seu representante quem vai a juízo se tiver interesse. Esses crimes são expressamente previstos em lei – por exemplo, a calúnia, a injúria e a difamação.

Por fim, a ação penal de iniciativa privada subsidiária da pública é a autorização legal para o exercício do direito de ação, pela vítima, em crime que originariamente deveria ser apurado por ação penal de iniciativa pública, mas que, em razão da inércia do MP, deixou de ser promovida no prazo legal. Nesse caso, apenas a real omissão do MP legitima que o ofendido ingresse com a ação penal.

Questões para revisão

1) Uma ação penal é definida como:
   a. um poder político constitucional de acudir aos tribunais para formular a pretensão acusatória. É o direito (potestativo) constitucionalmente assegurado de invocar e postular a satisfação da pretensão acusatória.

    b. um poder exercido pelos juízes para garantir a ordem pública.

    c. um poder público exercido por qualquer autoridade, policial ou judiciária, desde que em sua jurisdição.

    d. um poder que emana do povo e em seu nome deve ser exercido.

    e. um poder de ação, isto é, de responsabilizar alguém por um dano.

2) A ação penal de iniciativa pública é:

    a. atribuição privativa do juiz da comarca.

    b. atribuição privativa do Ministério Público.

    c. atribuição do ofendido.

    d. atribuição do representante legal do ofendido.

    e. atribuição privativa do Tribunal do Júri.

3) A ação penal de iniciativa privada é aquela em que:

    a. a legitimidade só diz respeito aos entes privados, não públicos.

    b. a parte legítima é o Estado, que se coloca contra o indivíduo.

    c. a legitimidade ativa para a causa será exclusivamente do ofendido ou de quem seja o seu representante.

    d. a iniciativa privada apela em busca de seus direitos.

    e. a parte pública é representada pelo advogado-geral da União.

Questão para reflexão

As ações penais, no Brasil, estão invadindo demais a vida cotidiana das pessoas? Como você vê a divulgação massiva de ações penais pela imprensa?

IV

Conteúdos do capítulo:

- » Jurisdição.
- » Critérios legais para a competência do juízo.
- » Foro por prerrogativa de função.
- » Competência por conexão.
- » Continência.

A jurisdição pode ser compreendida como o conjunto de atribuições legais destinadas ao órgão julgador para a resolução adequada de casos concretos. Tucci (citado por Lopes Júnior, 2014, p. 210) conceitua a jurisdição como "poder-dever de realização de Justiça Estatal, por órgãos especializados do Estado". Assim, a jurisdição é um poder do Estado: o poder de dizer o direito, de julgar. Esse poder-dever é decorrente do **princípio de necessidade**, que é enunciado como *nulla lex (poenalis) sine necessitate* – ou "não há lei penal sem necessidade que a defina" –, um dos dez axiomas da teoria garantista do direito penal. É uma jurisdição cognitiva, isto é, que se destina a "conhecer da pretensão acusatória (e de seu elemento objetivo, o caso penal) para, em acolhendo-a, exercer o poder de penar que detém o Estado-juiz" (Lopes Júnior, 2014, p. 210).

Por outro lado, Capez (2014, p. 253) define *jurisdição* citando o jurista italiano Manzini (1932, p. 19):

> *jurisdição é a função soberana, que tem por escopo estabelecer, por provocação de quem tem o dever ou o interesse respectivo, se, no caso concreto, é aplicável uma determinada norma jurídica; função garantida, mediante a reserva do seu exercício, exclusivamente aos órgãos do Estado, instituídos com as garantias da independência e da imparcialidade (juízes) e da observância de determinadas formas (processo, coação indireta).*

Ao órgão julgador, por isso mesmo, devem ser reconhecidas as prerrogativas funcionais (institucionais) da autonomia e da independência jurisdicionais, para que assim possa desenvolver suas importantes atribuições legais, conforme os ditames do Estado democrático constitucional de direito. A independência jurisdicional, por assim dizer, constitui-se não só numa das prerrogativas legalmente reconhecidas ao órgão julgador, mas, democraticamente, também se constitui num direito individual, de cunho fundamental, de cada cidadão, conforme bem destaca Jorge de Figueiredo Dias (2011).

4.1 Competência jurisdicional

Competência é a parcela do poder jurisdicional – o poder de julgar – concedida a cada órgão julgador. Em matéria penal, essa competência poderá ser determinada pelo lugar da infração penal, domicílio ou residência do réu, natureza da infração (injusto) penal, distribuição, conexão ou continência, prevenção ou prerrogativa de função, nos termos do art. 69 do Código de Processo Penal (CPP) – Decreto-Lei

n. 3.689, de 3 de outubro de 1941 (Brasil, 1941) –, quando, então, o órgão julgador passará a ter atribuições legais para conhecer, apurar (instrução criminal) e julgar o caso concreto que lhe for oferecido à resolução judicial.

4.1.1 Lugar da infração e os crimes continuado e permanente

A competência jurisdicional, em regra, é determinada pelo lugar em que se consumou o crime, ou então, no caso em que o crime for tentado (tentativa), pelo lugar em que for praticado o último ato de execução. Nas hipóteses em que, na tentativa delitiva, a execução for iniciada no território nacional, mas o crime apenas se consumar fora dele, a competência jurisdicional será determinada pelo lugar em que tiver sido praticado, no Brasil, o último ato de execução.

No entanto, observa-se que, se o último ato de execução do crime for praticado fora do território nacional, considerar-se-á competente o órgão julgador do lugar em que o crime, ainda que em parte, tenha produzido ou devia ter produzido o seu resultado, conforme dispõe o parágrafo 2º do art. 70 do CPP; senão, em linha com o que dispõe o art. 6º do Código Penal (CP) – Decreto-Lei n. 2.848, de 7 de dezembro de 1940 –, que regulamenta a aplicação da lei penal no espaço, vale dizer, "considera-se praticado o crime no lugar em que ocorreu a ação ou omissão, no todo ou em parte, bem como onde se produziu ou deveria produzir-se o resultado" (Brasil, 1940).

Para o mais, observa-se que, quando for incerto o limite territorial entre duas ou mais jurisdições, ou quando for incerta a jurisdição em razão de ter sido a infração consumada ou tentada nas divisas de duas ou mais jurisdições, a competência jurisdicional deverá ser fixada utilizando-se o critério da prevenção; isto é, será firmada a competência jurisdicional no juízo de direito, no qual, por primeiro, for adotada medida ou providência judicial (art. 83, CPP).

A prevenção, assim, constitui-se como um dos critérios objetivamente descritos na lei processual penal para a determinação da competência jurisdicional de certo juízo de direito, em relação ao julgamento de determinado caso concreto (matéria penal), pelo fato de tomar conhecimento do crime em primeiro lugar, antes de qualquer outro órgão julgador.

Nas hipóteses de crimes continuados ou permanentes praticados em território de duas ou mais jurisdições, de igual maneira, a lei processual penal determina a adoção do critério da prevenção para a fixação da competência jurisdicional; assim, o órgão julgador terá sua competência firmada, precisamente, por ter tomado conhecimento do crime em primeiro lugar (art. 71, CPP).

O crime continuado está contemplado no art. 71 do CP, segundo o qual considera-se continuado o crime "quando o agente, mediante mais de uma ação ou omissão, pratica dois ou mais crimes da mesma espécie e, pelas condições de tempo, lugar, maneira de execução e outras semelhantes, devem os subsequentes ser havidos como continuação do primeiro" (Brasil, 1940).

Portanto, "fala-se em crime continuado quando o sujeito realiza vários crimes (várias condutas e múltiplos resultados) que são considerados, para alguns efeitos penais, como continuados em razão do tempo, lugar, maneira de execução e outras circunstâncias semelhantes" (Gomes; Bianchini, 2015, p. 341).

Por *crime permanente*, no entanto, entende-se

> *o delito cuja consumação ocorre quando o bem jurídico é afetado concretamente e essa afetação (essa situação de antijuridicidade) se prolonga no tempo (há uma continuidade temporal da conduta ofensiva assim como da afetação do bem jurídico), de acordo com a vontade do agente; a turbação do bem jurídico é contínua, é permanente, sem solução de continuidade, porque a conduta (gerador de risco proibido) não se interrompe.* (Gomes; Bianchini, 2015, p. 338)

É importante destacar, ainda, o que se encontra na Súmula n. 711, então exarada pelo Supremo Tribunal Federal (STF), relativamente à aplicação da lei penal no tempo (direito penal intertemporal), no caso de crimes continuado e permanente, haja vista que foi dado tratamento jurídico igual para, assim, ser admitida a retroatividade de lei penal mais grave.

De acordo com o teor da referida súmula, a "lei penal mais grave aplica-se ao crime continuado ou ao crime permanente, se a sua vigência é anterior à cessação da continuidade ou da permanência" (Brasil, 2003b); contudo, observa-se que o "texto da Súmula 711, determinando a *aplicação retroativa de lei penal mais grave*, para a hipótese de crime continuado, estará impondo pena (mais grave) inexistente na data do crime para aqueles fatos cometidos antes de sua vigência" (Bitencourt, 2012, p. 219, grifo do original).

4.1.2 Domicílio ou residência do acusado

A fixação da competência jurisdicional também poderá ter por critério determinativo o domicílio ou a residência do agente a quem se atribui a prática da conduta considerada delituosa, conforme prescreve o art. 72 do CPP, na hipótese em que não for conhecido o lugar em que se deu a prática delitiva.

Contudo, no caso em que o agente (acusado ou réu) tiver mais de uma residência, a competência jurisdicional deverá ser firmada pelo critério da prevenção, isto é, no juízo de direito que, por primeiro lugar, tiver conhecimento do caso concreto.

De igual maneira, caso o agente a quem se atribui a prática de conduta considerada delituosa não tenha residência certa ou for ignorado o seu paradeiro, a competência jurisdicional deverá ser fixada no juízo de direito, cujo órgão julgador tenha, por primeiro, tomado conhecimento do fato (punível).

Nas hipóteses de ação penal de iniciativa exclusivamente privada – isto é, não se admite tal regulamentação em relação à ação penal de iniciativa privada subsidiária da pública –, o querelante (ofendido, seu representante legal ou seu procurador) poderá preferir o foro cuja competência jurisdicional seja a do domicílio ou da residência do agente a quem se atribui a prática de conduta considerada delituosa, ainda que seja certo e conhecido o lugar em que se deu o fato.

4.1.3 Natureza delitiva

A competência jurisdicional, em matéria penal, também poderá ser definida em razão da natureza (jurídica) da infração, nos termos do que dispõe o art. 74 do CPP, o qual expressamente remete à regulamentação da fixação para as leis de organização judiciária, ressalvando-se a competência jurisdicional privativa do Tribunal do Júri. Dessa maneira, os crimes previstos nos arts. 121, parágrafos 1º e 2º; 122, parágrafo único; 123; 124; 125; 126 e 127, todos do CP, independentemente de terem sido consumados ou tentados, deverão ser julgados pelo Tribunal do Júri, haja vista a competência jurisdicional estar expressamente firmada no parágrafo 1º do art. 74 do CPP, em razão da natureza jurídico-legal de tais injustos penais (crimes dolosos contra a vida).

De acordo com o inciso I do art. 18 do CP, entende-se **doloso** o crime praticado pelo agente que atua de forma livre, consciente e intencionalmente orientado para alcançar o resultado (**dolo direto**), ou, então, que assume o risco de produzi-lo (**dolo eventual**); contudo, "para os efeitos penais se equivalem as figuras do dolo *direto* e do dolo *eventual*; tanto é responsável quem quis produzir o evento como quem assentiu em sua realização" (Dotti, 2010, p. 458, grifo do original).

A desclassificação delitiva para crime de natureza legal diversa daquelas contempladas numa certa competência também poderá determinar o deslocamento da competência jurisdicional para outro órgão julgador, sendo certo que o processo já iniciado deverá ser remetido ao juízo de direito firmado como o competente, ressalvando-se, contudo, a possibilidade de prorrogação da competência quando a jurisdição inicial for a mais graduada. No caso de desclassificação da infração, realizada pelo órgão julgador na fase processual destinada à pronúncia ou não para julgamento da causa perante o Tribunal do Júri – derivando, assim, dos crimes dolosos contra a vida para outro crime cuja competência jurisdicional é firmada para juiz de direito monocrático (singular) –, é obrigatória a remessa dos autos do processo para remeter ao juízo de direito competente, conforme determina o art. 419 do CPP.

Portanto, em se tratando de crimes dolosos contra vida, consumados ou tentados, a competência jurisdicional será firmada pela natureza jurídico-legal da infração privativamente ao Tribunal do Júri.

Assim, quando o órgão julgador se convencer – em discordância com a classificação proposta na acusação – da existência de crime diverso daqueles referidos no parágrafo 1º do art. 74 do CPP (crimes dolosos contra a vida) e, consequentemente, não sendo competente para o julgamento, deverá remeter os respectivos autos do processo ao juízo de direito criminal competente. Em decorrência disso, permanecerá à disposição dessa instância judicial o acusado que eventualmente se encontrar privado de liberdade.

No caso de desclassificação delitiva, quando de julgamento do agente a quem se atribui a prática de conduta delituosa perante o Tribunal do Júri, a competência jurisdicional para proferir a respectiva sentença será do próprio órgão julgador que preside a sessão.

Portanto, o presidente do Tribunal do Júri deverá proferir sentença, nos termos dos parágrafos 1º e 2º do art. 492 do CPP, no caso de desclassificação da infração penal para outra, cuja competência jurisdicional é firmada para juiz singular (monocrático), aplicando-se, inclusive, quando o crime resultante da nova classificação tipológica for legalmente considerado como infração penal de menor potencial ofensivo – conforme disposto nos arts. 69 e seguintes da Lei n. 9.099, de 26 de setembro de 1995 (Brasil, 1995).

De igual maneira, o presidente do Tribunal do Júri deverá proferir sentença, em caso de desclassificação delitiva, relativamente ao crime conexo que não seja, segundo o tipo penal, classificado como crime doloso contra a vida, aplicando-se, inclusive, no que couber, o procedimento e os benefícios legais contemplados pela Lei dos Juizados Especiais, em matéria penal.

4.1.4 Distribuição

A competência jurisdicional poderá ser firmada em razão da precedência da distribuição – e mesmo da redistribuição – de feitos criminais nas circunscrições judiciárias em que houver mais de um juízo de direito igualmente competente, em matéria penal.

No entanto, o juízo de direito que, por primeiro, conhecer a causa, como já se disse, firmará a competência jurisdicional para o julgamento do caso legal (concreto), bem como nos casos em que lhe for distribuídos feitos criminais para fins de eventual concessão de fiança, decretação de prisão preventiva ou de qualquer outra diligência anterior à denúncia ou à queixa, tornando-o, assim, competente por prevenção à propositura, ao conhecimento, à instrução e ao julgamento da respectiva ação penal.

Dessa forma, a competência jurisdicional pode ser determinada por prevenção tanto nos casos em que o feito deva ser distribuído ao órgão julgador que não só tenha conhecido a causa por primeiro, em razão de já ter atuado em feito criminal ou processo criminal pertinente (conexo) àquela demanda judicial, quanto nos de casos concessão de fiança, decretação de prisão preventiva ou de qualquer outra diligência anterior à denúncia ou à queixa.

Nesse sentido, o Superior Tribunal de Justiça (STJ) já entendeu que, existindo juízos de direito

> *com igual competência para processar e julgar eventual ação penal [...], o requerimento de interceptação telefônica deveria, consoante o artigo 75 do Código de Processo Penal, ter sido objeto de distribuição entre uma delas, o que não ocorreu, já que o pleito foi encaminhado ao Juiz Corregedor, titular da Vara do Júri e Execuções Criminais, em violação ao princípio do juiz natural.* (Brasil, 2010)

Até porque, a "garantia do juiz competente não se restringe ao direito de ser processado e julgado por órgão previamente conhecido, também se aplicando às hipóteses de restrição de direitos fundamentais no curso do processo, notadamente as que pressupõem permissão judicial, como a busca e apreensão e a interceptação das comunicações telefônicas" (Brasil, 2010).

4.1.5 Conexão ou continência

A competência jurisdicional também poderá ser determinada pelo critério denominado *conexão*, que, na verdade, enseja a mudança de jurisdição em razão da vinculação de um crime com outro e, por consequência jurídica, impõe a reunião dos feitos, os quais, por isso mesmo, devem ser julgados em conjunto, haja vista estarem vinculados pelas causas envolvidas e pelas circunstâncias subjetivas, objetivas e elementares.

A conexão pode ser diferenciada em função das descrições legais estabelecidas nos incisos I, II e III do art. 76 do CPP, consideradas como suas modalidades: subjetiva, objetiva e instrumental. De acordo com o CPP:

> Art. 76. A competência será determinada pela conexão:
> I – se, ocorrendo duas ou mais infrações, houverem sido praticadas, ao mesmo tempo, por várias pessoas reunidas, ou por várias pessoas em concurso, embora diverso o tempo e o lugar, ou por várias pessoas, umas contra as outras;
> (Brasil, 1941)

Assim, é possível distinguir na **conexão subjetiva** três subespécies, caracterizadas pela maneira como se dá o vínculo: quando ocorrerem dois ou mais crimes praticados por várias pessoas em concurso, embora diverso o tempo e o lugar (concursal); quando ocorrerem dois ou mais crimes praticados por duas ou mais pessoas, em contraposição, isto é, umas contra as outras (recíproca); quando ocorrerem dois ou mais crimes praticados, ao mesmo tempo, por várias pessoas reunidas ocasionalmente (coexistente, concomitante).

A **conexão objetiva**, por sua vez, pode ser identificada quando, no mesmo crime, houverem sido praticadas inúmeras condutas com a intenção de que umas sejam realizadas para facilitar ou ocultar as outras ou, até mesmo, para conseguir impunidade ou vantagem em relação a qualquer uma dessas condutas. Já a **conexão instrumental ou elementar** ocorre quando qualquer meio de prova admitido pertinente a um crime ou a qualquer circunstância elementar desse crime influir na comprovação de outro crime.

A **continência**, por sua vez, é regulamentada pelo art. 77 do CPP enquanto critério para a determinação da competência jurisdicional quando a duas ou mais pessoas for atribuída a prática de condutas consideradas delituosas e, assim, constituírem um mesmo crime – ou seja, quando forem acusadas pelo mesmo crime (subjetiva) –, bem como no caso de crime cometido nas condições previstas nos arts. 70 (concurso formal), 73 (erro na execução) e 74 (resultado diverso do pretendido) do CP – nas condições do art. 73 (*aberratio ictus*) e 74 (*aberratio criminis*), aplica-se a regra do art. 70 (objetiva).

A competência jurisdicional a ser firmada pelo critério da continência tem por objetivo a realização do julgamento, em conjunto, de todos os injustos penais, haja vista as diversas condutas consideradas delituosas, na verdade, perfazerem, por suas condições e circunstâncias, um único crime. A continência objetiva pode ser identificada nos casos em que se aplica a regra contida no art. 70 do CP; enquanto a continência subjetiva, por assim dizer, é identificada pela atribuição de responsabilidade penal a duas ou mais pessoas em razão de um mesmo crime, uma vez que são acusadas de cometê-lo.

A concorrência de competência jurisdicional, solucionável pelo critério da conexão ou da continência, ainda deverá observar regras específicas, por exemplo, prevalecendo a competência do Tribunal do Júri sobre a de outro órgão julgador da jurisdição comum, conforme expressamente previsto no art. 78 do CPP. No concurso de jurisdições da mesma categoria, a competência jurisdicional deverá ser firmada preponderantemente no juízo de direito do lugar em que se deu o crime, ao qual for cominada a pena mais grave; ou, então, deverá prevalecer a competência jurisdicional do lugar em que houver ocorrido o maior número de injustos penais, quando as sanções penais respectivamente previstas forem de igual gravidade. Nos demais casos, a competência jurisdicional deverá ser firmada utilizando-se o critério da prevenção.

Na concorrência de jurisdições de diversas instâncias, a competência jurisdicional deverá ser firmada predominantemente pela jurisdição de maior graduação, isto é, em instância superior. Já em relação à concorrência (concurso) entre a jurisdição comum e a jurisdição especial, a competência jurisdicional deverá ser firmada nesta última, ou seja, no juízo de direito com jurisdição especial.

O art. 79 do CPP estabelece como consequência objetiva do reconhecimento da conexão ou da continência, nos casos de determinação da competência jurisdicional, a unidade de processo e do julgamento dos injustos penais contemplados na concorrência entre a comum e a militar. No entanto, a regra contida no inciso II do art. 79 do CPP, que regulamenta a concorrência (concurso) entre a jurisdição comum e a do então denominado *juízo de menores*, hoje cede regulamentação da matéria ao que se encontra no art. 228 da Constituição Federal (CF) de 1998 (Brasil, 1988)e na Lei n. 8.069, de 13 de julho de 1990 (Brasil, 1990) – isto é, o Estatuto da Criança e do Adolescente (ECA). Dessa forma, impõe-se a obrigatoriedade da separação dos processos que se destinam à responsabilização diferenciada da criança e do adolescente a que se atribui a prática de ação conflitante com a lei.

Assim, é necessário esclarecer que,

> *em relação aos adolescentes que praticaram ou se envolveram em ações conflitantes com a lei, o Estatuto estabeleceu tratamento diferenciado, protetivo e jurisdicionalizado, devendo-se, pois, observância tanto aos direitos individuais (arts. 106 a 109) quanto às garantias processuais (arts. 110 e 111), para aplicação judicial tanto de medidas protetivas quanto socioeducativas".*
> (Ramidoff, 2012a, p. 80)

A Lei n. 12.594, de 18 de janeiro de 2012 (Brasil, 2012a), isto é, a Lei do Sistema Nacional de Atendimento Socioeducativo, também passou a ser uma das Leis de Regência (Ramidoff, 2011). Contudo, é importante destacar que a doutrina da proteção integral "não pode ser substituída, na área da infância e da juventude, por qualquer outra proposição legislativa que não se funde em seus princípios, fundamentos e objetividade protetiva" (Ramidoff, 2012b, p. 73).

Nos casos em que se verificar que o agente perdeu a capacidade psíquica para a culpa em razão de doença mental que sobreveio à prática da conduta considerada delituosa, cessará a unidade do processo, determinando-se, então, que o agente seja submetido a exame médico-legal.

Nas hipóteses em que se encontrar foragido o agente considerado coautor de uma conduta delituosa e, nesta qualidade, lhe for oferecida ação penal (denúncia ou queixa) para atribuição de responsabilidade penal, a unidade do processo não importará a do julgamento (princípio da autonomia do processo e do julgamento do crime), haja vista que não pode ser julgado à revelia.

De igual maneira, é facultada a separação dos processos quando os injustos penais tiverem sido praticados em circunstâncias de tempo ou de lugar diferentes; ou pelo excessivo número de acusados (para não lhes prolongar a prisão provisória); ou, então, em razão de outro motivo relevante, se o órgão julgador reputar conveniente a separação dos feitos.

O órgão julgador continuará competente em relação aos processos em que proferir sentença absolutória ou que desclassifique o crime para outra que não seja de sua originária competência jurisdicional quando tiverem sido reunidos os feitos, em razão de conexão ou continência. Em relação aos crimes que devam ser conhecidos e julgados perante o Tribunal do Júri, em razão da determinação da competência por conexão ou continência, o órgão julgador, quando desclassificar o crime ou, então, não pronunciar ou absolver o acusado – excluindo, assim, a competência do Tribunal do Júri –, deverá remeter o processo ao juízo de direito competente.

Na hipótese de serem instaurados distintos processos apesar da possibilidade jurídico-legal (processual) de reunião destes em razão de conexão ou continência, a autoridade judiciária com competência jurisdicional (jurisdição) prevalente deverá avocar os distintos processos instaurados e que tramitem perante os demais juízos de direito.

Contudo, no caso em que os distintos processos instaurados já estiverem com sentença definitiva, a unidade desses feitos apenas se dará posteriormente à prolação de sentença, com o intuito precípuo de soma ou de unificação das sanções penais (penas) judicialmente determinadas ao agente para o devido cumprimento (execução penal).

4.1.6 Prevenção

A competência jurisdicional poderá ser determinada pelo critério da prevenção. Assim, quando concorrerem dois ou mais órgãos julgadores igualmente competentes ou com jurisdição cumulativa, aquele que tiver antecedido aos outros na prática de algum ato do processo ou de medida a este relativa, ainda que anterior ao oferecimento da denúncia ou da queixa, será o órgão julgador competente (arts. 70, parágrafo 3º, 71, 72, parágrafo 2º, e 78, II, "c", do CPP).

Dessa forma, tem-se que a competência jurisdicional, em regra, é determinada pelo lugar em que se consumou o delito ou, no caso de tentativa, pelo lugar em que for praticado o último ato de execução. Contudo, quando for incerto o limite territorial entre duas ou mais jurisdições, ou quando incerta a jurisdição por ter sido o crime consumado ou tentado nas divisas de duas ou mais jurisdições, a competência jurisdicional deverá ser firmada por meio do critério da prevenção.

De igual maneira, quando se tratar de crime continuado ou permanente, praticado em território de duas ou mais jurisdições, a competência jurisdicional também deverá ser firmada por meio do critério da prevenção. Na hipótese em que não for conhecido o lugar do crime, a competência jurisdicional deverá ser determinada levando-se em consideração o domicílio ou a residência do agente a quem se atribui a prática de conduta considerada delitiva. No entanto, caso o agente – indiciado ou acusado – tiver mais de uma residência, a competência jurisdicional deverá ser firmada por meio do critério da prevenção, assumindo, assim, o juízo de direito que primeiro tiver conhecimento da causa, em razão de comunicação ou representação realizada pela autoridade policial ou de adoção de quaisquer medidas legais.

Quando, porém, o agente a quem tenha sido atribuída a prática de conduta considerada delituosa, não tiver residência certa ou for desconhecido o seu paradeiro, a competência jurisdicional será firmada no juízo de direito em que o fato por primeiro foi conhecido pela autoridade judiciária, tornando-se competente, assim, o órgão julgador que primeiro tomou conhecimento do fato.

A Súmula n. 151 do STJ, por exemplo, adota o critério da prevenção para firmar a competência jurisdicional, consignando, assim, que "a competência para o processo e julgamento por crime de contrabando ou descaminho define-se pela prevenção do Juízo Federal do lugar da apreensão dos bens" (Brasil, 2020, p. 184).

4.1.7 Prerrogativa de função

O CPP, em seu art. 69, estabelece que um dos determinantes para a competência jurisdicional é a prerrogativa de função (inciso VII). Isso quer dizer que a competência jurisdicional também pode ser determinada – firmada, fixada ou alterada – em razão do reconhecimento de prerrogativa de função (*ratione personae*), isto é, em virtude da atribuição que é legalmente estabelecida para o regular e válido desenvolvimento das atividades vinculadas a um cargo público.

A prerrogativa de função não é privilégio, como fazem crer algumas interpretações que a relacionam ao foro privilegiado. Essa prerrogativa é necessária, como diz Lopes Júnior (2014, p. 240), "quando imaginamos, por exemplo, um juiz de primeiro grau julgando um Ministro da Justiça ou mesmo um desembargador. Daí por que, para garantia de quem julga e também de quem é julgado, existem certas regras indisponíveis". Assim, em relação a certos cargos e funções exercidas, determina-se um foro competente para o julgamento das ações a ele relativas. Não é privilégio porque, para o mesmo jurista, o "argumento de que ser julgado por um tribunal composto por juízes (em tese) mais experientes (o que não significa maior qualidade técnica do julgamento) é uma vantagem que esbarra na impossibilidade de um verdadeiro duplo grau de jurisdição (Lopes Júnior, 2014, p. 241).

O doutrinador Capez (2014, p. 267) estabelece uma lista em que elenca quais são os cargos que apresentam tal prerrogativa e em que situação:

Quadro 4.1 – Prerrogativa de função

Função ou cargo	Tipo de crime	Foro originário
Presidente da República	Crime comum	STF
Presidente da República	Crime de responsabilidade	Senado Federal
Vice-presidente	Crime comum	STF
Vice-presidente	Crime de responsabilidade	Senado federal
Deputados federais e senadores	Crime comum	STF
Deputados federais e senadores	Crime de responsabilidade	Casa correspondente
Ministros do STF	Crime comum	STF
Ministros do STF	Crime de responsabilidade	Senado Federal
Procurador-geral da república	Crime comum	STF
Procurador-geral da república	Crime de responsabilidade	Senado Federal
Ministros de Estado	Crime comum e de responsabilidade	STF
Ministros de Estado	Crime de responsabilidade conexo com o de presidente da república	Senado Federal
Ministros de tribunais superiores (STJ, TSE, STM e TST) e diplomatas	Crime comum e de responsabilidade	STF

(continua)

(Tabela 4.1 – continuação)

Função ou cargo	Tipo de crime	Foro originário
Governador de estado	Crime comum ou eleitoral	STJ
Governador de estado	Crime de responsabilidade	Depende da Constituição Estadual
Desembargadores	Crime comum e de responsabilidade	STJ
Procurador-geral de justiça	Crime comum	TJ
Procurador-geral de justiça	Crime de responsabilidade	Poder Legislativo Estadual
Membros do Ministério Público e juízes estaduais	Crime comum, De responsabilidade e doloso contra a vida	TJ
Membros do Ministério Público e juízes estaduais	Crime eleitoral	TRE
Membros do Ministério Público e juízes federais	Crime comum, de responsabilidade e doloso contra a vida	TRF
Membros do Ministério Público e juízes federais	Crime eleitoral	TRE
Deputados estaduais	Crime comum	TJ
Deputados estaduais	Crime doloso contra a vida	Tribunal do Júri
Deputados estaduais	Crime de responsabilidade	Poder Legislativo Estadual
Prefeitos municipais	Crime comum e doloso contra a vida	TJ
Prefeitos municipais	Crime federal	TRF

(Tabela 4.1 – conclusão)

Função ou cargo	Tipo de crime	Foro originário
Prefeitos municipais	Crime eleitoral	TRE
Prefeitos municipais	Crime de responsabilidade	Poder Legislativo Municipal

Fonte: Elaborado com base em Capez, 2014, p. 265-266.

A prerrogativa de uma função ou cargo público está vinculada à missão e ao objetivo, em razão dos quais determinadas atribuições foram legalmente estabelecidas precisamente para o desenvolvimento de atividades que efetivem e assegurem os interesses públicos, isto é, aqueles que são pertinentes à toda coletividade, e não propriamente ao ocupante do cargo ou função pública e, muito menos, a governos sazonais.

O CPP, no art. 84, expressamente determina que a competência jurisdicional a ser estabelecida em função do critério da prerrogativa de função poderá ser firmada, respectivamente, no STF, no STJ, nos Tribunais Regionais Federais (TRFs) ou nos Tribunais de Justiça dos Estados e do Distrito Federal e dos Territórios (TJDFT) relativamente às pessoas que devam responder perante qualquer uma daquelas instâncias judiciais por crimes comuns e de responsabilidade.

Há crimes que qualquer pessoa pode cometer, enquanto outros só podem ser cometidos por um sujeito com uma qualidade especial. É denominado *crime comum* a conduta delituosa prevista num determinado tipo penal, a qual não exige qualquer condição ou qualidade especial para quem a pratica (sujeito ativo), nem mesmo para quem é ofendido (sujeito passivo). Em síntese, é possível entender por *crime de responsabilidade* a prática de condutas descritas como tais, por violarem o regular e válido cumprimento das atribuições legais que são estabelecidas para determinado cargo ou função pública, constituindo-se, assim, violação de dever legal cometida por

agentes públicos (políticos) – ainda que seja possível o reconhecimento do concurso eventual de pessoas. (arts. 29 a 31, CP).
Por outro lado, não se pode olvidar o que dispõe o art. 327 do CP:

> Art. 327. Considera-se funcionário público, para os efeitos penais, quem, embora transitoriamente ou sem remuneração, exerce cargo, emprego ou função pública.
> § 1º – Equipara-se a funcionário público quem exerce cargo, emprego ou função em entidade paraestatal, e quem trabalha para empresa prestadora de serviço contratada ou conveniada para a execução de atividade típica da Administração Pública. (Brasil, 1940)

Especificamente nos processos que se destinam à apuração da prática de **crimes contra a honra** em que forem querelantes (parte autora) as pessoas que a CF sujeita à jurisdição do STF, a este caberá o julgamento quando for oposta e admitida a exceção da verdade*. Assim, o procedimento nessa figura é que o juiz receba a alegação da exceção e intime o autor a contestar em 2 dias (art. 523, o CPP). Ela pode ser arguida logo após o interrogatório, na defesa prévia; se não for realizada nesse momento, considera-se precluso o direito a essa exceção, gerando exclusão do crime ou da pena, conforme afirma o ex-Ministro Francisco Campos em sua exposição de motivos do CP de 1940: "A *fides veri* ou *exceptio veritatis* é admitida, para exclusão de crime ou de pena" (Brasil, 1969, p. 141). Situação semelhante acontecerá em relação aos demais tribunais, consoante as pessoas que estão legalmente sujeitas às suas

---

* *Exceção da verdade* é figura exclusiva dos crimes contra a honra, ou seja, os que atentam "contra o conjunto de atributos morais, físicos e intelectuais da pessoa, que lhe conferem autoestima e reputação" (Junqueira, 2010, p. 241). A figura da exceção da verdade se dá com a alegação do acusado de que o fato imputado à vítima é verdadeiro e admitida pelo próprio tipo penal da calúnia e da difamação, por exemplo.

respectivas jurisdições, conforme o art. 85 do CPP. A exceção da verdade é uma das modalidades de defesa que o acusado pode contrapor, não diretamente a pretensão deduzida, mas sim para apresentar circunstâncias do acontecimento tido como verdadeiro, a fim de demonstrar não ser fidedigno o que lhe fora imputado.

Ao STF compete, privativamente, processar e julgar os ministros que o compõem, por crimes comuns; os ministros de estado, salvo nos crimes conexos com os do presidente da República; o procurador-geral da República; os desembargadores dos tribunais; os ministros do Tribunal de Contas e os embaixadores e ministros diplomáticos, tanto por crimes comuns quanto pela prática de crimes de responsabilidade, conforme a CF (art. 102, inciso I, alíneas "a", "b" e "c") e o art. 86 do CPP.

Ao STJ compete julgar, nos crimes comuns, os governadores dos estados e do Distrito Federal e, nestes e nos de responsabilidade, os desembargadores dos TJDFs, os membros dos Tribunais de Contas dos Estados e do Distrito Federal, os dos TRFs, dos Tribunais Regionais Eleitorais e do Trabalho, os membros dos Conselhos ou Tribunais de Contas dos Municípios e os do Ministério Público da União que oficiem perante tribunais (art. 105, inciso I, alínea "a", da CF).

Aos Tribunais de Justiça compete, originariamente, o julgamento dos governadores dos estados e do Distrito Federal, seus respectivos secretários e chefes de polícia, juízes de direito de instância inferior e órgãos do Ministério Público (MP), na forma do art. 87 do CPP.

4.2 Conflito de jurisdição

O conflito de jurisdição entre órgãos julgadores caracteriza-se pelo dissenso sobre a competência jurisdicional. Esse conflito pode ser positivo, isto é, quando duas ou mais autoridades judiciárias – juízes de direito ou tribunais – entendem que possuem atribuições legais para a resolução judicial de um dado caso legal (concreto); ou negativo, quando cada um dos órgãos julgadores entende não possuir competência jurisdicional para esse fim.

Portanto, haverá conflito de jurisdição quando duas ou mais autoridades judiciárias se considerarem competentes ou incompetentes para conhecer do mesmo acontecimento considerado criminoso; ou então quando, entre as autoridades judiciárias, houver controvérsia sobre unidade de juízo, junção ou separação de processos (art. 114, CPP).

O conflito de jurisdição poderá ser suscitado pela parte interessada; por qualquer um dos órgãos de execução ministerial em exercício junto aos respectivos juízos de direito, em dissídio; ou por qualquer um dos órgãos julgadores – juízes de direito ou tribunais – que se encontrem em conflito (art. 115, CPP). O conflito de jurisdição positivo ou negativo deverá ser operacionalizado por meio de representação pelo órgão julgador suscitante ou, então, pela parte interessada por meio de requerimento perante o tribunal competente. Em qualquer uma dessas hipóteses, impõe-se, perante o Tribunal competente, a suscitação por escrito e de forma circunstanciada do conflito de jurisdição, dando-se conta de seus fundamentos e, sempre que possível, encaminhando-se documentação comprobatória sobre o dissenso.

Os órgãos julgadores poderão suscitar o conflito de jurisdição negativo nos próprios autos do processo. No caso de conflito de jurisdição positivo, o relator poderá determinar imediatamente a suspensão do trâmite da relação jurídica processual, desde o momento da distribuição do feito.

Contudo, em qualquer das hipóteses legais – isto é, expedida ou não a ordem de suspensão do andamento do processo –, o relator deverá requisitar informações acerca do conflito de competência aos órgãos julgadores, em dissídio, encaminhando-lhes cópia do requerimento ou da representação formulados, estipulando prazo para a prestação de tais informações.

Com o recebimento das informações acerca do conflito de jurisdição (competência jurisdicional), o relator deverá facultar oportunidade processual para que o procurador-geral do MP seja ouvido; caso não exista outra diligência a ser realizada para a devida, regular e válida instrução do feito, a suscitação deverá ser levada a julgamento na primeira sessão do tribunal competente.

A decisão sobre o conflito de jurisdição, para que seja integralmente cumprida, deverá ser encaminhada com as cópias necessárias aos órgãos julgadores em relação aos quais tiver sido levantado o conflito ou que o houverem suscitado. O STF, por sua vez, poderá avocar todo e qualquer processo que se destine à apuração, instrução ou julgamento em que se entenda competente, restabelecendo, assim, a sua jurisdição (competência jurisdicional) sempre que exercida por qualquer outro órgão julgador ou instância jurisdicional inferior (art. 117, CPP). Portanto, não se pode afastar a competência jurisdicional do STF para o julgamento de ação penal sob fundamento ou a qualquer pretexto, salvo quando existirem elementos suficientes que possam demonstrar o contrário, com base nos meios de prova admitidos.

4.3 Territorialidade e extraterritorialidade processual penal

Em linha com a regulamentação da aplicação da lei penal no espaço (direito penal interespacial), o CPP também leva em consideração os critérios orientativos da territorialidade e da extraterritorialidade para aplicação das normas processuais e procedimentais pertinentes à fixação da competência jurisdicional, em razão de crimes praticados fora do território nacional (brasileiro), estabelecendo como competente um dos juízes de direito (criminal) da capital do estado onde houver por último residido o acusado; ou, então, um dos juízos criminais da capital da república (Brasília), na hipótese de o agente a quem se atribui a prática da conduta considerada delituosa nunca ter residido no Brasil.

Os crimes praticados em qualquer embarcação que se encontre nas águas territoriais brasileiras ou nos rios e lagos fronteiriços, ou, então, a bordo de embarcações nacionais – isto é, embarcações privadas registradas no Brasil (art. 5º, §1º, *in fine* do CP) – que se encontrem em alto-mar, por certo, serão processados e julgados pela justiça do porto brasileiro em que tocar, por primeiro, a embarcação após a ocorrência do crime ou, quando se afastar do país, pela justiça do último porto nacional em que permaneceu ou houver tocado a embarcação.

De igual maneira, os crimes praticados a bordo de aeronave nacional – isto é, privada registrada no Brasil (art. 5º, §1º, *in fine* do CP) –, dentro do espaço aéreo correspondente ao território brasileiro, ou ao alto-mar, ou a bordo de aeronave estrangeira, dentro do espaço aéreo correspondente ao território nacional (art. 5º, §2º, do CP), serão processados e julgados pela justiça da comarca em cujo território se verificar o pouso após o crime, ou pela da comarca de onde houver partido a aeronave.

No entanto, quando não for possível firmar a competência jurisdicional nas hipóteses supramencionadas, de acordo com as disposições legais dos arts. 89 e 90 do CPP, impõe-se, em regra, a utilização do critério da prevenção para a indicação do juízo de direito competente (art. 91, CPP).

Síntese

Sobre a jurisdição, é possível dizer que, em regra, o órgão julgador tem competência territorial para as infrações que ocorreram no lugar que é compreendido pela seção ou circunscrição judiciária em que exerce a sua competência jurisdicional. Já a natureza do crime define qual é o órgão jurisdicional – por exemplo, se o crime é doloso contra a vida, como o homicídio, o julgamento será pelo tribunal do júri.

Questões para revisão

1) A jurisdição é definida como:
   a. as atribuições de cada parte em um processo penal público.
   b. as atribuições das partes em processos de iniciativa privada.
   c. o lugar sobre o qual o juiz exerce seu poder.
   d. o conjunto de atribuições legais destinadas ao órgão julgador para a resolução adequada de casos concretos.
   e. o local e a região sobre os quais atuam os promotores e procuradores.

2) A conexão pode ser:
   a. subjetiva, objetiva e incidental.
   b. incidental, acessória e subjetiva.
   c. prerrogativa, acessória e fungível.
   d. concursal, subsistente e recorrente.
   e. subjetiva, objetiva e instrumental.

3) A prerrogativa de função pode ser necessária:
   a. quando um juiz não pode julgar outro companheiro.
   b. quando os deputados cometem crimes.

c. quando imaginamos, por exemplo, um juiz de primeiro grau julgando um ministro da justiça ou mesmo um desembargador. Daí por que, para garantia de quem julga e também de quem é julgado, existem certas regras indisponíveis.
d. quando o ministro da justiça peticionar ao Supremo Tribunal Federal.
e. quando quem cometeu o crime é importante.

Questão para reflexão

Em que medida a jurisdição sobre casos pode ser relativizada? Como prever que processos podem ser retirados do juízo natural?

V

Conteúdos do capítulo:

» Corpo de delito e prova pericial.
» Interrogatório.
» Prova testemunhal.
» Acareação.
» Prova documental.
» Indícios.
» Busca e apreensão.

Os meios de prova são um dos temas mais interessantes do direito processual penal. Neste capítulo, esses meios serão conhecidos e analisados para se saber como poderão ser utilizados de maneira regular e válida no processo penal, tendo-se em conta os princípios que norteiam a instrução probatória, para que a responsabilização penal possa ser legitimamente concretizada, uma vez que não basta formular uma alegação de que o agente é autor de um crime, é preciso prová-lo.

Meios de prova

5.1 Noções gerais

Os **meios de prova** não são tarifados na processualística penal brasileira, isto é, não apresentam previamente valoração definida como preponderante sobre qualquer outra modalidade de prova. Nesse sentido, entende-se que o órgão julgador tem a prerrogativa funcional de formar sua convicção do que foi alegado pela parte de forma livre, isto é, pela livre apreciação da prova. É o que dispõe o art. 155 do Código de Processo Penal (CPP) – Decreto-Lei n. 3.689, de 3 de outubro de 1941 (Brasil, 1941) –, segundo o qual a convicção judicial é formada pela livre apreciação da prova produzida em contraditório judicial, não se admitindo para fundamentação da decisão judicial a utilização exclusiva dos elementos informativos colhidos na investigação, ressalvando-se, por certo, as provas cautelares, não repetíveis e antecipadas.

É certo que a obrigação de comprovar o que foi alegado cabe a quem alegou, o que se denomina *ônus da prova*, conforme disposto no art. 156 do CPP, ressalvando-se, contudo, a possibilidade de o órgão julgador, de ofício, ordenar a produção antecipada de provas consideradas urgentes e imprescindíveis, em razão de sua relevância comprobatória, segundo a necessidade, a adequação e a proporcionalidade da medida. De igual maneira, ao longo da instrução criminal e antes da decisão judicial final – a sentença –, o órgão julgador (monocrático, juiz de direito) ou colegiado (tribunal), poderá determinar a realização de diligências necessárias para dirimir dúvida sobre ponto considerado relevante para a resolução do caso.

Como anteriormente já se disse, as provas ilícitas são aquelas que foram obtidas em violação a normas constitucionais ou legais, impondo-se como consequência jurídica o desentranhamento de tais provas do processo, haja vista que são inadmissíveis no sistema processual penal para fins de resolução judicial de determinado caso.

Os demais meios de prova admitidos que derivem daqueles normativamente considerados ilícitos também são inadmissíveis, ressalvando-se aqueles meios de prova dos quais não se evidenciou relação de causalidade com as provas ilícitas, bem como aqueles que possam ser obtidos por outra fonte que seja independente das provas ilícitas. O art. 157 do CPP, em seus parágrafos 1º e 2º, estabelece a inadmissibilidade das provas derivadas daquelas ilícitas:

> Art. 157. São inadmissíveis, devendo ser desentranhadas do processo, as provas ilícitas, assim entendidas as obtidas em violação a normas constitucionais ou legais.
> § 1º São também inadmissíveis as provas derivadas das ilícitas, salvo quando não evidenciado o nexo de causalidade entre umas e outras, ou quando as derivadas puderem ser obtidas por uma fonte independente das primeiras.
> § 2º Considera-se fonte independente aquela que por si só, seguindo os trâmites típicos e de praxe, próprios da investigação ou instrução criminal, seria capaz de conduzir ao fato objeto da prova. (Brasil, 1941)

A teoria das provas ilícitas vem, como já dissemos, do inciso LVI do art. 5º da Constituição Federal de 1988 (CF): "são inadmissíveis, no processo, as provas obtidas por meios ilícitos" (Brasil, 1988). Capez (2014, p. 364) exemplifica:

> Desse modo, serão ilícitas todas as provas produzidas mediante a prática de crime ou contravenção, as que violem normas de Direito Civil, Comercial ou Administrativo, bem como aquelas que afrontem princípios constitucionais. Tais provas não serão admitidas no processo penal. Assim, por exemplo, uma confissão obtida com emprego de tortura (Lei n. 9.455/97), uma apreensão de documento realizada mediante violação de domicílio (CP, art. 150), a captação de uma conversa por meio do crime de interceptação telefônica (Lei n. 9.296/96, art. 10) e assim por diante.

Da mesma maneira, são inadmissíveis as derivadas dessa inicial ilícita, como demonstram Grinover, Scarance e Magalhães (citados por Capez, 2014, p. 365):

> *Na posição mais sensível às garantias da pessoa humana, e consequentemente mais intransigente com os princípios e normas constitucionais, a ilicitude da obtenção da prova transmite-se às provas derivadas, que são igualmente banidas do processo.*

Essa questão foi alvo de debates no Supremo Tribunal Federal (STF), assim como de decisões em dois sentidos, em relação à chamada *teoria dos frutos da árvore envenenada*, vinda da doutrina norte-americana. Inicialmente recusada, no ano de 1993, a teoria tem sido atualmente aceita em julgamentos de grande repercussão pública, como o das Operações Satiagraha, Boi Barrica e Castelo de Areia, todas consideradas ilegais, ao fim, por envolverem ilicitudes na geração inicial de provas.

A **fonte independente** é normativamente considerada aquela que, por si só, tem o condão de permitir a compreensão do que aconteceu por meio de elementos de cognição aptos a conduzir ao fato que seria objeto de demonstração pelos meios de prova admitidos (§2º, art. 155, CPP). A prova normativamente considerada ilícita e judicialmente declarada inadmissível deverá ser inutilizada por decisão judicial, na hipótese de que se torne preclusa a decisão de desentranhamento, sendo certo que deve ser facultado às partes o acompanhamento dos atos e dos termos do incidente processual que se destina à declaração judicial de inadmissibilidade do meio probatório.

Ilustremos com um exemplo a inadmissibilidade de provas derivadas das ilícitas. Digamos que a autoridade policial, mediante intercepção telefônica ilegal, descobriu o local exato em que estava escondido um pacote de entorpecentes, local que, de outro modo, não seria descoberto. Caso seja capturado como prova, esse pacote de entorpecentes, por ser derivado de prova ilícita (interceptação telefônica não autorizada), não será admitido.

Com o advento da Lei n. 13.964, de 24 de dezembro de 2019 (Lei Anticrime), acrescentou-se o parágrafo 5º ao art. 157 do CPP, o qual determina expressamente que o órgão julgador (monocrático ou colegiado) fica terminantemente impedido de proferir decisão judicial (sentença, decisão monocrática ou acórdão) quando "conhecer o conteúdo da prova declarada inadmissível" (Brasil, 1941).

5.2 Exame de corpo de delito, cadeia de custódia e perícias

De acordo com a processualística penal, entende-se por *corpo de delito* os vestígios deixados pela infração, tornando-se indispensável a realização de seu exame técnico (pericial), ainda que indiretamente, a ser realizado por perito oficial devidamente capacitado para esse mister (curso superior), haja vista que não pode sequer ser suprido até mesmo pela confissão do acusado. A previsão legal sobre o tema está nos arts. 158 a 184 do CPP.

Nos casos em que não for possível a realização do exame do corpo de delito por perito oficial, é certo que a respectiva perícia poderá ser realizada por 2 pessoas idôneas que possuam curso superior preferencialmente na área técnica específica; ou, então, aquelas que tiverem habilitação técnica relacionada à natureza do exame.

Os peritos não oficiais serão judicialmente nomeados como tais e, para tanto, prestarão o compromisso legal de bem e fielmente desempenhar os encargos que lhes forem atribuídos, facultando-se ao Ministério Público (MP), ao assistente de acusação, à vítima (ofendido), ao querelante e ao acusado a oportunidade processual para a formulação de quesitos e para a indicação de assistente técnico.

O exame pericial do corpo de delito poderá ser realizado em qualquer dia e a qualquer hora, conforme entendimento técnico do perito. O assistente técnico apenas poderá desenvolver suas atividades profissionais depois de ser regularmente admitido em juízo; após a conclusão dos exames e a elaboração do respectivo laudo pericial, a ser apresentado no prazo judicialmente determinado, pelos peritos oficiais, as partes deverão ser intimadas da decisão de admissibilidade do assistente.

As partes, ao longo do trâmite judicial da relação jurídica processual penal, poderão requerer a ouvida dos peritos para que, assim, possam ser prestados esclarecimentos sobre o conteúdo probatório, bem como para que possam responder à quesitação formulada, impondo-se, pois, que o mandado de intimação e os quesitos ou questões a serem esclarecidas sejam encaminhados com antecedência mínima de 10 dias, permitindo-se, inclusive, aos peritos a apresentação das respectivas respostas em laudo técnico complementar.

De igual maneira, as partes poderão, respectivamente, indicar seus assistentes técnicos, os quais poderão apresentar seus pareceres, no prazo a ser judicialmente fixado, ou poderão ser inquiridos em audiência.

Na hipótese de existir requerimento de qualquer das partes, o material probatório que serviu de base à perícia deverá ser disponibilizado no ambiente do órgão oficial, que manterá sempre sua guarda, e na presença de perito oficial, para consulta e exame a serem realizados pelos assistentes técnicos, ressalvando-se, pois, a impossibilidade de conservação em razão da natureza do material probatório a ser submetido à avalição técnica.

Em se tratando de perícia complexa, isto é, que contemple mais de uma área de conhecimento especializado, é possível a designação de mais de um perito oficial, inclusive, reconhecendo-se às partes a possibilidade de indicação de mais de um assistente técnico. Os peritos oficiais têm por dever legal a elaborarão de laudo (técnico) pericial, no qual deverão minuciosamente descrever o que foi examinado, bem como deverão responder aos quesitos previamente formulados, no prazo máximo de 10 dias, admitindo-se, contudo, a prorrogação desse prazo em casos excepcionais, mediante requerimento dos peritos.

A autópsia é um dos exames a serem realizados por perito e, portanto, regulamentada pelo CPP, o qual determina que esta seja realizada pelo menos 6 horas depois do óbito, salvo quando os peritos, em razão da evidência dos sinais de morte, tecnicamente, tiverem condições de julgar que o mencionado exame pericial possa ser levado a cabo antes do referido prazo legal.

Essa possibilidade de antecipação da realização da autópsia, contudo, deverá ser consignada pelos peritos mediante declaração nos autos do processo e constar expressamente descrita no respectivo laudo pericial a ser elaborado e submetido às partes em juízo.

Nos casos de morte violenta, contudo, bastará o simples exame externo do cadáver quando não houver crime que apurar, ou quando as lesões externas permitirem precisar a causa da morte e não houver necessidade de exame interno para a verificação de alguma circunstância relevante. Em caso de exumação para exame cadavérico, a autoridade providenciará que, em dia e hora previamente marcados, a diligência seja realizada, da qual deverá ser lavrado o respectivo auto, de forma circunstanciada.

Para a realização da exumação para exame cadavérico, impõe-se ao administrador de cemitério, público ou particular, o dever legal de indicar o lugar da sepultura, sob pena de ser responsabilizado criminalmente pelo crime de desobediência.

Em casos de recusa do administrador, de falta de quem indique o lugar da sepultura ou de encontrar-se o cadáver em lugar não destinado a inumações, a autoridade deverá realizar as diligências necessárias e, assim, pesquisar o local para onde teria sido destinado o cadáver, mediante elaboração do respectivo auto em que conterá todas as medidas adotadas. Os cadáveres serão sempre fotografados na posição em que forem encontrados, assim como, na medida do possível, todas as lesões externas e vestígios deixados no local do crime. Para representar as lesões encontradas no cadáver, os peritos, quando possível, deverão juntar ao laudo do exame provas fotográficas, esquemas ou desenhos devidamente rubricados.

Contudo, quando existir fundada dúvida sobre a identidade do cadáver exumado, deverá ser realizado o reconhecimento pelo Instituto de Identificação e Estatística ou repartição congênere ou pela inquirição de testemunhas, lavrando-se, então, auto de reconhecimento e de identidade, no qual deverá ser descrito o cadáver, com todos os sinais e indicações, sendo certo que deverão ser arrecadados e autenticados todos os objetos encontrados que possam ser úteis para a identificação do cadáver.

No caso de não ser possível a realização do exame pericial do corpo de delito em razão do desaparecimento dos vestígios, a prova testemunhal poderá suprir-lhe a falta. O CPP prevê que, em caso de lesões corporais, quando o primeiro exame pericial for incompleto, será possível a realização de exame pericial complementar por determinação da autoridade policial ou judiciária, de ofício, ou a requerimento do MP, do ofendido, do acusado ou do defensor deste.

No exame pericial complementar, os peritos deverão ter acesso direto ao auto de corpo de delito, a fim de suprir-lhe a deficiência ou retificá-lo, sendo certo que a eventual falta do referido exame poderá ser suprida pela prova testemunhal.

Com o intuito de que se preserve ao máximo possível a cena do crime, para que, assim, possa ser realizado o exame do local onde houver sido praticado o crime, a autoridade imediatamente deverá adotar todas as providências legais para que não se altere o estado das coisas até a chegada dos peritos, os quais, desta maneira, poderão instruir seus laudos com fotografias, desenhos ou esquemas elucidativos.

Os peritos deverão registrar, no respectivo laudo pericial, as eventuais alterações do estado das coisas e discutirão, no relatório, as consequências dessas alterações na dinâmica dos fatos. Já nas perícias realizadas em laboratório, os peritos deverão guardar material suficiente para eventual necessidade de realização de nova perícia. Por outro lado, sempre que for conveniente, os laudos periciais deverão ser ilustrados com provas fotográficas ou microfotográficas, desenhos ou esquemas elucidativos.

Nos crimes cometidos com destruição ou rompimento de obstáculo a subtração da coisa ou por meio de escalada, os peritos, além de descrever os vestígios, deverão indicar com que instrumentos, por quais meios e em que época presumem ter sido o fato (delituoso) praticado.

A avaliação de coisas destruídas, deterioradas ou que constituam produto do crime deverá ser realizada sempre que for necessário, ainda que indiretamente; ou seja, quando for impossível a avaliação direta, os peritos deverão proceder à avaliação por meio dos elementos existentes nos autos do processo e dos que resultarem de diligências.

No caso de incêndio, os peritos deverão verificar a causa e o lugar em que houver começado, o perigo que dele tiver resultado para a vida ou para o patrimônio alheio, a extensão e o valor dos danos e as demais circunstâncias que possam interessar à elucidação do fato (delituoso).

Uma outra modalidade de exame pericial é o realizado para o reconhecimento de escritos por meio de comparação de letra, quando, então, a pessoa a quem se atribua ou se possa atribuir o escrito deverá ser intimada para a realização do ato, sempre que for encontrada para esse fim. Para a comparação de letra, poderão ser utilizados quaisquer documentos que a supramencionada pessoa reconhecer ou que já tiverem sido judicialmente reconhecidos como escritas de próprio punho ou, ainda, sobre cuja autenticidade não houver qualquer dúvida fundada.

A autoridade judiciária, sempre que for necessário para a realização do exame pericial, poderá requisitar os documentos que existirem em arquivos ou estabelecimentos públicos, além de poder realizar nesses locais a diligência para obtenção de documentos, caso estes não possam ser retirados do local em que se encontram.

Se não houver escritos para a comparação de letras ou forem insuficientes os exibidos, a autoridade judiciária determinará que a pessoa submetida ao exame escreva o que lhe for ditado. No caso em que a pessoa estiver ausente, mas em lugar conhecido, será possível realização da referida diligência por meio de carta precatória, em que se consignarão as palavras que a pessoa deverá ser intimada a escrever.

Os instrumentos utilizados para a prática do crime deverão ser submetidos a exame técnico-pericial, com o intuito de que sejam analisados acerca de sua natureza e de sua eficiência.

A legislação processual penal assegura à autoridade e às partes a faculdade procedimental para formular quesitos que deverão ser respondidos pelos peritos no exame técnico a ser levado a cabo; contudo, apesar de não estabelecer prazo legal específico, admite que a quesitação seja apresentada até a data em que a mencionada diligência deverá ser realizada.

O exame pericial também poderá ser realizado por meio de precatória, quando será admitido que a nomeação dos peritos se dê no juízo de direito deprecado. Contudo, no caso de ação privada, caso exista acordo entre as partes, a nomeação dos peritos poderá ser feita pelo juiz de direito deprecante; dessa forma, os quesitos elaborados pelo órgão julgador e os apresentados pelas partes deverão ser transcritos na precatória.

É possível que surjam divergências entre os peritos. Nesse caso, deverão ser consignadas, no respectivo auto do exame, as declarações e as respostas de um e de outro, ou cada um redigirá separadamente o seu laudo e, em razão disso, a autoridade deverá nomear um terceiro perito; contudo, caso esse terceiro perito venha a divergir dos outros dois expertos anteriores, a autoridade poderá mandar proceder a novo exame por outros peritos.

Nos casos de inobservância de formalidades ou de omissões, obscuridades ou contradições, a autoridade judiciária mandará suprir a formalidade, complementar ou esclarecer o laudo técnico-pericial apresentado em juízo. Quando a autoridade julgar conveniente à resolução da causa, também poderá ordenar que se proceda a novo exame, a ser realizado por outros peritos.

Em que pese a imprescindibilidade do exame pericial, é certo que o órgão julgador não ficará obrigatoriamente adstrito ao respectivo laudo do exame pericial, reconhecendo-lhe, assim, a possibilidade de aceitá-lo ou de rejeitá-lo, no todo ou em parte, permanecendo, porém, vinculado à devida fundamentação de suas decisões e demais determinações judiciais, conforme prevê o inciso XI do art. 93 da CF.

Em não se tratando de exame de corpo de delito, o órgão julgador ou a autoridade policial poderá negar a realização de perícia requerida pelas partes, quando o exame pericial não for necessário para o esclarecimento ou a evidenciação das circunstâncias em que se deram o acontecimento considerado delituoso.

Não fosse isso, a Lei n. 13.721, de 2 de outubro de 2018 (Brasil, 2018a), incluiu o parágrafo único e seus dois incisos ao art. 158 do CPP, estabelecendo, expressamente, que a realização do exame de corpo de delito deverá ser prioritária quando se tratar de crime que envolva "I – violência doméstica e familiar contra mulher; II – violência contra criança, adolescente, idoso ou pessoa com deficiência" (Brasil, 1941).

A nova legislação que alterou o CPP brasileiro trouxe modificações em relação à prática de atos procedimentais relacionados à realização de exame técnico-pericial, alinhando-se, assim, à opção democraticamente adotada em prol da proteção integral e especial da mulher vítima de violência doméstica e familiar, da criança, do adolescente, da pessoa idosa e da pessoa com deficiência.

Dessa maneira, observa-se que a garantia fundamental da absoluta prioridade constitucionalmente assegurada à criança, ao adolescente, à pessoa idosa e à pessoa com deficiência agora também foi estendida à mulher vítima de violência doméstica e familiar.

A partir da promulgação da Lei n. 13.721/2018, encontra-se expressa e especificamente determinada a prioridade de realização do exame de corpo de delito quando houver a prática de conduta delituosa que se constitua em violência doméstica e familiar contra mulher ou então violência contra criança, adolescente, pessoa idosa ou pessoa com deficiência.

Ademais, pontuamos que não só a autoridade policial e/ou judiciária, mas toda e qualquer pessoa que desenvolva a atividade técnica relacionada à realização de exame técnico-pericial deverá adotar todas as medidas necessárias para que seja dada prioridade ao exame de corpo de delito quando se tratar de crime que envolva violência doméstica e familiar contra mulher, criança, adolescente, pessoa idosa ou pessoa com deficiência.

Como se sabe, a não adoção da prioridade desse exame pericial poderá ensejar a responsabilização administrativa, civil e até mesmo criminal do agente que, injustificadamente, assim agir.

Senão, é o que resta agora consignado no parágrafo único do art. 158 do CPP brasileiro; até porque, como se viu, a Lei n. 13.721/2018 não contemplou qualquer hipótese de *vacatio legis*, entrando imediatamente em vigor a partir de sua publicação.

5.2.1 Cadeia de custódia

A Lei n. 13.964/2019 (Lei Anticrime) acrescentou ao CPP os arts. 158-A a 158-F, os quais passaram a regulamentar a denominada *cadeia de custódia*, disciplinando, assim, não só as etapas procedimentais que deverão ser desenvolvidas, mas também sua organização estrutural e funcional, inclusive indicando seus gestores responsáveis.

O *caput* do art. 158-A do CPP trouxe uma inovação à processualística penal ao conceituar o novo instituto jurídico-penal denominado *cadeia de custódia*, definindo-a como o "conjunto de todos os procedimentos utilizados para manter e documentar a história cronológica dos vestígios coletados em locais ou em vítimas de crimes" (Brasil, 1941).

A objetividade processual penal dessa nova categoria jurídico-legal é a criação de condições concretas para o rastreamento dos denominados *vestígios* decorrentes da prática delitiva, bem como sua detenção por quem quer que seja; contudo, é certo dos agentes a quem se atribui a prática de conduta considerada criminosa, e, também, seu manuseio a partir da identificação e do reconhecimento dessa sua qualidade procedimental até o descarte final – por exemplo, a incineração de substâncias entorpecentes.

O § 1º do art. 158-A do CPP, por sua vez, cuida especificamente da preservação do local do crime e dos procedimentos policiais ou periciais, passando, assim, a adotar esses atos administrativo-persecutórios como marco inicial da cadeia de custódia, antes mesmo da identificação e do reconhecimento da existência de vestígio decorrente da prática delitiva, seja local (lugar do crime), seja residual (em vítimas).

A identificação e o reconhecimento da potencialidade de elementos que possam evidenciar as condições e as circunstâncias em que se deram a prática (autoria) e o acontecimento (materialidade) delitivo passam, assim, a ser atribuições legalmente destinadas ao agente de segurança pública, que se torna responsável, por isso mesmo, pela preservação de tais elementos, os quais se transformam, por assim dizer, nos vestígios eleitos para fins de persecução penal.

É o que dispõe o § 2º do art. 75 do CPP, segundo o qual os elementos que potencialmente sejam de interesse para a realização de exame técnico-pericial, isto é, um dos meios de prova em Direito admitido, devem ser preservados pelo agente público que o identificar (constatar) e o reconhecer (recolher) como tal, como sua nova atribuição legal sob pena de responsabilidade administrativa e criminal, nos casos em que por desídia ou dolo deixar tais elementos perecerem.

Por fim, observa-se que o § 3º do art. 158-A do CPP, por sua vez, conceitua o que deve ser normativamente considerado vestígio: "todo objeto ou material bruto, visível ou latente, constatado ou recolhido, que se relaciona à infração penal" (Brasil, 1941), pelo que o agente deve primeiro encontrar, isto é, identificar (constatar) o que possa ser tomado como um elemento legalmente importante para a realização de perícia. Em razão mesmo do reconhecimento (recolher) de sua qualidade como elemento probatório para fins de persecução penal, ou seja, para a descrição do fundamento da tomada de decisão judicial que se destine à responsabilização criminal do agente a quem se atribui a prática de uma conduta tipificada como crime e/ou o envolvimento em um acontecimento delitivo.

O rastreamento dos vestígios deixados pela conduta delituosa é desencadeado nas etapas de reconhecimento (distinção pelo potencial interesse), isolamento (preservação das coisas, do ambiente e do local do crime), fixação (descrição detalhada em laudo por perito), coleta (recolher material para análise), acondicionamento (embalagem individual dos vestígios), transporte (transferência de vestígios), recebimento (formalidade de transferência da posse do vestígio), processamento (exame pericial em si por manipulação metodológica), armazenamento (procedimento de guarda dos vestígios) e descarte (liberação judicialmente autorizada de vestígios), normativamente conceituadas em cada um dos incisos que compõem o novo art. 158-B do CPP, acrescido pela Lei n. 13.964/2019 (Lei Anticrime).

Eis, pois, que a cadeia de custódia compreende o rastreamento de vestígios, conforme as etapas de procedimentalização de meios de prova em Direito admitidos para fins de responsabilização criminal do agente a quem se atribua a prática de conduta descrita como crime e/ou o envolvimento em um acontecimento delitivo.

A coleta dos vestígios deixados pela prática delitiva, isto é, o recolhimento do material que deverá ser submetido a exame pericial, preferencialmente, será realizado por perito oficial, com o intuito de que deva ser ao máximo assegurada a manutenção das características e da natureza dos vestígios, para que, assim, possam ser encaminhados com segurança para a central de custódia.

Independentemente da fase procedimental em que se encontre a apuração da responsabilidade criminal do agente, isto é, tanto na fase de investigação quanto na fase de instrução judicial, todo e qualquer vestígio coletado deve ser tratado conforme os ditames legais que regulamentam a cadeia de custódia, pelo que o órgão central da perícia oficial de natureza criminal é o responsável pela especificação e pelo acompanhamento da maneira pela qual deve se dar cumprimento a essa regulamentação.

Em decorrência das alterações trazidas pela Lei n. 13.964/2019 (Lei Anticrime), foi designada uma nova espécie de fraude processual: a entrada indevida em locais isolados ou a remoção de quaisquer vestígios dos locais de crime antes que se obtenha a autorização do perito responsável, tipificada no § 2º do art. 158-C do CPP.

Para além da regulamentação processual penal das características do recipiente que deverá ser utilizado para o acondicionamento do vestígio, vale dizer, a depender da natureza do material coletado, nos termos do art. 158-D, verifica-se que deverão ser lacrados individualmente com o intuito de que se assegure a inviolabilidade e a idoneidade do vestígio ao longo de sua transferência de um local a outro.

Dessa maneira, entende-se que será possível preservar as características do vestígio, na condição de elemento de prova, impendido, assim, sua contaminação e/ou vazamento, em virtude do grau de resistência e do espaço em que for adequadamente acondicionado; sendo certo que o recipiente apenas poderá ser aberto pelo perito que realizará o exame técnico ou por pessoa devidamente autorizada.

O procedimento de rompimento do lacre contempla a necessidade de anotações em fichas de acompanhamento de cada um dos vestígios coletados, consignando-se, assim, o nome e a matrícula do responsável, data, local, finalidade e, inclusive, as informações referentes ao novo lacre a ser utilizado; e, por conseguinte, o lacre que fora rompido deve ser colocado no interior do novo recipiente.

Em regra, cada instituto de criminalística – ou órgão congênere no âmbito Estadual, Distrital ou Federal – deverá ter uma central de custódia, a qual será organizada estrutural e funcionalmente para fins de guarda e controle dos vestígios, cuja gestão é diretamente vinculada ao órgão central de perícia oficial criminal, conforme dispõe o art. 158-E do CPP, acrescido pela Lei n. 13.964/2019 (Lei Anticrime).

A central de custódia, portanto, deve ser um espaço seguro e que apresente condições ambientais que não interfiram nas características do vestígio, sendo organizada estrutural e funcionalmente para prestar não só serviço de protocolo, mas também local destinado à conferência, recepção e devolução de materiais e documentos, inclusive para que seja possível fazer seleção, classificação e distribuição deles.

Para além dos protocolos relacionados à entrada e à saída de vestígio, também deverá ser consignada toda e qualquer informação sobre cada uma das ocorrências no respectivo inquérito; bem como deverão ser identificadas todas as pessoas que tiveram acesso ao vestígio armazenado, inclusive, registrando-se a data e a hora do acesso. De igual maneira, impõe-se o registro de todas as ações relacionadas à tramitação do vestígio armazenado, mediante a identificação do responsável pela tramitação e consignando-se a destinação, data e hora da ação.

Uma vez realizado o exame pericial do vestígio, o material deverá retornar para a central de custódia e ali permanecer adequadamente condicionado e armazenado, sendo certo que, caso não se tenha espaço ou condições de armazenamento, a autoridade policial ou judiciária poderá determinar não só o depósito em local diverso, mas também as condições para tal desiderato, por meio de requerimento do diretor do órgão central de perícia oficial criminal, de acordo com o que dispõe o art. 158-F do CPP, acrescido pela Lei n. 13.964/2019 (Lei Anticrime).

5.3 Interrogatório

O interrogatório do acusado é um dos meios de prova admitidos e um dos mais importantes momentos processuais para o exercício da ampla defesa. Disposto a partir do art. 185 do CPP, é um meio para a consolidação da garantia do agente de se contrapor ao que lhe foi criminalmente imputado.

O interrogatório, assim, constitui-se como meio de defesa, e também, como meio de prova, assegurando-se ao acusado que comparecer perante a autoridade judiciária – no curso do processo que tem por finalidade a apuração de sua responsabilidade penal – não só a realização do ato procedimental destinado ao seu interrogado, mas também o direito de permanecer em silêncio em relação às perguntas que lhe forem dirigidas e de se fazer acompanhar de defensor público, constituído ou nomeado.

No entanto, é necessário observar que

> *o interrogatório em si possuirá escasso valor probatório. Quanto ao denominado interrogatório de mérito, se o acusado bradar por sua inocência, concluir-se-á que tal ato não tem valor probatório, por se tratar de simples ato de defesa [...] se o acusado confessar a prática delitiva, o que será valorado é a própria confissão, que é um resultado eventual do interrogatório, mas não o interrogatório em si.* (Badaró, 2014, p. 311)

É possível, no caso em que o acusado estiver privado de liberdade, que seu interrogatório seja realizado em sala própria no estabelecimento em que estiver recolhido, desde que garantidas a segurança do órgão julgador, do membro do MP e dos auxiliares, assim como a presença de seu defensor e a publicidade do ato.

O interrogatório também poderá ser realizado para qualificação "que visa à obtenção de dados pessoais sobre o acusado, tais elementos poderão ser valorados, principalmente no caso de condenação, para a fixação da pena" (Badaró, 2014, p. 311). O interrogatório do acusado também poderá ser realizado por meio de sistema de videoconferência, conforme o que se encontra no parágrafo 2º do art. 185 do CPP, mediante decisão judicial devidamente fundamentada, de ofício ou a requerimento de qualquer das partes. Essa modalidade de interrogatório – assim como qualquer outra realizada por meio de outro recurso tecnológico de transmissão de sons e imagens em tempo real –, no entanto, é uma medida excepcional, que apenas se justifica quando for indispensável para atender às finalidades especificamente previstas, em razão do interesse público (coletivo).

De acordo com a lei processual penal, a supramencionada modalidade de interrogatório apenas poderá ser realizada para atender uma das seguintes finalidades: manutenção da segurança pública; assegurar participação efetiva do acusado; evitar constrangimento à testemunha ou à vítima; ou por questão de ordem pública. Isto é, o interrogatório realizado por meio de do sistema de videoconferência tem que, satisfatoriamente, demonstrar que existe risco à segurança pública, em razão de fundada suspeita de que o acusado, então privado de liberdade (recluso), integre organização criminosa, ou exista mínimo indício de que intenta fugir durante o deslocamento para a sua apresentação pessoal na sede do juízo.

O sistema de videoconferência também é recomendado nos casos em que a efetiva participação do acusado deva ser assegurada, viabilizando-se, assim, sua participação no ato do processo que é destinado ao seu interrogatório, como forma de suplantar relevante dificuldade para seu comparecimento em juízo, seja por enfermidade, seja em razão de qualquer outra circunstância pessoal que impeça sua presença. O sistema de videoconferência se afigura legal e legitimamente plausível para que se possa, de forma livre, colher o depoimento da testemunha ou da vítima sem que se tenha influência (positiva ou negativa) de parte do acusado, impedindo-se que influencie o ânimo daqueles depoentes – impondo-se, assim, a adoção das providências legais, previstas no art. 217 do CPP.

De acordo com a supramencionada figura legislativa (processual penal), quando o órgão julgador verificar que a presença do acusado possa causar humilhação, temor ou sério constrangimento à testemunha ou à vítima (ofendido), de modo que prejudique a verdade do depoimento, adotará as medidas legais necessárias para a inquirição destes por meio de sistema de videoconferência.

Contudo, na hipótese de não ser possível a inquirição da testemunha ou da vítima por sistema de videoconferência ou de qualquer outro recurso tecnológico de transmissão de sons e imagens em tempo real, o órgão julgador determinará a retirada do acusado da sala (local) em que se realiza o ato processual, dando, em seguida, prosseguimento à inquirição, com a presença do defensor, de tudo, consignando-se o termo e os motivos que determinaram a adoção de tais providências legais.

Para responder à gravíssima questão de ordem pública, por exemplo, em casos concretos com ampla repercussão social, é possível a realização do interrogatório – e mesmo a inquirição de testemunha e da vítima – por sistema de videoconferência ou recurso tecnológico semelhante, intimando-se as partes com 10 dias de antecedência, em quaisquer das hipóteses legais de interrogatório por videoconferência.

O acusado que se encontrar privado de liberdade antes do seu interrogatório por videoconferência também poderá acompanhar, por meio do sistema já citado, a realização de todos os atos processuais e procedimentais quando se tratar de audiência única de instrução e julgamento (arts. 400, 411 e 531, CPP).

No caso de interrogatório realizado pelo sistema de videoconferência, ao acusado privado de liberdade é assegurado o acesso a canais telefônicos que se destinam à comunicação entre o defensor que esteja no estabelecimento pertencente ao sistema prisional e o advogado presente na sala de audiência do fórum, bem como entre o advogado e o acusado, assegurando-se, assim, o seu direito de entrevista prévia e reservada com seu defensor.

Todas as supramencionadas cautelas também deverão ser adotadas no que couber à realização de outros atos processuais que dependam da participação de pessoa que esteja presa – por exemplo, para a realização de acareação, reconhecimento de pessoas e coisas, inquirição de testemunha e tomada de declarações da vítima –, assegurando-se, em todas essas hipóteses, o acompanhamento do ato processual pelo acusado e por seu defensor.

A sala reservada no estabelecimento pertencente ao sistema prisional para a realização de atos processuais por sistema de videoconferência deverá ser regulamente fiscalizada pelos corregedores da Justiça e pelo órgão julgador de cada causa, como também pelo MP e pela Ordem dos Advogados do Brasil (OAB).

Nas hipóteses em que não for possível a realização do interrogatório pelo sistema de videoconferência ou por outro recurso semelhante, a apresentação em juízo do acusado privado de liberdade deverá ser requisitada para esse fim.

O acusado tem o direito individual e fundamental ao silêncio, reconhecido constitucional – inciso LXIII do art. 5º da CF – e legalmente – art. 186 do CPP –, assegurando-lhe, assim, a faculdade processual de permanecer calado e, portanto, de não responder a qualquer uma das perguntas que lhe forem endereçadas.

É importante ressaltar que o silêncio do acusado jamais poderá ser considerado expressão ou sinônimo de confissão, sequer poderá ser interpretado em prejuízo da sua defesa em relação ao que criminalmente lhe foi imputado.

O interrogatório, de acordo com a atual processualística penal, deverá ser realizado levando-se em conta duas partes, quais sejam: uma que se concentra sobre a pessoa do acusado e a outra sobre os fatos e as circunstâncias em que se deram.

Na primeira parte, na qual se concentra o interrogatório sobre a pessoa do acusado, será possível lhe endereçar perguntas sobre a sua residência, meios de vida ou profissão, oportunidades sociais, lugar onde exerce sua atividade, vida pregressa, notadamente se já foi preso ou processado, sendo certo que, em caso afirmativo, qual teria sido o juízo de direito processante, bem como se houve suspensão condicional ou condenação criminal e, portanto, qual teria sido a sanção penal judicialmente determinada e seu respectivo cumprimento, além de, finalmente, indagações sobre outros dados familiares e sociais.

Por exemplo, o acusado será interrogado acerca da existência de filhos, respectivas idades e se apresentam alguma deficiência, bem como o nome e o contato do eventual responsável pelos cuidados deles; tais informações devem ser indicadas pela pessoa presa, nos termos do parágrafo 10 do art. 185 do CPP, acrescido pela Lei n. 13.257/2016.

Na segunda parte do interrogatório, o acusado será indagado sobre a veracidade da imputação penal, isto é, da atribuição da culpa (responsabilidade penal) que lhe é circunstancialmente realizada por meio da acusação.

Após a realização do interrogatório pelo órgão julgador, este indagará às partes se eventualmente restou alguma circunstância ou fato a ser esclarecido, quando, então, será possível a formulação de perguntas pertinentes e relevantes à cognição necessária para a resolução da causa. É certo que o órgão julgador, a qualquer momento – e, por obviedade, desde que seja antes da prolação da sentença penal –, poderá determinar e, assim, proceder a novo interrogatório do acusado, de ofício ou em atendimento a pedido formulado por qualquer das partes.

5.4 Confissão

A confissão é considerada um ato a ser realizado ao longo da persecução penal pelo acusado, de forma livre e consciente, acerca de sua atuação no crime, admitindo ou confirmando a autoria e a materialidade delitiva. Contudo, tem-se entendido que a confissão espontânea do acusado – ainda que extrajudicial – não deva ser o único meio de prova admitido para a atribuição de culpa e, consequentemente, sua responsabilização criminal.

Como se sabe, o valor da confissão deverá ser judicialmente aferido pelos critérios adotados para os demais elementos de prova, sendo certo que, para sua apreciação, o órgão julgador deverá confrontá-la com os outros meios de prova admitidos, que se encontram validamente consignados nos respectivos autos do processo, com o intuito de que se possa evidenciar a compatibilidade ou a concordância entre esses expedientes probatórios.

Por outro lado, não se pode admitir, legitimamente, que o silêncio do acusado possa ser interpretado como sua confissão – afastando-se, assim, definitivamente, o ditado popular do qual se presume que "quem cala, consente" –, em que pese a viabilidade de constituir elemento para a formação do convencimento do órgão julgador. Assim, a confissão poderá ser divisível – ou seja, a respeito de determinada matéria relacionada à imputação de culpa ao acusado – e retratável a qualquer momento, antes que se dê a prolação da sentença final, sem que haja prejuízo do livre convencimento do órgão julgador; este, por sua vez, deverá ser fundado no exame das provas em conjunto carreadas aos respectivos autos do processo.

A confissão do acusado poderá ser colhida durante a instrução criminal judicialmente levada a cabo, sendo certo que, quando for colhida fora da audiência judicial destinada ao seu interrogatório, deverá será tomada por termo nos respectivos autos do processo. Ademais, não se pode esquecer que a confissão do indiciado perante a autoridade policial, por si só, não se afigura legitimamente suficiente para fundamentar a sentença penal condenatória, principalmente quando não houver pertinência cognitiva com os demais meios de prova.

Por fim, tem-se entendido que a confissão "deverá ser valorada pelo juiz, com os demais meios de prova. O magistrado, com base em seu livre convencimento, deverá confrontar a confissão com os demais meios de prova, em especial sua compatibilidade e concordância com o conjunto probatório" (Badaró, 2014, p. 313). A disposição legal da confissão se encontra nos arts. 197 a 200 do CPP.

5.5 Depoimento

O depoimento do ofendido é um dos meios de prova admitidos e, portanto, sempre que possível, deve ser colhido pela autoridade, mediante a lavratura de termo – Termo de Declarações, Termo do Depoimento, Notícia de Fato, Termo Circunstanciado, Boletim de Ocorrência etc. –, quando, então, após a sua qualificação, que nada mais é que sua identificação, deverá ser indagado sobre as circunstâncias em que se deu o crime, quem seria ou presuma ser o autor da conduta considerada delituosa, as provas e os indícios que poderia indicar.

A vítima poderá ser conduzida à presença da autoridade quando tiver sido regular e validamente intimado para depor sobre o que sabe das circunstâncias e dos demais aspectos pertinentes ao fato delituoso e, assim mesmo, deixar injustificadamente de comparecer. A vítima deverá ser comunicada sobre os atos processuais relativos ao ingresso e à saída do acusado da prisão, sobre a designação de data para audiência e, inclusive, sobre o teor da sentença penal e dos respectivos acórdãos que mantenham ou modifiquem a decisão judicial sobre a qual pendia recurso (art. 201, CPP).

As comunicações à vítima deverão ser feitas no endereço por ele indicado, admitindo-se, por opção do próprio ofendido, que tais comunicações possam ser realizadas por qualquer outro meio eletrônico-computacional. A vítima poderá acompanhar a audiência de instrução e julgamento da causa desde seu início, reservando-lhe espaço adequado para ocupar durante toda a realização dos atos processuais.

Caso o órgão julgador entenda necessário, poderá encaminhar a vítima para atendimento por equipe multidisciplinar, especialmente nas áreas psicossocial, de assistência jurídica e de saúde, a expensas do ofensor (autor do fato) ou do Estado. O órgão julgador, de igual maneira, deverá tomar todas as providências necessárias à preservação da intimidade, da vida privada, da honra e da imagem da vítima, podendo, inclusive, determinar o segredo de justiça em relação a dados, depoimentos e outras informações constantes dos autos a seu respeito, para evitar sua exposição aos meios de comunicação.

Por isso mesmo, não se pode esquecer que "o processo é construído pelo olhar e pela vontade dos seus partícipes, incorporando-se nele toda a gama de pré-conceitos" (Bizzotto, 2011, p. 41).

5.6 Testemunhas

A lei não estabelece condição, requisito ou pressuposto normativo que possa identificar ou estabelecer qualidade especial para uma pessoa ser considerada como testemunha; logo, toda pessoa poderá ser testemunha, conforme dispõe o art. 202 do CPP.

A pessoa que, no entanto, for arrolada como testemunha, deverá prestar o compromisso de dizer a verdade do que souber e lhe for perguntado e, assim, relatar o que souber, explicando sempre as razões de sua ciência ou as circunstâncias pelas quais possa avaliar-se de sua credibilidade.

O depoimento deverá ser prestado oralmente em ato procedimental especificamente destinado para esse fim, não sendo permitido à testemunha que traga seu depoimento por escrito, em que pese a possibilidade legal de fazer breve consulta a apontamentos previamente realizados.

O órgão julgador poderá utilizar os meios de prova admitidos que estiverem a seu alcance para verificação da identidade da testemunha, sempre que houver dúvida fundada a respeito, podendo, desde logo, tomar-lhe o depoimento.

A testemunha não poderá eximir-se da obrigação de depor. Contudo, o ascendente ou descendente, o afim em linha reta, o cônjuge – ainda que judicialmente separado –, o irmão, o pai, a mãe ou o filho adotivo do acusado poderão recusar-se a depor, salvo quando não for possível, por outro modo, obter-se ou integrar-se a prova do fato e de suas circunstâncias.

Por outro lado, são proibidas de depor as pessoas que, em razão de função, ministério, ofício ou profissão – como advogado, padre, psicólogo, psicanalista etc. –, devam guardar segredo, salvo quando, desobrigadas pela parte interessada, quiserem dar seu testemunho. Não se deferirá o compromisso legal aos doentes e deficientes mentais e aos menores de 14 anos, nem ao ascendente ou descendente, ao afim em linha reta, ao cônjuge – ainda que judicialmente separado –, ao irmão, ao pai, à mãe ou ao filho adotivo do acusado; estes, porém, poderão ser ouvidos judicialmente na qualidade de informantes.

As testemunhas, então, comumente denominadas do juízo, são aquelas que podem ser ouvidas para além das que constarem no rol de testemunhas apresentado respectivamente por cada uma das partes, sempre que o órgão julgador entender que suas ouvidas sejam indispensáveis para a resolução do caso.

O órgão julgador, assim, poderá ouvir as pessoas a que as testemunhas se referirem, quando entender conveniente para o julgamento da causa; no entanto, não se poderá computar como testemunha a pessoa – ainda que indicada por testemunha – que nada souber que possa interessar à prolação da decisão judicial da causa.

As testemunhas deverão ser judicialmente inquiridas cada uma *per si*, de modo que umas não saibam nem ouçam os depoimentos das outras – deverão ser reservados espaços separados para a garantia da incomunicabilidade das testemunhas. Além disso, o órgão julgador deverá adverti-las das sanções penais legalmente cominadas para a prática do crime de falso testemunho – art. 342 do Código Penal (CP) – Lei n. 2.848, de 7 de dezembro de 1940 (Brasil, 1940).

Por *falso testemunho* entende-se a conduta descrita como delituosa por deixar o agente de falar a verdade ou mesmo quando mentir perante a autoridade judicial acerca do que lhe for perguntado, após ter tomado compromisso legal para servir como testemunha em processo destinado à apuração de responsabilidade criminal. Em razão disso, quando o órgão julgador, ao pronunciar a sentença final, reconhecer que alguma testemunha fez afirmação falsa, calou ou negou a verdade sobre as circunstâncias e demais aspectos do fato delituoso, deverá remeter cópia do respectivo depoimento à autoridade competente, com o intuito de que se instaure inquérito policial.

De igual maneira, quando o depoimento tiver sido prestado em plenário de julgamento, o órgão julgador – no caso de proferir decisão em audiência –, o tribunal ou o conselho de sentença, após a votação dos quesitos, também poderão determinar a apresentação imediata da testemunha à autoridade policial.

As perguntas deverão ser formuladas pelas partes diretamente à testemunha, não admitindo o órgão julgador as indagações que possam induzir a resposta ou que não tenham relação com a causa, tampouco as que importarem na repetição de outra pergunta já respondida. No entanto, a lei processual penal admite que, sobre os pontos não esclarecidos, o órgão julgador complemente a inquirição.

Não se afigura legal e sequer legítima a alteração unilateral e isolada, pelo órgão julgador, do que já fora consignado nas respostas acerca do suporte fático afirmado pela testemunha sob o crivo do devido processo legal, da ampla defesa e do contraditório substancial.

A imprescindibilidade ou não da produção de prova para o julgamento do caso legal concreto é juízo de valor reconhecido única e exclusivamente às partes – apesar da discutibilidade acerca do direcionamento dos meios de prova –, restando ao juízo de direito, caso entenda acerca da imprescindibilidade de produção da prova, que apenas a complemente, nos termos do art. 212 do CPP.

Por isso mesmo, o órgão julgador, direta ou indiretamente, não tem competência legal para constranger ou obrigar qualquer das partes a produzir prova que, por assim dizer, possa entender como imprescindível.

Se assim fosse, o órgão julgador substituir-se-ia às partes e, assim, determinaria a produção dos meios de prova admitidos que bem lhe aprouvesse; quando não, consequentemente, inverteria tumultuariamente o procedimento judicial, substituindo-se à parte na relação jurídica processual, em total desrespeito ao regime democrático e às atribuições legalmente destinadas a cada um dos órgãos públicos para a administração da justiça.

Dessa maneira, entende-se que, ao se arrolar as testemunhas para serem inquiridas em juízo, cada uma delas deverá ser ouvida sob o crivo do contraditório substancial, assegurando-se às partes a formulação de perguntas, assim como a desistência – sem oposição – de suas ouvidas, mediante o controle democrático do órgão julgador, que deferirá ou não as providências instrutórias, uma vez que as provas passam a ser do próprio juízo.

O órgão julgador deverá impedir juízos de valor ao longo do depoimento prestado pela testemunha, evitando, assim, que manifeste suas apreciações pessoais – salvo, é certo, quando forem inseparáveis da narrativa do fato. As testemunhas poderão ser contraditadas, antes do início de seus respectivos depoimentos, perante a autoridade judiciária, bem como poderão ser arguidas circunstâncias ou defeitos que a tornem suspeita de parcialidade ou indigna de fé.

Em virtude disso, o órgão julgador deverá consignar a contradita ou a arguição e a resposta da testemunha, mas só deverá excluir a testemunha ou não lhe deferir compromisso nos casos expressamente previstos nos arts. 207 e 208 do CPP. Nos termos do art. 207, essa exclusão se dá quando, em razão de função, ministério, ofício ou profissão, a pessoa é proibida de depor, uma vez que deve guardar segredo, ressalvando-se, porém, quando for desobrigada pela parte interessada e, assim, quiser dar seu testemunho.

Já o art. 208 dispõe que não será deferido o compromisso aos doentes e deficientes mentais e aos menores de 14 anos, tampouco ao ascendente ou descendente afim em linha reta, cônjuge – ainda que desquitado – irmão, pai, mãe ou filho adotivo do acusado, salvo quando não for possível, por outro modo, obter-se ou integrar-se a prova do fato e de suas circunstâncias.

O depoimento da testemunha será reduzido a termo, assinado por ela, pelo órgão julgador e pelas partes. A redação do depoimento deverá consignar, tanto quanto possível, as expressões usadas pelas testemunhas, reproduzindo fielmente as suas frases. Ademais, observa-se que, quando a testemunha não souber ou não puder assinar, é facultado que solicite a alguém que o faça por ela, depois que o respectivo termo de declaração tenha sido lido na presença de ambos.

O órgão julgador que presidir o ato processual destinado à ouvida da testemunha, quando verificar que a presença do acusado possa causar humilhação, temor ou sério constrangimento à testemunha ou à vítima, de modo que prejudique a verdade do depoimento, poderá fazer a inquirição da testemunha por videoconferência e, somente na impossibilidade dessa forma, é que poderá determinar a retirada do acusado da sala em que se realiza o ato, prosseguindo na inquirição, com a presença do defensor.

A legislação processual penal, no entanto, torna impositiva a consignação de todas as supramencionadas providências judiciais no termo de audiência, assim como os motivos que determinaram a adoção de tais medidas legais.

A testemunha que for regular e validamente intimada deverá comparecer na data e no local designado judicialmente para a colheita do seu depoimento; contudo, caso deixe de comparecer – e o faça de maneira injustificada –, o órgão julgador poderá requisitar à autoridade policial que adote as medidas legais necessárias para a apresentação da testemunha em juízo, ou, então, determinar que seja conduzida por oficial de justiça, o qual, por sua vez, poderá solicitar o auxílio da força pública.

Além disso, essa testemunha poderá receber multa prevista no parágrafo 2º do art. 436 do CPP, isto é, "multa no valor de 1 a 10 salários mínimos, a critério do órgão julgador, de acordo com a condição econômica" da testemunha (Brasil, 1941), sem prejuízo do processo penal por crime de desobediência, bem como condená-la ao pagamento das custas da diligência.

Há hipóteses previstas na legislação processual penal em que determinadas pessoas poderão prestar depoimento onde estiverem, sem precisar comparecer em juízo. É o caso de pessoas impossibilitadas, por enfermidade ou por velhice, de comparecer para depor, podendo ser inquiridas no local em que se encontrarem.

O presidente e o vice-presidente da república, os senadores e deputados federais, os ministros de estado, os governadores de estados e do Distrito Federal, os secretários de estado e do Distrito Federal, os prefeitos municipais, os deputados estaduais e distritais, os membros do Poder Judiciário e do MP, os ministros e juízes dos Tribunais de Contas da União (TCUs), dos Estados e do Distrito Federal, bem como os ministros do Tribunal Marítimo serão inquiridos em local, dia e hora previamente ajustados entre eles e o órgão julgador. São denominados, por essa razão, *pessoas egrégias*.

O presidente e o vice-presidente da república, os presidentes do Senado Federal, da Câmara dos Deputados e do STF poderão optar pela prestação de depoimento por escrito, caso em que as perguntas, formuladas pelas partes e deferidas pelo órgão julgador competente, deverão ser transmitidas por ofício.

Os militares deverão ser requisitados à autoridade hierarquicamente superior de suas respectivas instituições. Já em relação aos servidores públicos, impõe-se a expedição do mandado de intimação a ser imediatamente comunicada ao chefe da repartição em que servirem, com indicação do dia e da hora marcados para a prestação de depoimento. É possível a expedição de carta precatória, com prazo razoável e, mediante intimação das partes, para o fim específico de colheita do depoimento de testemunha que residir fora da jurisdição do órgão julgador, quando, então, deverá ser inquirida pelo juiz de direito do lugar de seu domicílio.

A eventual expedição judicial de carta precatória para ouvida de testemunha não tem o condão de suspender o trâmite regular da relação jurídica processual; portanto, a instrução criminal continuará a transcorrer de forma absolutamente normal. Por isso mesmo, findo o prazo judicialmente assinado para a colheita do depoimento da testemunha por carta precatória, o julgamento poderá ser realizado, sendo que, a todo tempo, a mencionada precatória, uma vez devolvida, poderá ser anexada aos autos do processo que se destina à responsabilização criminal.

Na hipótese de a testemunha residir fora da jurisdição do juízo de direito (da Vara Criminal), a sua ouvida poderá ser realizada por meio de videoconferência ou outro recurso tecnológico de transmissão de sons e imagens em tempo real, permitida a presença do defensor e, inclusive, concomitantemente, realizada com a audiência de instrução e julgamento. As cartas rogatórias só deverão ser judicialmente expedidas quando for demonstrada previamente a sua imprescindibilidade para a resolução do caso legal (concreto), arcando, a parte que requerer a diligência, com as despesas inerentes ao custeio do envio.

As testemunhas arroladas pelas partes têm o dever legal de imediatamente comunicar ao juízo de direito (da Vara Criminal) competente, dentro do prazo legal de 1 ano, qualquer mudança de endereço em que reside, sujeitando-se, pela simples omissão, às sanções legalmente previstas para os casos de não comparecimento reiterado e injustificado aos atos processuais em que devem estar presentes.

O depoimento testemunhal que seja considerado indispensável para a resolução do caso poderá ser judicialmente antecipado nas hipóteses legalmente previstas em que houver fundado receio de que, ao tempo da instrução criminal, já não seja mais possível a sua colheita, em razão de qualquer testemunha se ausentar, estar gravemente enferma ou por velhice.

Para o Superior Tribunal de Justiça (STJ), o mero passar do tempo não é razão para antecipar o depoimento, conforme sua Súmula n. 455. No entanto, se houver motivação suficiente para o caso, é possível esse adiantamento, conforme a seguinte decisão:

> *as peculiaridades do caso, notadamente o decurso de 8 (oito) anos da eventual prática do delito, e o fato de uma das testemunhas ser investigador de polícia, cujo ofício e rotina poderiam levar ao esquecimento dos fatos específicos do processo, justificaram a determinação da produção antecipada de provas, não havendo se falar em violação à Súmula n. 455/STJ.* (Brasil, 2015h)

5.7 Reconhecimento de pessoas e de coisas

O reconhecimento de pessoa, necessariamente, deverá observar os ditames legais definidos pelo CPP para esse fim – em especial os arts. 226 e seguintes –, sob pena de a diligência não poder ser considerada como regular e validamente realizada.

Dessa forma, no reconhecimento de pessoa, aquele que o tiver de fazer será convidado a descrever a pessoa que deva ser reconhecida; esta última deverá ser colocada, se possível, ao lado de outras que com ela tiverem qualquer semelhança, convidando-se quem tiver de fazer o reconhecimento a apontá-la. Caso haja receio em razão de efeito de intimidação ou outra influência, a autoridade providenciará que quem reconhece não seja visto pela pessoa que deva ser reconhecida; lavrando-se, em seguida, o ato de reconhecimento, de forma pormenorizada, em termo subscrito pela autoridade, pela pessoa chamada para proceder ao reconhecimento e por duas testemunhas presenciais.

Nos casos de reconhecimento de objeto, idênticas cautelas então estabelecidas legalmente para os casos de reconhecimento de pessoas, também deverão ser adotadas, por certo, no que for aplicável. Quando forem várias pessoas chamadas para realizar o reconhecimento de pessoa ou de objeto, deverão ser adotadas as providências necessárias para que cada uma possa fazer a prova em separado, evitando-se, assim, qualquer possibilidade de comunicação entre elas.

5.8 Acareação

O direito brasileiro não admite o uso do polígrafo no processo penal – comumente denominado *detector de mentiras* –; porém, há uma ferramenta chamada *acareação*, muito útil para evitar contradições em depoimentos judiciais, conforme o art. 229 do CPP.

A acareação serve para elucidação da prova realizada ao longo da instrução criminal. É admitida não só entre acusados, mas, também, entre acusado e testemunha, entre testemunhas, entre acusado ou testemunha e vítima e, finalmente, entre as vítimas, sempre que divergirem, em suas declarações, sobre fatos ou circunstâncias relevantes.

As pessoas a serem acareadas deverão ser questionadas novamente para que possam bem explicar e, assim, esclarecer os pontos de divergências, reduzindo-se a termo o ato de acareação e todas suas circunstâncias.

Caso alguma testemunha se ausente, e sendo as suas declarações divergentes das declarações de outra testemunha que esteja presente, a esta última deverá ser dado o conhecimento dos pontos da divergência, consignando-se, então, no auto da acareação, o que for explicado ou observado pela testemunha presente.

No caso de subsistir a discordância entre as testemunhas, impõe-se a expedição de carta precatória para a autoridade do lugar onde reside a testemunha ausente, transcrevendo-se as declarações desta e daquelas prestadas pela testemunha presente, nos pontos em que divergirem, bem como o texto do referido auto, a fim de que se complete a diligência, ouvindo-se a testemunha ausente, pela mesma forma estabelecida para a testemunha presente.

Nesta última hipótese legal, entende-se que a acareação apenas será levada a cabo quando não importar em demasiada demora ou que seja prejudicial ao regular trâmite processual e, assim, o órgão julgador entender conveniente para a resolução do caso concreto.

5.9 Documentos

A legislação processual penal permite às partes que, ao longo da relação jurídica processual, possam ser apresentados documentos que elas entendam ser pertinentes à resolução da causa, sendo certo que toda e qualquer documentação deverá atender aos critérios da legalidade e da veracidade, referente tanto à forma quanto ao conteúdo (teor) do que pretendam comprovar. O CPP estabelece, no seu art. 232, o que deve ser considerado normativamente como documento: "consideram-se documentos quaisquer escritos, instrumentos ou papéis, públicos ou particulares" (Brasil, 1941). Por extensão, equipara a fotografia do documento, devidamente autenticada, ao documento, uma vez que se deverá dar a ela o mesmo valor do documento original.

No entanto, não serão admitidas como meio de prova, em juízo, as cartas particulares interceptadas ou obtidas por meios criminosos, isto é, por meio de toda e qualquer ação, atividade ou atuação que não observe rigorosamente os ditames legais. A própria lei processual penal admite que as cartas particulares possam servir como meio de prova e, assim, serão exibidas pelo destinatário perante o juízo de direito competente, para a defesa de seu direito, ainda que não haja consentimento do signatário.

A partir da notícia da existência de documentos pertinentes a ponto relevante sobre a atribuição de culpa ou que possam servir à defesa do agente, o órgão julgador deverá providenciar, sempre que possível, a sua juntada aos autos do processo, independentemente de requerimento formulado por qualquer das partes nesse sentido. Na hipótese de contestação da autenticidade da letra e ou da assinatura constantes de documentos particulares, impor-se-á a realização de exame pericial, submetendo-se esses aspectos à análise técnica, para que possam ser admitidos como meios legítimos de prova. Todo e qualquer documento vertido em língua estrangeira, sem prejuízo de sua juntada imediata, deverá ser necessariamente traduzido por tradutor oficial, isto é, público ou particular nomeado para esse fim.

As denominadas *públicas-formas,* por assim dizer, são as certificações (certidões) exaradas pelos titulares e serventuários do ofício público, como os escrivães, os notariais, as juramentados, os cartorários, os tabelionatos, entre outros. Portanto, a cópia de qualquer documento que for devidamente autenticada pelo ofício público – inclusive em cartórios extrajudiciais – poderá legal e legitimamente servir como meio de prova admitido no processo que se destina à apuração da responsabilidade penal. Contudo, o que se pode depreender do art. 237 do CPP é que qualquer documento pode ser apresentado, em juízo, para servir de meio de prova, contudo, somente terão tal valor quando forem devidamente conferidos com o original, na presença da autoridade.

Toda e qualquer documentação original que foi juntada aos autos do processo, quando este findar, poderá ser entregue à parte que a produziu, quando não houver motivo relevante que possa justificar sua conservação naqueles autos. Para tanto, a parte deverá elaborar requerimento judicial para a entrega, acerca do qual será ouvido o MP e, uma vez entregue à parte, deverá ficar traslado nos autos.

5.10 Indícios

O art. 239 do CPP conceitua o que se deve legalmente considerar como *indício*, isto é, "a circunstância conhecida e provada, que, tendo relação com o fato, autorize, por indução, concluir-se a existência de outra ou outras circunstâncias" (Brasil, 1941).

Portanto, é possível haver uma investigação ou mesmo uma linha de argumentação de circunstâncias razoavelmente demonstradas para, assim, relacionar ao fato punível outras circunstâncias que, por assim dizer, são intuídas daquela primeira circunstância, vale dizer, que funciona como "indício".

5.11 Busca e apreensão

A diligência de busca e apreensão é uma das modalidades de medida cautelar que pode ser direcionada a apreender instrumentos, armas, munições, cartas, pessoas (vítimas), objetos e qualquer outro elemento de convicção, assim como para prender pessoa a quem se atribua a autoria de conduta considerada delituosa (pessoal), cuja finalidade instrumental é dirigida à investigação e à obtenção de elementos de provas que se destinam à responsabilização criminal. Sua previsão legal está nos arts. 240 e 250 do CPP.

A **diligência de busca e apreensão** poderá ser destinada à verificação domiciliar, quando houver fundadas razões que a autorizem, para prender criminosos; apreender coisas achadas ou obtidas por meios criminosos; apreender instrumentos de falsificação ou de contrafação e objetos falsificados ou contrafeitos; apreender armas e munições, instrumentos utilizados na prática de crime ou destinados a fim delituoso; descobrir objetos necessários à prova do crime ou à defesa do acusado; apreender cartas, abertas ou não, destinadas ao acusado ou em seu poder, quando haja suspeita de que o conhecimento do seu conteúdo possa ser útil à elucidação do fato; apreender pessoas vítimas de crimes; e colher qualquer elemento de convicção.

A execução de **busca e apreensão domiciliar** deverá ser precedida da expedição de mandado judicial, nos casos em que essa medida cautelar real não for realizada pessoalmente pela própria autoridade policial ou judiciária.

A execução de **busca e apreensão pessoal**, por sua vez, poderá ser realizada quando houver fundada suspeita de que alguém oculte consigo arma proibida; para apreender coisas achadas ou obtidas por meios criminosos; para apreender cartas, abertas ou não, destinadas ao acusado ou em seu poder, quando haja suspeita de que o conhecimento do seu conteúdo possa ser útil à elucidação do fato; e para colher qualquer outro elemento de convicção.

A regularidade e validade do mandado de busca e apreensão judicialmente expedido também dependerão da indicação expressa e específica acerca da indicação do local em que será realizada a diligência – quando for busca pessoal, o nome ou as características individuais que possam permitir a identificação da pessoa –, bem como a menção ao motivo e aos fins a que se destina a diligência. Além disso, deverá ser subscrita pelo escrivão e assinada pela autoridade judicial que o fizer expedir.

A execução de busca e apreensão poderá ser judicialmente determinada de ofício ou a requerimento de qualquer das partes. Nos casos em que houver ordem de prisão, deverá constar do próprio texto do mandado judicial de busca e apreensão a determinação de privação de liberdade devidamente individualizada. A supramencionada medida cautelar real não se destinará a apreensão de documento que se encontre em poder do defensor do acusado, ressalvando-se, contudo, a hipótese de tal documento constituir elemento do corpo de delito.

De seu turno, a busca pessoal não depende da expedição prévia de mandado judicial, no caso de prisão ou quando houver fundada suspeita de que a pessoa esteja na posse de arma proibida ou de objetos ou papéis que constituam corpo de delito, ou quando essa medida cautelar for determinada durante a realização de busca e apreensão domiciliar. A execução de busca e apreensão domiciliar deverá ser realizada durante o dia, exceto quando o morador consentir que seja realizada no período noturno e, mesmo assim, antes de adentrarem o local destinado à residência, os executores da medida cautelar deverão não só mostrar, mas também ler em alto e bom som o teor do mandado judicial ao morador, ou a quem o represente, intimando-o, em seguida, a abrir a porta.

Na hipótese de que a própria autoridade realize a busca, deverá previamente declarar a sua qualidade, o objeto e a finalidade (objetivo) da diligência. Em caso de desobediência, a porta poderá ser arrombada ou, então, forçada a entrada no interior do domicílio. Quando o morador for recalcitrante, isto é, resistir com obstinada teimosia à realização da diligência, será permitido o emprego moderado de força suficiente contra coisas no interior da residência, para o descobrimento do que se procura.

As mencionadas providências legais para o fiel cumprimento do mandado judicial de busca e apreensão também poderão ser adotadas quando os moradores estiverem ausentes; nesse caso, deverá ser intimado a assistir à diligência qualquer vizinho, se houver e estiver presente. Em sendo certa a pessoa ou a coisa que se vai procurar, por meio da diligência de busca e apreensão domiciliar, o morador da residência deverá ser intimado a indicar o local em que se encontra.

Nos casos em que a pessoa ou a coisa que se procura for encontrada, deverá ser imediatamente apreendida e posta sob custódia da autoridade ou de seus agentes que executaram a diligência. Considerada finda, deverá ser lavrado, pelos executores, um auto circunstanciado de todas as ocorrências relativas à diligência, a ser assinado não apenas pelos executores, mas também por duas testemunhas presenciais e, eventualmente, por um vizinho que tenha presenciado o ato.

Nos casos de busca e apreensão em compartimento habitado, em aposento ocupado de habitação coletiva ou em compartimento não aberto ao público onde alguém exercer profissão ou atividade, deverão ser adotadas idênticas cautelas e providências legais, com o intuito de especificar a diligência, mediante identificação pessoal e individualização da coisa procurada e a ser colocada sob custódia. Não sendo encontrada a pessoa ou a coisa procurada, a autoridade ou seus agentes que executaram a diligência têm o dever legal de expor os motivos da realização da diligência, os quais deverão ser esclarecidos mediante comunicação direta e pessoal a quem tiver sofrido a busca, quando assim o requerer.

A execução do mandado de busca e apreensão domiciliar a ser realizada em casa habitada deverá observar as cautelas indispensáveis, com o intuito de não molestar os moradores mais do que o indispensável para o êxito da diligência. A busca realizada em mulher deverá ser realizada direta e pessoalmente por outra mulher, segundo a lei, quando isso não importar em retardamento ou prejuízo da diligência; contudo, sempre observando o direito à intimidade e à privacidade, tanto quanto ao respeito à dignidade humana da pessoa em que recai a diligência.

No cumprimento do mandado judicial de busca e apreensão, entende-se que é legalmente admitido que a autoridade ou seus agentes adentrem território pertencente à jurisdição alheia, ainda que de outro estado, quando estiverem em seguimento de pessoa ou de coisa, sendo certo que oportunamente deverão se apresentar à competente autoridade local, antes da diligência ou após sua realização, conforme a urgência da medida legal a ser executada. O seguimento de pessoa ou de coisa, por sua vez, é normativamente conceituado pela própria lei processual penal (alíneas "a" e "b", §1º, art. 250, CPP). É importante esclarecer que a autoridade e seus agentes serão considerados em seguimento da pessoa ou coisa quando, tendo conhecimento direto de sua remoção ou transporte, a seguirem sem interrupção, ainda que possam perder de vista a pessoa ou a coisa.

De igual maneira, é normativamente considerado que a autoridade e seus agentes estarão em seguimento da pessoa ou coisa quando, apesar de ainda não a terem avistado, mas sabendo, por informações fidedignas ou circunstâncias indiciárias, que está sendo removida ou transportada em determinada direção, forem ao seu encalço. Contudo, caso as autoridades locais tenham fundadas razões para duvidar da legitimidade das pessoas que, nas referidas diligências, entraram em seus territórios, ou, então, acerca da legalidade dos mandados que apresentaram, poderão exigir as provas dessa legitimidade, mas de modo que não seja prejudicada ou frustrada a efetiva e integral realização da diligência.

Síntese

Neste capítulo, apresentamos os meios de prova admitidos em direito, acerca da sua utilização regular para fins de fundamentação da pretensão punitiva que se destina à responsabilização criminal.

O próprio acusado pode confessar, em interrogatório, o cometimento de um crime; testemunhas podem dar conta das circunstâncias em que se deu fato punível; perícias podem trazer à luz diversos detalhes técnicos que evidenciem como se deram a prática delitiva e suas consequências. Deve-se ressaltar que a confissão não é a rainha das provas, isto é, não é a melhor espécie de prova e sequer é suficiente por si só para fundamentar uma condenação. Via de regra, uma vez regularmente intimada, a testemunha tem a obrigação legal de comparecer em juízo para depor; no entanto, a lei processual penal prevê algumas exceções, por exemplo: quem deve guardar sigilo em razão do ofício (padres, médicos etc.) não pode depor, e os parentes próximos listados em lei não são obrigados a depor.

Questões para revisão

1) Sobre prova ilícita, é correto afirmar:
   a. não faz falta e o processo continua da mesma maneira.
   b. compromete todo o processo, que se torna nulo de pleno direito.
   c. compromete todas as derivadas dela e deve ser desentranhada do processo.
   d. não é uma irregularidade importante, deve ser relevada.
   e. deve dar sequência ao processo como se a irregularidade fosse irrelevante, para só após a sentença ser questionada.

2) O interrogatório deve ser considerado:
   a. meio de escasso valor probatório, se o acusado apenas bradar em sua defesa. Só vale a confissão, se feita, não o interrogatório, em si.
   b. válido apenas se o acusado confessar tudo e entregar seus cúmplices.
   c. uma oportunidade única para o acusado se defender.

- d. Não deve ser considerado em processos complexos.
- e. útil apenas para propiciar delação premiada.

3) Podemos considerar indício:
   a. uma prova qualquer forjada pela defesa.
   b. um meio que deve ser buscado em todas as diligências, como a de busca e apreensão.
   c. uma prova mais importante do que a confissão e a documental.
   d. um meio de prova irrelevante, já que não pode ser levado ao processo.
   e. a circunstância conhecida e provada que, tendo relação com o fato, autoriza, por indução, concluir-se a existência de outra ou outras circunstâncias.

Questão para reflexão

Em sua opinião, estamos vivendo uma época de relativização dos meios de prova reconhecidos pela lei? Pesquise e descubra se você tem visão mais garantista ou relativista nesse aspecto.

VI

Processo, procedimento e nulidades

Conteúdos do capítulo:

» Processo e procedimento penal.
» Conflito de jurisdição.
» Restituição de coisas.
» Sequestro de bens.
» Incidentes processuais.
» Processo comum.
» Instrução criminal.
» Tribunal do Júri.
» Nulidades processuais.

Neste capítulo, trataremos tanto de ritos do processo penal quanto de incidentes processuais. Iremos diferenciar esses conceitos; porém, é necessária uma primeira distinção para esclarecermos por que estão tratados em conjunto no capítulo.

O **processo penal** é o instrumento pelo qual a jurisdição se manifesta. Tem o objetivo de finalizar uma questão, provendo uma solução para a controvérsia inicial entre acusado e ofendido, concretizando o direito e promovendo a pacificação social. Então, é uma manifestação de jurisdição configurada pelos atos e decisões proferidos pelos órgãos responsáveis. É dentro do processo que estão estabelecidos os ritos processuais, chamados, em conjunto, de *processo penal*.

O **procedimento**, por sua vez, é uma sequência de atos encadeados no curso do processo; uma técnica que organiza a sucessão lógica do processo. O procedimento varia conforme manifesto no Código de Processo Penal (CPP) – Decreto-Lei n. 3.689, de 3 de outubro de 1941 (Brasil, 1941) –, que prevê, basicamente, dois tipos: o procedimento comum e o procedimento especial.

Como conceitua Gonçalves (1992, p. 96):

> *O processo é o procedimento que se desenvolve em contraditório entre os interessados, na fase de preparação do ato final e entre o ato inicial do procedimento de execução até o ato final, aquele provimento pelo qual ela é julgada extinta, está presente o contraditório, como possibilidade de participação simetricamente igual dos destinatários do ato de caráter imperativo que esgota o procedimento.*

O **procedimento comum** é aplicado sempre que não esteja previsto em lei (CPP ou lei extravagante) nenhum procedimento especial. Há três ritos previstos para os processos comuns: o ordinário, o sumário e o sumaríssimo. Esses ritos diferem entre si pelo ritmo com que se dão os atos do processo, a pena em abstrato dos crimes e sua gravidade.

Já o **procedimento especial** é previsto para hipóteses legais específicas, determinando tramitações processuais específicas que levam em conta a natureza ou a gravidade dos atos cometidos. São regidos por procedimento especial os crimes dolosos contra a vida (procedimento do júri); crimes contra a honra; crimes praticados pelo funcionalismo público; crimes falimentares e crimes contra a propriedade imaterial.

Entretanto, é certo que independentemente da procedimentalidade penal adotada, a legislação processual penal determina que os processos que apurem a prática de crime hediondo devem ter prioridade de tramitação em todas as instâncias judiciais, conforme dispõe o art. 394-A, incluído pela Lei n. 13.285/2016.

Após tratar dessas questões, abordaremos também os chamados *incidentes processuais*, que são estipulados pelo CPP na sequência das questões relativas à ação penal e à competência penal.

6.1 Noções gerais: questões prejudiciais e processos incidentes

As questões denominadas *prejudiciais* podem ser identificadas como as controvérsias surgidas ao longo da instrução criminal que demandam acertamento judicial antes do momento processual destinado à solução final da causa que decide o mérito. Em razão disso, alguns procedimentos denominados *incidentais* – em relação ao processo principal – poderão ser regular e validamente instaurados, em apartado, para que assim possam ser judicialmente resolvidas essas controvérsias, as quais são denominadas *questões prejudiciais ao conhecimento e ao julgamento da causa*. Por exemplo, testemunhas poderão ser inquiridas – assim como poderão ser realizadas outras provas consideradas urgentes –, ainda que o curso do processo esteja suspenso, em razão de existir séria e fundada controvérsia sobre o estado civil das pessoas de que dependa a decisão judicial acerca da existência do crime.

O trâmite regular do processo penal também poderá ser suspenso após a inquirição de testemunhas e a realização de outras provas urgentes, quando o reconhecimento da existência do crime depender de decisão sobre qualquer outra questão que não seja sobre o estado civil das pessoas e cuja competência jurisdicional seja do juízo de direito cível. Caso tenha sido proposta ação para resolver questão pertinente à competência do juízo cível, o trâmite do processo penal também poderá ser suspenso, desde que essa questão seja de difícil resolução e não verse sobre direito cuja prova a lei civil limite. A suspensão judicial do curso do processo penal poderá ser adotada de ofício ou a requerimento da parte. O órgão julgador poderá estabelecer prazo legal para a suspensão do trâmite do processo, o qual poderá ser razoavelmente prorrogado, quando a demora não for imputável à parte. Uma vez expirado o prazo judicialmente marcado para suspensão, sem que no juízo de direito cível tenha sido proferida decisão, o órgão julgador com competência jurisdicional criminal determinará o prosseguimento do processo, em seus ulteriores termos, retomando, assim, a sua competência para resolver, de fato e de direito, toda a matéria deduzida pela acusação ou pela defesa.

6.2 Exceções

As exceções, em matéria processual penal, poderão ser opostas por meio das seguintes modalidades: suspeição, incompetência de juízo, litispendência, ilegitimidade de parte e coisa julgada. A arguição de **suspeição** precederá qualquer outra exceção admitida em matéria processual penal, ressalvando-se, porém, a hipótese em que for fundada em motivo superveniente à instauração regular e válida da relação jurídica processual. Na hipótese em que a suspeição for espontaneamente admitida pelo órgão julgador, esta deverá ser consignada por escrito nos autos do processo penal, declarando-se o motivo legal; além disso, o órgão julgador deverá imediatamente remeter o feito ao seu substituto, determinando a intimação das partes acerca desse incidente procedimental.

Diversamente, nos casos em que qualquer das partes suscitar a suspeição e, assim, pretender recusar o órgão julgador, deverá fazê-lo por meio de petição assinada por ela própria ou por procurador com poderes especiais para tal finalidade, aduzindo as razões de sua pretensão; além disso, de igual maneira, deverá instruir o pedido com prova documental ou então apresentar o rol de testemunhas.

Reconhecida a suspeição, o órgão julgador deverá suspender a marcha do processo e determinar a juntada aos autos da petição da parte que requereu a recusa, assim como dos documentos que a instruam; e por despacho devidamente fundamentado, deverá se declarar suspeito, ordenando, por conseguinte, a remessa dos respectivos autos do processo para o juiz de direito substituto.

Se o órgão julgador não admitir a suspeição suscitada por qualquer das partes, deverá determinar a sua autuação em autos apartados, dando sua resposta no prazo legal de 3 dias; inclusive, poderá juntar documentação que entender pertinente, assim como apresentar rol de testemunhas e, em 24 horas, remeter os autos da exceção à instância judicial a quem competir o julgamento. Em caso de ser julgada procedente a suspeição, os atos do processo principal deverão ser declarados nulos e, assim, o órgão julgador a quem se suscitou suspeição deverá arcar com o pagamento do valor das custas, no caso de erro inescusável (vencível); diversamente, caso seja rejeitada a suspeição e evidenciada a má-fé (malícia) da parte (excipiente) que a arguiu, a esta poderá ser imposta multa.

O processo principal poderá ter seu trâmite suspenso quando a parte contrária reconhecer a procedência da arguição de suspeição, conforme requerimento nesse sentido, até que se julgue o incidente da suspeição.

No Supremo Tribunal Federal (STF) e nos demais tribunais, o órgão julgador que se julgar suspeito deverá declará-lo nos autos e, quando for revisor, deverá passar o feito ao seu substituto na ordem da precedência; quando for relator, deverá apresentar os autos em mesa para nova distribuição; e quando o órgão julgador não for o relator nem o revisor, deverá verbalmente se dar por suspeito, na sessão de julgamento, registrando na ata a sua declaração.

No caso de suspeição de órgão de execução ministerial aduzida pela defesa do acusado, caberá ao juiz de direito, depois de ouvir o Ministério Público (MP) e de admitir a produção de provas, no prazo legal de 3 dias, proferir decisão sobre a arguição da exceção – sem direito a recurso, conforme disposição expressa nesse sentido. Em relação aos peritos, intérpretes e serventuários da justiça também poderão ser arguidos acerca das respectivas suspeições, decidindo o órgão julgador, de plano e sem recurso, à vista da matéria alegada e da prova imediatamente colacionada aos autos do processo.

A arguição de suspeição de qualquer dos jurados que integrarão o Conselho de Sentença deverá ser feita oralmente. O juiz de direito que presidir a sessão de julgamento no Tribunal do Júri deverá decidir de plano, devendo rejeitá-la se, negada pelo jurado recusado, não for imediatamente comprovada pelos meios de prova admitidos. Tudo deverá constar na ata da sessão.

De acordo com previsão expressa do CPP (art. 107), não se admite a oposição de suspeição às autoridades policiais nos atos procedimentais pertinentes à formação do inquérito, mas esses agentes públicos têm o dever legal de se declarar suspeitos quando ocorrer qualquer um dos motivos legalmente previstos.

Em relação à exceção de **incompetência jurisdicional** de determinado juízo de direito, é legalmente admissível a sua oposição, por escrito ou verbalmente, no prazo legal estabelecido para o exercício do direito de defesa. O MP deverá ser ouvido sobre a exceção de incompetência, sendo certo que, caso seja aceita a declinatória, o feito deverá ser remetido ao juízo de direito competente, no qual será admitida a ratificação dos atos processuais anteriormente praticados e, assim, o processo seguirá nos seus ulteriores termos.

No entanto, caso seja recusada a exceção de incompetência, o órgão julgador continuará no feito, adotando, assim, as medidas e providências legais para a tramitação regular e válida da pretensão deduzida, determinando, inclusive, que se faça tomar por termo a declinatória, quando for verbalmente formulada. A incompetência jurisdicional pode ser declarada em qualquer fase do processo penal, sempre que o órgão julgador reconhecer um motivo suficiente para determiná-lo a declinar de suas atribuições legais para o conhecimento ou o julgamento da causa, consignando, nos autos, independentemente de existir ou não alegação da parte a respeito.

Nas exceções, em matéria processual penal, apresentadas acerca de **litispendência, ilegitimidade de parte** e **coisa julgada**, deverá ser observado, no que lhes for aplicável, o disposto sobre a processabilidade da exceção de incompetência do juízo. Quando a parte houver de opor mais de uma das supramencionadas exceções, por certo, deverá fazê-lo por meio de uma única peça processual: uma petição.

A exceção referente à coisa julgada somente poderá ser oposta em relação ao fato principal que tiver sido objeto da decisão judicial. As exceções, em matéria processual penal, então admitidas deverão ser processadas em autos apartados e, em regra, não deverão determinar a suspenção do trâmite normal da ação penal.

6.3 Incompatibilidades e impedimentos

As incompatibilidades e os impedimentos previstos no CPP em relação às pessoas que agem e interagem ao longo da tramitação de uma relação jurídica processual têm por objetividade impedir eventuais influências positivas (favorecimentos) ou negativas (prejuízos) na formação da culpa ou em qualquer outro procedimento especial.

O órgão julgador (magistrado), o órgão de execução ministerial, os serventuários do Poder Judiciário, os peritos oficiais e os intérpretes deverão se abster de atuar nos feitos quando houver incompatibilidade ou impedimento legal, impondo-se, então – quando for voluntária a abstenção que seja consignada por declaração, nos respectivos autos –, a impossibilidade de servir à administração da justiça. Do contrário, nos casos em que não se der espontaneamente a abstenção, a incompatibilidade ou o impedimento legal poderão ser arguidos pelas partes, adotando-se, para tanto, o rito processual estabelecido legalmente para o conhecimento, instrução e julgamento da exceção de suspeição.

6.4 Restituição de coisas

A restituição de coisas apreendidas tanto no curso das investigações policiais quanto ao longo da instrução criminal também constitui-se numa controvérsia a ser dirimida por meio da instauração de uma outra relação jurídica processual incidental. As coisas que forem apreendidas em razão de investigação policial ou mesmo por determinação judicial não poderão ser restituídas enquanto interessarem à instrução da causa e, por assim dizer, ao seu regular e válido processamento, antes de transitar em julgado a sentença final.

As coisas apreendidas que interessarem à investigação, à instrução e à resolução judicial do caso, antes de transitar em julgado a sentença final, não poderão ser restituídas (art. 118, CPP). Nesse sentido, o Superior Tribunal de Justiça (STJ) tem entendido que "Esse interesse se dá tanto se o bem apreendido, de algum modo, servir para a elucidação do crime ou de sua autoria, como para assegurar eventual reparação do dano, em caso de condenação, ou quando foi obtido em razão da prática de crime" (Brasil, 2012c).

De acordo com o CPP, as coisas a que se refere o art. 91 do Código Penal (CP) – Decreto-Lei n. 2.848, de 7 de dezembro de 1940 (Brasil, 1940), na verdade, não deverão ser restituídas, mesmo depois de transitar em julgado a sentença penal, ressalvando-se, no entanto, o interesse de terceiro que demonstre seu direito de propriedade, como a vítima (lesado) ou o terceiro de boa-fé.

Portanto, segundo o art. 91, inciso II do CP, não cabe a restituição "a) dos instrumentos do crime, desde que consistam em coisas cujo fabrico, alienação, uso, porte ou detenção constitua fato ilícito"; tampouco "b) do produto do crime ou de qualquer bem ou valor que constitua proveito auferido pelo agente com a prática do fato criminoso" (Brasil, 1940).

De igual maneira, ainda de acordo com o art. 91 do CP, não serão restituídos os "bens ou valores equivalentes ao produto ou proveito do crime quando estes não forem encontrados ou quando se localizarem no exterior" (Brasil, 1940).

Nos termos da Lei n. 9.613, de 3 de março de 1998 (Brasil, 1998), chamada *Lei de "Lavagem" ou Ocultação de Bens, Direitos e Valores* – em especial, o que se encontra nos arts. 4º, 7º, e 8º –, entende-se que não deverão ser restituídos todos os bens, direitos e valores que tenham relação direta ou indireta com a prática dos crimes especiais previstos na supramencionada figura legislativa, inclusive aqueles que foram utilizados para prestar fiança (art. 7º); ressalvando-se, sempre, o direito do lesado ou de terceiro de boa-fé.

O órgão julgador, de ofício, a requerimento do MP ou mediante representação da autoridade policial, poderá judicialmente decretar medidas assecuratórias de bens, direitos ou valores do investigado ou acusado e dos existentes em nome de interpostas pessoas, que sejam instrumento, produto ou proveito dos crimes de lavagem de capitais ou mesmo de outras infrações penais que tenham sido anteriormente praticadas (art. 4º da Lei n. 9.613/1998).

Idênticas medidas assecuratórias poderão ser judicialmente adotadas sobre bens, direitos ou valores oriundos da prática de quaisquer dos crimes previstos no art. 1º da Lei n. 9.613/1998, ainda que fora do país, na hipótese de existência de tratado ou convenção internacional e por solicitação de autoridade estrangeira competente (art. 8º da Lei n. 9.613/1998).

Logo, os bens, direitos e valores do investigado ou acusado e daqueles existentes em nome de interpostas pessoas certamente não poderão ser objeto do pedido de restituição de coisas; ressalvando-se, porém, o direito da vítima (lesado) ou de terceiro de boa-fé.

Nesse sentido, o STJ já entendeu que,

> *Havendo indícios suficientes de que o veículo apreendido é produto de atividade criminosa, tendo, posteriormente, o seu proprietário sido denunciado pelo crime de lavagem de dinheiro, mostra-se inviável a sua restituição, ainda que mediante termo de fiel depositário, porquanto revela-se de todo incongruente devolver o produto do crime ao suposto criminoso.* (Brasil, 2012c)

De maneira similar, existe previsão expressa na "Lei de Drogas" – Lei n. 11.343, de 23 de agosto de 2006 (Brasil, 2006) – que condiciona, no parágrafo 3º do art. 60, o conhecimento do pedido de restituição de coisas apreendidas ao comparecimento do acusado, além de autorizar a adoção judicial de medidas assecuratórias e atos que se fizerem necessários para a conservação de bens, direitos ou valores.

A autoridade policial também poderá ordenar a restituição de coisas apreendidas, quando cabível, mediante certificação nos respectivos autos de inquérito policial, desde que não exista dúvida quanto ao direito da pessoa que reclama seus bens, direitos ou valores.

Em caso de dúvida sobre o direito do reclamante, impõe-se a judicialização do pedido de restituição das coisas apreendidas, formando-se, assim, o incidente a ser decidido somente pelo órgão julgador, que determinará a autuação do feito em apartado, mediante a concessão do prazo legal de 5 dias para que a parte interessada possa fazer a comprovação o seu pedido a partir dos meios de prova admitidos.

O incidente de restituição de coisas apreendidas deverá ser autuado em apartado, submetendo-se o pedido à decisão judicial, haja vista que só a autoridade judicial passará ter a atribuição legal para tanto. Quando as coisas forem apreendidas em poder de terceiro de boa-fé, este deverá ser intimado para alegar e provar o seu direito, em prazo legal igual e sucessivo ao do reclamante, assegurando-lhes 2 dias para arrazoar.

Em relação ao pedido de restituição de coisas, deverá ser estabelecida, obrigatoriamente, oportunidade processual para que o MP se pronuncie sobre a pretensão judicialmente deduzida, sob pena de nulidade. Em caso de dúvida razoável e fundada sobre quem seja o legítimo proprietário das coisas apreendidas, o órgão julgador deverá remeter os interessados para o juízo de direito cível competente, ordenando o depósito das coisas em mãos de depositário ou do próprio terceiro que as detinha, quando se tratar de pessoa idônea.

As coisas apreendidas que, por sua natureza, são facilmente deterioráveis, deverão ser avaliadas e, assim, levadas a leilão público, depositando-se o dinheiro apurado em conta bancária vinculada ao juízo de direito; ou, então, deverão ser entregues ao terceiro que as detinha, quando este for considerado pessoa idônea, mediante compromisso legal e assinatura de termo de responsabilidade. Em relação às coisas apreendidas que foram adquiridas com os proventos da infração e as demais cujo perdimento tenha sido judicialmente decretado, após o trânsito em julgado da sentença penal condenatória, "o juiz, de ofício ou a requerimento do interessado ou do Ministério Público, determinará a avaliação e a venda dos bens em leilão público cujo procedimento tenha sido decretado" (Brasil, 1941), conforme a atual redação do art. 133 do CPP, determinada pela Lei n. 13.964/2019 (Lei Anticrime).

Assim, o dinheiro apurado, agora, deve ser recolhido aos cofres públicos no montante que não couber à vítima lesada ou a terceiro de boa-fé; caso contrário, o valor apurado é recolhido ao Fundo Penitenciário Nacional, exceto se houver previsão diversa em lei especial, conforme dispõem, respectivamente, os parágrafos 1º e 2º do art. 133 do CPP.

Para o mais, as coisas apreendidas que não forem restituídas devem ser alienadas, conforme dispõe o art. 122 do CPP; e as coisas apreendidas serão vendidas em leilão público e, como já se disse, o dinheiro apurado que não couber à vítima ou a terceiro será recolhido aos cofres públicos e ao Fundo Penitenciário Nacional, nos termos dos parágrafos 1º e 2º do art. 133 do CPP.

Os objetos apreendidos que não tiverem sido reclamados ou não pertencerem ao acusado deverão ser vendidos em leilão, depositando-se o saldo à disposição judicial, desde que não tenham sido reclamados dentro do prazo legal de 90 dias, a contar da data em que transitar em julgado a sentença penal final condenatória ou absolutória. Para o mais, observe-se que, em relação aos instrumentos utilizados na prática delitiva – cuja perda em favor da União for judicial decretada – e as coisas legalmente confiscadas, deverão ser inutilizados ou recolhidos a museu criminal, quando houver interesse em sua conservação.

No mais, constata-se que a Lei n. 13.964/2019 (Lei Anticrime) acrescentou o art. 124-A ao CPP, passando, assim, a regulamentar a destinação de bens com relevante valor cultural ou artístico, que, entretanto, tenham sido objeto de decretação judicial de perdimento, hipótese em que deverão ser destinados a museus públicos, desde que não exista vítima determinada.

A Lei n. 13.964/2019 (Lei Anticrime) acrescentou o art. 133-A ao CPP, o qual regulamenta a utilização de bem sequestrado, apreendido ou sujeito a medida assecuratória pelos órgãos de segurança pública (art. 144 da CF), do sistema prisional, do sistema socioeducativo – Lei n. 12.594/2012 (Lei do Sinase) –, da força nacional de segurança pública e do instituto geral de perícias, desde que se destine exclusivamente para o desempenho de suas atividades fins (Ramidoff, 2012b).

A utilização de bem sequestrado, apreendido ou sujeito a medida assecuratória, contudo, dependerá de autorização judicial, na qual deverá restar consignado premente interesse público, que, por assim dizer, autorize e justifique adequadamente a adoção dessa providência legal.

Ademais, a nova figura legislativa processual penal estabeleceu critério objetivo para a destinação dos supramencionados bens, assegurando, assim, a prioridade na utilização daquele órgão de segurança pública que participou ativa e diretamente das ações de investigação ou de repressão da infração penal, por meio da qual ocorreu a constrição de bem.

Observamos que será possível a utilização de bens sequestrados, apreendidos ou sujeitos a medida assecuratória pelos demais órgãos públicos, desde que reste devidamente evidenciado o interesse público para tal desiderato e, igualmente, que seja determinado por decisão judicial adequadamente fundamentada que a autorize.

Em se tratando dos supramencionados bens, de veículo automotor, de embarcação ou de aeronave, o órgão julgador competente determinará à autoridade de trânsito ou ao órgão de registro e controle a expedição de certificado provisório de registro e licenciamento em favor do órgão público que utilizará esses bens.

O órgão público que for beneficiado com a utilização de veículo automotor, embarcação ou aeronave apenas terá isenção do pagamento de multas, encargos e tributos que forem anteriores à disponibilização do bem para sua utilização, cujos respectivos montantes deverão ser cobrados de seu responsável legal.

A propriedade de cada um dos bens sequestrados, apreendidos ou sujeitos a medida assecuratória será definitivamente transferida, por ordem judicial, ao órgão público beneficiário ao qual foi custodiado o bem para a utilização exclusiva no desempenho de suas atribuições legais. Contudo, para adoção dessa medida, impõe-se a consagração do trânsito em julgado da sentença penal condenatória em que foi decretada o perdimento dos bens, desde que ressalvado o direito da vítima que foi indevidamente lesada pela ação criminosa ou do terceiro de boa-fé.

6.5 Sequestro de bens imóveis

Os bens imóveis que tenham sido adquiridos pelo indiciado com as vantagens patrimoniais ilegalmente provindas do crime poderão ser objeto de sequestro judicial, mesmo que já tenham sido transferidos a terceiro – independentemente de este último estar ou não de boa-fé.

Contudo, observa-se que o método especial destinado à procedimentalização do sequestro desses bens imóveis deverá ser autuado em apartado àquele destinado à apuração da responsabilidade penal (ação penal principal), admitindo-se, então, a propositura não só de eventuais embargos por terceiro – sob o fundamento de que foram adquiridos de boa-fé –, mas também pelo acusado, sob o fundamento de não terem sido adquiridos os bens imóveis com os proventos decorrentes da prática delitiva.

No caso de o acusado interpor embargos, sob o fundamento de que os bens imóveis são provenientes de fontes legais, não poderá ser pronunciada decisão judicial nesses embargos antes de passar em julgado a sentença condenatória. Para a decretação judicial do sequestro de bens imóveis que estejam na já mencionada situação jurídico-legal, é certo que bastará a existência de indícios veementes que demonstrem a proveniência ilícita desses bens.

A decretação judicial do sequestro de bens imóveis que foram ilegalmente adquiridos poderá ser determinada em qualquer fase do processo, inclusive antes de oferecida a denúncia ou a queixa, diretamente pelo órgão julgador, isto é, de ofício, ou a requerimento do MP ou da vítima, bem como mediante representação da autoridade policial.

Nesses casos, o sequestro de bens imóveis que for judicialmente ordenado deverá ser inscrito no Registro de Imóveis. Aquele que for determinado judicialmente poderá ser levantado quando a ação penal não for intentada no prazo legal de 60 dias, contado da data em que ficar concluída a diligência, ou quando o terceiro a quem tiverem sido transferidos esses bens imóveis prestar caução que assegure a aplicação da lei penal – especificamente no caso de condenação criminal.

São efeitos da condenação, nos termos do art. 91 do CP, a perda, em favor da União, de qualquer bem ou valor que constitua proveito auferido pelo agente com a prática do fato criminoso, ressalvando-se, porém, o direito do lesado ou de terceiro de boa-fé. De igual maneira, na sentença penal condenatória, poderá ser judicialmente decretada a perda de bens ou valores equivalentes ao produto ou proveito do crime quando estes não forem encontrados ou quando se localizarem fora do território nacional. Nessa hipótese legal, as medidas assecuratórias previstas na legislação processual – como o sequestro de bens imóveis – poderão abranger bens ou valores equivalentes do investigado ou acusado para posterior decretação de perda.

Por fim, o sequestro de bens imóveis que for determinado judicialmente também poderá ser levantado quando for julgada extinta a punibilidade ou absolvido o acusado, por sentença transitada em julgado. A lei processual penal também admite o sequestro de bens móveis, bastando, para tanto, a existência de indícios veementes da proveniência ilícita desses bens, quando não for cabível a medida de busca e apreensão.

Os bens que forem objeto de sequestro deverão ser avaliados e vendidos em leilão público, após transitar em julgado a sentença penal condenatória, cuja determinação judicial poderá ser feita de ofício ou a requerimento do interessado. O valor apurado (dinheiro) deverá ser recolhido ao Tesouro Nacional, ressalvando-se o que couber à vítima ou a terceiro de boa-fé.

É admissível também a hipoteca legal sobre os imóveis do indiciado, a qual poderá ser requerida pela vítima em qualquer fase do processo, desde que haja certeza da existência de crime e indícios suficientes de sua autoria, inclusive mediante especialização, quando a parte estimará o valor da responsabilidade civil e designará o imóvel que deverá permanecer especialmente hipotecado.

O arresto do imóvel poderá ser judicialmente decretado desde o início; contudo, poderá ser revogado se, no prazo de 15 dias, não for promovido o processo de inscrição de sua respectiva hipoteca legal. De igual maneira, se o responsável não possuir bens imóveis – ou os possuir, mas com valor insuficiente –, poderão ser arrestados bens móveis suscetíveis de penhora, nos termos em que é facultada a hipoteca legal dos imóveis. Em todos esses casos, o processo de especialização da hipoteca e destinado ao arresto de bens deverá correr em autos apartados e, assim, desenvolvidos em procedimentos distintos daquele estabelecido para o conhecimento, a instrução e o julgamento da causa.

O depósito e a administração dos bens arrestados deverão ficar sujeitos ao regime do processo civil, cuja finalidade é garantir não só o ressarcimento do dano, mas também as despesas processuais e as penas pecuniárias, tendo preferência sobre estas a reparação do dano à vítima. No entanto, o arresto deverá ser levantado – ou cancelada a hipoteca que recair sobre os bens – quando, por sentença irrecorrível, o acusado for absolvido ou, então, quando for julgada extinta a punibilidade.

O juiz de direito poderá determinar a alienação antecipada para preservação do valor dos bens sempre que estiverem sujeitos a qualquer grau de deterioração ou depreciação, ou quando houver dificuldade para sua manutenção.

6.6 Incidente de falsidade

O incidente de falsidade poderá ser instaurado mediante arguição, por escrito, acerca da veracidade ou da falsidade do documento constante dos autos. Nesse caso, o órgão julgador deverá adotar as providências legais necessárias para o regular trâmite da respectiva relação jurídica processual. A arguição de falsidade realizada por procurador exigirá poderes especiais. De seu turno, o órgão julgador também poderá, de ofício, proceder à verificação da falsidade documental sempre que estiver diante de indícios suficientes para esse fim. Dessa maneira, o órgão julgador deverá determinar a autuação do incidente de falsidade, em apartado, por meio do qual a documentação acostada foi impugnada e, em seguida, facultará oportunidade processual para que a parte contrária, no prazo legal de 48 horas, possa, caso queira, oferecer resposta. Por conseguinte, o órgão julgador deverá assinar o prazo legal de 3 dias, sucessivamente, a cada uma das partes, para que, mediante os meios de prova admitidos, possam comprovar as alegações que deduziram acerca da suscitada falsidade documental. Quando conclusos os autos, o órgão julgador ainda poderá ordenar outras diligências que entender indispensáveis para a resolução do incidente.

Uma vez reconhecida a falsidade documental por decisão judicial irrecorrível, o órgão julgador mandará desentranhar o documento impugnado dos autos principais e, então, determinará a sua remessa, bem como dos autos do processo incidente, ao MP, com o intuito de que adote as medidas legais pertinentes à apuração de eventual prática delitiva, pois, como está expressamente previsto no art. 148 do CPP, "qualquer que seja a decisão, não fará coisa julgada em prejuízo de ulterior processo penal ou civil" (Brasil, 1941).

Em relação à decisão sobre o incidente de falsidade, caberá recurso em sentido estrito, conforme expressamente previsto no inciso XVIII do art. 581 do CPP; do contrário, na "ausência de impugnação, por meio de recurso próprio cabível, da decisão que rejeitou liminarmente o incidente de falsidade arguido pela defesa acarreta o reconhecimento da preclusão", até porque, a

> *falta de prova pré-constituída do direito alegado e dos documentos que ensejaram a rejeição pelo Tribunal "a quo" da tese da nulidade do laudo pericial, dificulta aferir e impede concluir que o paciente sofreu constrangimento ilegal com o indeferimento do processamento e julgamento do incidente de falsidade manejado.* (Brasil, 2014a)

6.7 Incidente de insanidade mental

Quando o acusado alega insanidade, de que maneira se procede? O processo pode continuar ou deve ser suspenso o seu trâmite? Quando há indício de insanidade mental, não precisa a própria defesa alegar: os sujeitos do processo devem verificar a questão por meio do incidente de insanidade mental.

Esse tipo de incidente poderá ter sua realização determinada, de ofício, pelo juiz de direito, bem como por requerimento formulado pelo MP, pelo defensor, pelo curador, pelo ascendente, pelo descendente, pelo irmão ou pelo cônjuge do acusado, sempre que houver dúvida sobre a sua capacidade psíquica para a culpa (criminal), tendo-se em conta fundada suspeita sobre a integridade ou o sofrimento mental. Nesse caso, então, o acusado deverá ser submetido a exame médico-legal.

Além disso, o incidente da insanidade mental deverá ser processado em autos apartados, que somente depois da apresentação do respectivo laudo pericial deverá ser apensado aos autos do processo principal. Nos casos em que a insanidade mental, devidamente comprovada por perícia médica, sobrevier no curso da execução da pena, o acusado deverá ser internado em manicômio judiciário ou, à falta deste, em outro estabelecimento adequado, onde lhe seja assegurada a custódia. O exame médico-pericial poderá ser ordenado ainda na fase das investigações a serem levadas a cabo durante o inquérito, mediante representação da autoridade policial ao juiz de direito competente.

O órgão julgador deverá nomear ao acusado um curador, mediante determinação do exame médico-pericial, sendo certo que o respectivo processo deverá permanecer com o seu trâmite suspenso, caso já tenha sido recebida a denúncia ou a queixa – dando origem à ação penal e, assim, inaugurada a relação jurídica processual; contudo, observa-se que é possível a realização de diligências que possam ser prejudicadas pelo adiamento determinado pela suspensão do processo. Para a realização do exame pericial, quando o acusado estiver preso, deverá ser internado em manicômio judiciário, onde houver, e, quando estiver solto, e os peritos assim requererem, deverá ser internado em estabelecimento adequado que o órgão julgador designar.

No entanto, observa-se que, em razão das circunstâncias do contexto situacional do acusado acerca de seu estado mental – agressividade, reiteração de ilegalidades etc. – e, sobretudo, tendo-se em conta indicação médica contida no laudo pericial psiquiátrico, impõe-se, por vezes, a internação do acusado, não simplesmente tratamento ambulatorial, haja vista que se afigura medida cautelar mais adequada. O exame pericial não deverá durar mais do que 45 dias; contudo, é admitida a prorrogação desse prazo legal quando os peritos comprovarem os motivos que demandam a concessão de maior prazo.

Caso os peritos concluam que o acusado, ao tempo do crime, não apresentava capacidade psíquica para a culpa (irresponsável), conforme a legislação penal, o processo deverá prosseguir somente com a presença de curador.

Na hipótese de que, judicialmente, fique demonstrado que a doença mental do acusado sobreveio à pratica da conduta considerada delituosa, o processo deverá continuar suspenso até que o acusado se restabeleça. Quando o acusado se restabelecer, o órgão julgador lhe nomeará um curador, se já iniciada a relação jurídica processual, e imporá a realização das diligências que possam ser prejudicadas pelo adiamento do feito.

Nesse caso, o órgão julgador poderá ordenar a internação do acusado em manicômio judiciário ou em outro estabelecimento adequado. Assim que o acusado se restabelecer, o curso do processo será retomado, assegurando-se, inclusive, a faculdade procedimental de reinquirição das testemunhas que houverem prestado depoimento sem a sua presença.

6.8 Processo

O conceito de processo é central no direito penal, pois define, desde sempre, o objeto sobre o qual se debruça "o complexo de elementos que integram o processo e não se confunde com a causa ou princípio, nem com seu fim" (Lopes Júnior, 2014, p. 44). O processo é regido desde seu início pelo princípio geral da necessidade, o que quer dizer que ele é o itinerário necessário para que se possa chegar a uma pena; e o MP é o detentor do poder de proceder por esse caminho contra alguém quando encontra indícios da prática de um crime *(fumus comissi delicti)*. É desse objeto e da necessidade que advém do crime cometido que se faz o processo penal, com todos os seus ritos.

6.8.1 Processo comum (ordinário): instrução criminal

A relação jurídica processual penal poderá ser desenvolvida por meio de procedimento comum ou especial (art. 394 do CPP). O procedimento comum poderá ser ordinário, sumário ou sumaríssimo. O **procedimento comum ordinário** será judicialmente adotado quando tiver por objeto crime cuja sanção máxima cominada for igual ou superior a 4 anos de pena privativa de liberdade. O **procedimento comum sumário** será judicialmente adotado quando tiver por objeto crime cuja sanção máxima cominada seja inferior a 4 anos de pena privativa de liberdade.

O **procedimento comum sumaríssimo**, por sua vez, será judicialmente adotado para o julgamento das infrações penais de menor potencial ofensivo, na forma da lei – isto é, conforme a Lei n. 9.099, de 26 de setembro de 1995 (Brasil, 1995). Em regra, aplica-se a todos os processos o procedimento comum, salvo disposições em contrário ao CPP ou de lei especial. Em relação aos processos de competência do Tribunal do Júri, o procedimento observará as disposições processuais e procedimentais estabelecidas nos arts. 406 a 497 do CPP.

E qual é a regra geral? Como regra geral, tem-se que todos os procedimentos penais inaugurados no primeiro grau de jurisdição deverão observar as disposições previstas nos arts. 395 a 398 do CPP, ainda que não se encontrem expressa ou especificamente regulados pelas regras processuais penais comuns (gerais). Não se pode esquecer que as disposições relativas ao procedimento ordinário também podem ser aplicadas subsidiariamente aos procedimentos especial, sumário e sumaríssimo quando não houver regulamentação expressa sobre determinada categoria elementar ou instituto jurídico-processual.

Deve-se sempre aceitar a ação penal? Ou ela pode ser rejeitada?

A ação penal – denúncia ou queixa – deverá ser rejeitada, isto é, não poderá ser admitida para a instauração da relação jurídica processual, quando for manifestamente inepta; quando faltar qualquer um dos pressupostos processuais ou condição para o exercício do direito de ação; ou quando faltar justa causa para o exercício do direito de ação. Entretanto, uma vez oferecida a denúncia ou a queixa – seja no procedimento sumário seja no procedimento ordinário – e, assim, não sendo liminarmente rejeitada a ação penal, o órgão julgador deverá recebê-la e, então, ordenar a citação do acusado para, querendo, apresentar resposta à acusação, por escrito, no prazo legal de 10 dias.

Em sua resposta, o acusado poderá não só arguir preliminares, como as exceções, mas também poderá contestar a ação penal, quando, então, deverá alegar tudo que interessar à sua defesa, bem como oferecer documentos e justificações, especificar os meios de prova admitidos e que efetivamente se pretende utilizar, arrolando testemunhas, qualificando-as e requerendo sua intimação, quando necessário.

O acusado poderá ser sumariamente absolvido quando for verificada a existência manifesta de causa excludente da ilicitude do fato – previstas no art. 23 do CP – ou de causa excludente da culpabilidade do agente, salvo inimputabilidade, situação em que será possível a adoção de medida de segurança; quando for percebido que o fato narrado evidentemente não constitui crime; ou quando estiver extinta a punibilidade do agente.

Do contrário, na hipótese de recebimento da denúncia ou da queixa, o órgão julgador designará dia e hora para a realização de audiência, ordenando a intimação do acusado, de seu defensor, do MP e, se for o caso, do querelante e do assistente. Caso o acusado esteja preso, o órgão julgador deverá requisitar o seu comparecimento para a audiência destinada ao seu interrogatório, quando, então, o Poder Público deverá adotar todas as providências administrativas e as demais medidas legais necessárias à sua apresentação.

O órgão julgador que presidiu a instrução criminal deverá, então, proferir a sentença penal de mérito. Na audiência de instrução e julgamento, a ser realizada no prazo máximo de 60 dias, o órgão julgador deverá proceder à tomada de declarações da vítima, à inquirição das testemunhas arroladas pela acusação e pela defesa – nessa ordem, ressalvando-se, porém, a possibilidade de inquirição por carta precatória, cuja expedição não suspenderá a instrução criminal.

A inquirição de testemunha também poderá ser realizada por meio de videoconferência ou outro recurso tecnológico de transmissão de som e imagem em tempo real, permitida a presença do defensor e podendo ser realizada, concomitantemente, durante a realização da audiência de instrução e julgamento. Nessa audiência também poderão ser prestados esclarecimentos pelos peritos, bem como ser realizadas as acareações e o reconhecimento de pessoas e de coisas, interrogando-se, em seguida, o acusado, haja vista que as provas deverão ser produzidas numa só audiência, sendo certo que o órgão julgador poderá indeferir as perguntas – assim como as demais suscitações incidentais – consideradas irrelevantes, impertinentes ou meramente protelatórias.

Na audiência de instrução poderão ser inquiridas até 8 testemunhas arroladas pela acusação e 8 pela defesa, em referência a cada fato delituoso imputado ao acusado, sendo certo que nesse número não se compreendem as pessoas que não prestam compromisso, assim como as testemunhas referidas. A parte poderá desistir da inquirição de qualquer das testemunhas que arrolou mediante consulta à parte adversa acerca de eventual oposição. Ao final da audiência de instrução e assim que produzidas as provas, será facultada oportunidade processual ao MP, ao querelante e ao assistente e, a seguir, à defesa do acusado, para que, querendo, possam requerer as diligências que entenderem pertinentes e necessárias à resolução do caso concreto, em razão das circunstâncias ou dos fatos apurados ao longo da instrução do feito.

No caso de não existir requerimento de diligências ou, então, sendo indeferidos tais requerimentos, às partes será respectiva e sucessivamente facultada oportunidade processual para o oferecimento de alegações finais, oralmente, pelo prazo legal de até 20 minutos, prorrogáveis por mais 10 minutos, em razão da complexidade ou mesmo do número de acusados, impondo-se, por conseguinte, ao órgão julgador, o dever legal de proferir a sentença penal.

O órgão julgador, contudo, poderá conceder às partes o prazo legal de 5 dias sucessivamente para a apresentação de memoriais, em razão da complexidade do caso ou do número de acusados; nesse caso, terá o prazo legal de 10 dias para proferir a sentença penal. Na hipótese de ter sido judicialmente determinada a realização de diligência considerada imprescindível ao julgamento da causa, em razão de requerimento da parte ou de ofício pelo órgão julgador, a audiência deverá ser concluída sem que se possibilite o oferecimento de alegações finais. Assim que for realizada a diligência judicialmente determinada, as partes deverão ser intimadas para que se manifestem sobre o teor da diligência, a fim de que, no prazo legal sucessivo de 5 dias, apresentem, respectivamente, suas alegações finais, por memorial, e, em seguida, no prazo legal de 10 dias, o órgão julgador profira a sentença penal (final).

O STJ já entendeu anteriormente que

> *o prazo para a conclusão da instrução criminal não tem as características de fatalidade e de improrrogabilidade, fazendo-se imprescindível raciocinar com o* **juízo de razoabilidade** *para definir o excesso de prazo, não*

> *se ponderando a mera soma aritmética dos prazos para os atos processuais. [...] as partes foram intimadas para apresentação das alegações finais, de modo que está encerrada a instrução probatória.* (Brasil, 2015g, grifo do original)

Em relação à audiência, deverá ser lavrado termo – comumente denominado *termo de audiência* – no qual, além de breve resumo dos fatos relevantes nela ocorridos, também deverão ser lançadas as assinaturas do órgão julgador e das partes. O registro dos depoimentos do investigado, do indiciado, do ofendido e das testemunhas deverá ser feito por meio de recursos de gravação magnética, estenotipia, digital ou de técnica similar, inclusive audiovisual, destinada a obter maior fidelidade das informações.

Portanto, tudo que ocorrer na audiência deverá constar de termo a ser lavrado em livro próprio, assinado pelo órgão julgador e pelas partes, contendo breve resumo dos fatos e dos incidentes relevantes nela ocorridos. Ademais, a legislação processual penal determina que, quando for possível, o registro dos depoimentos tomados sendo certo que, quando realizado por meio audiovisual, a cópia do registro original deverá ser encaminhada às partes, sem necessidade de transcrição.

6.8.2 Tribunal do Júri

O CPP regulamenta o procedimento específico relativo ao julgamento de crimes cuja competência jurisdicional é do Tribunal do Júri, estabelecendo, assim, as formas que deverão revestir os atos processuais a serem realizados pelas partes, pelos jurados, pelo juiz de direito presidente e pelos demais intervenientes que deverão (inter)agir ao longo da relação jurídica processual.

▎Instrução preliminar

Nos julgamentos dos crimes dolosos contra a vida, cuja competência jurisdicional é firmada no Tribunal do Júri, inicia-se a instrução criminal preliminar por meio do recebimento da denúncia ou da queixa pelo órgão julgador, que, em seguida, deverá ordenar a citação do acusado para que, caso queira, ofereça resposta ao que lhe foi criminalmente imputado (acusação), por escrito, no prazo legal de 10 dias. Em sua resposta, o acusado poderá arguir preliminares, alegar tudo que interesse à sua defesa, oferecer documentos e justificações, especificar os meios de prova admitidos que efetivamente pretenda utilizar e arrolar testemunhas – até o máximo de 8 –, qualificando-as e requerendo sua intimação, quando for necessário.

As exceções arguidas deverão ser processadas em autos apartados. Contudo, na hipótese de o acusado não ter apresentado a resposta, no supramencionado prazo legal, o órgão julgador deverá nomear defensor para oferecê-la em até 10 dias, concedendo-lhe, para tanto, vista dos respectivos autos do processo.

Apresentada a resposta à acusação pela defesa constituída, dativa ou nomeada ao acusado, o órgão julgador deverá facultar oportunidade processual ao MP ou ao querelante para que, se assim quiserem, pronunciem-se, respectivamente, sobre eventuais preliminares e documentos acostados, no prazo legal de até 5 dias. O órgão julgador deverá designar data para a inquirição das testemunhas e, também, ordenar a realização das diligências requeridas pelas partes no prazo legal máximo de 10 dias.

Na audiência de instrução, as declarações da vítima deverão ser tomadas por termo e, em seguida, se possível, deverá ser feita a inquirição das testemunhas arroladas pela acusação e pela defesa, nessa ordem, ouvidos os esclarecimentos dos peritos, realizadas as acareações e o reconhecimento de pessoas e de coisas, interrogando-se, em seguida, o acusado e, assim, procedendo-se o debate.

É consabido que os esclarecimentos a serem prestados pelos peritos dependerão de prévio requerimento das partes e do correspondente deferimento judicial de tutela para esse fim. Com idêntica lógica, as provas deverão ser produzidas em uma só audiência, cabendo ao órgão julgador indeferir os meios de prova que forem considerados irrelevantes, impertinentes ou meramente protelatórios. Uma vez encerrada a instrução probatória, é facultado ao MP o aditamento da denúncia.

O aditamento da denúncia pode ocorrer se, quando encerrada a instrução probatória, for cabível nova definição jurídica do fato, em consequência de prova, existente nos autos, de elemento ou circunstância de crime não contemplado na acusação. Em virtude disso, o MP deverá aditar a denúncia ou a queixa, no prazo legal de 5 dias, se em virtude desta houver sido instaurado o processo em crime de ação pública, reduzindo-se a termo o aditamento, quando feito oralmente.

Contudo, caso o órgão de execução ministerial não realize o aditamento, deverá ser aplicado o disposto no art. 28 do CPP, isto é, deverá requerer o arquivamento do feito; porém, caso o órgão julgador considere improcedentes as razões invocadas, deverá fazer remessa do feito ao Procurador-Geral de Justiça, e este, por sua vez, poderá oferecer denúncia, designar outro órgão do MP para oferecê-la ou insistir no pedido de arquivamento, ao qual só então estará o órgão julgador obrigado a atender.

Do contrário, prosseguindo-se o feito nos seus ulteriores termos após admitido o aditamento da denúncia ou da queixa, ao defensor do acusado deve ser facultada a oportunidade processual, no prazo legal de 5 dias, para que ofereça resposta ou então requeira o que entender por direito.

No caso de ser admitido o aditamento, cada uma das partes, respectivamente, poderá arrolar até 3 testemunhas, no prazo legal de 5 dias, ficando o órgão julgador, na sentença, adstrito aos termos do aditamento. Por conseguinte, o órgão julgador, a requerimento de qualquer das partes, deverá designar dia e hora para a continuação da audiência de instrução, com inquirição de testemunhas, novo interrogatório do acusado, realização de debates e julgamento.

O STJ tem entendido que, quando houver "aditamento à denúncia, com oportunidade para a defesa se manifestar, preliminarmente, ao seu recebimento, não há falar em constrangimento ilegal a ser reparado no momento" (Brasil, 2015e). Até porque, não há que se falar em

> **preclusão** nem **violação** *do contraditório se, diante da superveniência de prova acerca de circunstância não contida na acusação que implique nova definição jurídica ao fato, o magistrado admite aditamento da denúncia após a oitiva do defensor do acusado e determina nova citação, interrogatório e produção de prova.* (Brasil, 2015i, grifo nosso)

Não fosse isso, observa-se que o órgão julgador também, com base na mesma descrição do fato contida na denúncia ou na queixa, poderá dar classificação tipológica diversa, ainda que, em consequência, tenha de aplicar pena mais grave, nos termos do art. 383 do CPP, quando, então, deverá facultar às partes manifestação. Contudo, quando houver possibilidade de proposta de suspensão condicional do processo, em virtude de definição jurídica diversa daquela estabelecida na denúncia ou na queixa, o órgão julgador deverá proceder de acordo com o disposto nas figuras legislativas especiais que são pertinentes à matéria (Lei n. 9.099/1995).

No entanto, observe-se que, quando houver definição jurídica diversa e passar a ser o crime, por sua classificação legal, uma figura típica (crime) cuja competência jurisdicional seja firmada em outro juízo de direito, é certo que para aquela instância judicial deverão ser encaminhados os respectivos autos do processo.

Do contrário, não sendo admitido o aditamento (art. 384, CPP) por decisão judicial devidamente fundamentada a ser proferida pelo órgão julgador competente – ou sequer emendada a ação penal (art. 383, CPP) –, impõe-se o prosseguimento do feito, em seus ulteriores termos, quando, então, serão apresentadas alegações orais, respectivamente, pela acusação e defesa, pelo prazo legal máximo de até 20 minutos, prorrogáveis por mais 10 minutos.

Em instrução preliminar, nenhum ato processual deverá ser adiado, salvo quando imprescindível à prova faltante, inclusive, reconhecendo-se ao órgão julgador a prerrogativa de determinar a condução coercitiva de quem deva comparecer em Juízo para contribuir com a Administração da Justiça na resolução do caso concreto.

A testemunha que comparecer deverá ser inquirida, independentemente da suspensão da audiência, observada em qualquer caso a ordem legalmente estabelecida, isto é, primeiro as arroladas na acusação e, em seguida, as arroladas na defesa do acusado. Ao final dos debates, o órgão julgador deverá proferir a sua decisão, ou, então, em até 10 dias, ordenando que os autos do processo para tanto lhe sejam conclusos; observando-se, contudo, que o procedimento específico em que se dá a instrução preliminar deverá ser concluído no prazo legal máximo de até 90 dias.

Pronúncia, da Impronúncia e da Absolvição Sumária

O órgão julgador deverá pronunciar o acusado, quanto estiver convencido da materialidade do fato e da existência de indícios suficientes de autoria ou de participação, sendo certo que a fundamentação da decisão de pronúncia deverá se limitar à indicação da materialidade do fato e da existência de indícios suficientes de autoria ou de participação, impondo-se ao julgador declarar o dispositivo legal em que julgar incurso o acusado e especificar as circunstâncias qualificadoras e as causas de aumento de pena.

Contudo, quando o julgador não se convencer da materialidade do fato ou da existência de indícios suficientes de autoria ou de participação, deverá impronunciar o acusado, sendo certo que, enquanto não se verificar a extinção da punibilidade, é juridicamente plausível o oferecimento de nova denúncia ou queixa com base em novos meios de prova admitidos.

Por outro lado, o órgão julgador, em sede procedimental de instrução sumária, também poderá absolver, desde logo, o acusado, quando provada a inexistência do fato; provado não ser o agente a quem se atribui a prática delitiva o verdadeiro autor ou partícipe do fato; o fato não constituir crime; demonstrada causa de isenção de pena ou de exclusão do crime.

Em relação à decisão judicial de impronúncia ou de absolvição sumária do acusado, caberá o recurso de apelação. No caso de existir indícios suficientes de autoria ou de participação de outras pessoas não incluídas na denúncia ou na queixa, o órgão julgador, ao pronunciar ou impronunciar o acusado, deverá determinar o retorno dos autos ao MP, pelo prazo legal de 15 dias, para que, assim, entendendo, adote as medidas legais necessárias para a responsabilização criminal dos envolvidos.

No entanto, não se pode esquecer da possibilidade jurídica de separação dos feitos, então, facultada expressamente pela legislação processual penal – art. 80 –, segundo a qual, é facultativa a separação dos processos quando os crimes tiverem sido praticados em circunstâncias de tempo ou de lugar diferentes, ou, quando pelo excessivo número de acusados e para não lhes prolongar a prisão provisória, ou por outro motivo relevante, o órgão julgador reputar conveniente a separação.

O órgão julgador, também, poderá dar ao fato definição jurídica diversa da constante na denúncia ou na queixa, em que pese a possibilidade de agravamento da sanção penal a ser eventualmente aplicada ao acusado. Na hipótese de o órgão julgador se convencer da existência de crime diverso daqueles cuja competência jurisdicional para o julgamento é do Tribunal do Júri – ou seja, dos crimes dolosos contra a vida – e, portanto, não for competente para o julgamento, deverá remeter os respectivos autos do processo ao juízo de direito que possua a competência jurisdicional para tanto, inclusive, à disposição deste permanecerá o acusado preso.

A intimação da decisão de pronúncia deverá ser feita pessoalmente ao acusado, ao defensor nomeado e ao MP (prerrogativa legal); bem como ao defensor constituído, ao querelante e ao assistente de acusação, por publicação no órgão incumbido da publicidade dos atos judiciais da comarca, incluindo, sob pena de nulidade, o nome do acusado, conforme o parágrafo 1º do art. 370 do CPP; ou, então, por meio de edital o acusado que estiver solto e, no entanto, não for encontrado.

Por conseguinte, uma vez preclusa a decisão de pronúncia, isto é, que não possa mais ser modificada, haja vista que já se aperfeiçoou no mundo jurídico e, portanto, está apta para a produção válida de efeitos jurídicos vinculativos, impõe-se o encaminhamento dos respectivos autos do processo para o juiz de direito presidente do Tribunal do Júri.

Entretanto, observa-se que mesmo preclusa a decisão de pronúncia, vale dizer, ainda que imodificável o juízo de admissibilidade (prelibação), caso se verifique a existência de qualquer circunstância superveniente à prolação daquela decisão – que, por sua importância, tenha a força de alterar a classificação do crime –, cabe ao órgão julgador o dever legal de ordenar a remessa dos autos ao MP, antes mesmo de que se efetive o encaminhamento do feito ao juiz de direito presidente do Tribunal do Júri.

■ Preparação do processo para julgamento em plenário

A preparação do processo a ser submetido a julgamento então realizado em sessão do Tribunal do Júri está descrita na lei processual penal, através da qual é determinado ao juiz de direito presidente daquela corte que, ao receber os autos, ordene a regular e válida intimação do órgão do MP ou do querelante, e do defensor, para, que, no prazo legal de 5 dias, apresentem o rol de testemunhas que irão depor em plenário, até o máximo de 5, oportunidade em que poderão juntar documentos e requerer diligência.

O juiz de direito presidente, ao deliberar sobre requerimentos referentes aos meios de provas admitidos, que serão utilizados (produção ou exibição) na sessão de julgamento, e adotar as providências devidas, também deverá ordenar as diligências necessárias para sanar qualquer nulidade ou esclarecer fato que interesse ao julgamento da causa, quando, então, fará relatório sucinto do processo, determinando sua inclusão em pauta da reunião do Tribunal do Júri.

Caso a lei local de organização judiciária não atribua ao juiz de direito que preside o Tribunal do Júri a competência jurisdicional para a preparação do julgamento, o órgão julgador competente deverá lhe remeter os respectivos autos do processo já preparado em até 5 dias antes do sorteio e da convocação dos jurados previstos no art. 433 do CPP.

■ Alistamento dos jurados

O alistamento dos jurados que irão compor o Conselho de Sentença nas sessões de julgamento a serem realizadas no Tribunal do Júri obedece às regras estabelecidas na legislação processual penal.

Quanto à quantidade, ela é determinada de acordo com o número de habitantes da comarca. O juiz de direito que preside o Tribunal do Júri deverá anualmente alistar de 800 a 1.500 jurados nas Comarcas de mais de um milhão de habitantes; de 300 a 700 nas Comarcas de mais de cem mil habitantes, e de 80 a 400 nas Comarcas de menor população. Nas Comarcas onde for necessário, o número de jurados poderá ser aumentado e, ainda, organizada lista de suplentes, depositadas as cédulas em urna especial, mediante a adoção das cautelas legalmente estabelecidas para esse fim (parte final do parágrafo 3º, art. 426, CPP).

De igual maneira, o juiz de direito que preside o Tribunal do Júri poderá requisitar às autoridades locais, associações de classe e de bairro, entidades associativas e culturais, instituições de ensino em geral, universidades, sindicatos, repartições públicas e outros núcleos comunitários a indicação de pessoas que reúnam as condições indispensáveis para exercer a função de jurado.

A lista geral dos jurados, com indicação das respectivas profissões, será publicada pela imprensa até o dia 10 de outubro de cada ano e divulgada em editais afixados à porta do Tribunal do Júri; sendo certo que a mencionada lista poderá ser alterada, de ofício ou mediante reclamação de qualquer do povo ao juiz de direito que preside o Tribunal do Júri. Os nomes e endereços dos alistados, em cartões iguais, após serem verificados na presença do MP, de advogado indicado pela Seção local da Ordem dos advogados do Brasil (OAB), e de defensor indicado pelas defensorias públicas competentes, permanecerão guardados em urna fechada a chave, sob a responsabilidade do juiz de direito que preside o Tribunal do Júri.

■ Desaforamento

O desaforamento do julgamento a ser realizado perante o Tribunal do Júri é uma das medidas legais que pode ser adotada para a preservação da ordem pública e é regulamentada pela legislação processual penal. Portanto, quando o interesse da ordem pública o reclamar ou houver dúvida sobre a imparcialidade do júri ou a segurança pessoal do acusado, o Tribunal, a requerimento do MP, do assistente de acusação, do querelante ou do acusado, ou mesmo mediante representação do juiz de direito competente, poderá determinar o desaforamento do julgamento para outra Comarca da mesma região, onde não existam idênticos motivos, preferindo-se sempre aquelas que forem mais próximas.

O pedido de desaforamento será distribuído imediatamente e terá preferência de julgamento na Câmara ou Turma competente que compõem o Tribunal; sendo certo que, quando relevantes os motivos alegados, o relator poderá determinar a suspensão do julgamento que deveria ser realizado no Júri.

O juiz de direito que preside o Tribunal do Júri deverá ser ouvido, por certo, quando o pedido de desaforamento não tiver sido por ele solicitado, prestando, assim, informações acerca das condições indispensáveis para a realização da sessão de julgamento, tendo-se em conta os fundamentos que determinaram o requerimento, pelas partes, do desaforamento.

Na pendência de recurso contra a decisão de pronúncia ou quando já efetivado o julgamento, não se admitirá o pedido de desaforamento, salvo, nesta última hipótese, em relação a fato ocorrido durante ou após a realização de julgamento levado a cabo no Tribunal do Júri, tenha sido anulado. O desaforamento também poderá ser determinado em razão do comprovado excesso de serviço, ouvidos o juiz de direito que preside o Tribunal do Júri e a parte contrária, quando o julgamento não puder ser realizado no prazo de 6 meses, contado do trânsito em julgado da decisão de pronúncia.

Contudo, observa-se que, para a contagem do mencionado prazo legal, não deverá ser computado o lapso temporal determinado por adiamentos, diligências ou incidentes de interesse da defesa. Caso não se verifique excesso de serviço ou existência de processos aguardando julgamento em quantidade que ultrapasse a possibilidade de apreciação pelo Tribunal do Júri, nas reuniões periódicas previstas para o exercício, o acusado poderá requerer ao Tribunal que determine a imediata realização do seu julgamento.

Nesse sentido, o "artigo 427 do mesmo diploma legal, entretanto, prevê a exceção a esta regra por meio do desaforamento nos processos de competência do Tribunal do Júri para preservar a imparcialidade dos jurados e a segurança pessoal do réu ou quando constituir interesse da ordem pública" (Prado, 2010, p. 351).

■ Organização da pauta

Os julgamentos a serem levados a cabo nas sessões que se realizam perante o Tribunal do Júri deverão ser ordenados conforme a organização da pauta, por meio da qual será estabelecida a ordem dos julgamentos, tendo-se em conta os casos que terão preferência de julgamento.

Assim, salvo motivo relevante que autorize alteração na ordem dos julgamentos, deverão ter preferência os processos de acusados que se encontrem presos; entre os acusados que se encontrem presos, deverá ter preferência aqueles que estiverem há mais tempo privados de liberdade; e, quando, em igualdade de condições, os que foram precedentemente pronunciados.

A título de transparência administrativa, observa-se que, antes do dia designado para o primeiro julgamento da reunião periódica, deverá ser afixada na porta do edifício do Tribunal do Júri a lista dos processos a serem julgados, em obediência a ordem dos julgamentos, conforme organização da pauta.

O juiz de direito que preside o Tribunal do Júri, no entanto, deverá reservar datas na mesma reunião periódica para a inclusão de processo que tiver o julgamento adiado. É importante observar que o assistente de acusação somente será admitido quando tiver requerido sua habilitação até 5 dias antes da data judicialmente designada na pauta de julgamento para a realização da sessão na qual pretenda atuar.

Assim, encontrando-se em ordem o processo, o juiz de direito que preside o Tribunal do Júri determinará a intimação das partes, do ofendido, se for possível, das testemunhas e dos peritos, quando houver requerimento, para a sessão de instrução e julgamento, mediante a adoção das cautelas legais pertinentes.

■ Sorteio e convocação dos jurados

Em seguida à organização da pauta, o juiz de direito que preside o Tribunal do Júri determinará a intimação do MP, da OAB e da Defensoria Pública para acompanharem, em dia e hora designados, o sorteio dos jurados que atuarão na reunião periódica. O sorteio, necessariamente, deverá ser presidido pelo juiz de direito que preside o Tribunal do Júri e realizado a portas abertas, cabendo-lhe retirar as cédulas até completar o número de 25 jurados, para a reunião periódica ou extraordinária.

Preferencialmente, o sorteio deverá ser realizado entre o 15º e o 10º dia útil antecedente à instalação da reunião periódica ou extraordinária a ser levada a cabo no Tribunal do Júri. Em regra, a audiência de sorteio dos jurados não deverá ser adiada pelo não comparecimento das partes. De acordo com a legislação processual penal, o jurado que não for sorteado poderá ter o seu nome novamente incluído para as reuniões futuras.

Os jurados sorteados deverão ser convocados pelo correio ou por qualquer outro meio hábil para comparecer no dia e na hora designados para a reunião, sob as penas da lei, impondo-se, pois, no mesmo expediente de convocação, a transcrição da orientações, advertências, condições e sanções legalmente previstas.

A relação dos jurados, os nomes do acusado e dos procuradores das partes, além do dia, hora e local das sessões destinadas à instrução e julgamento da causa, deverão ser afixados na porta do edifício do Tribunal do Júri.

■ Função do jurado

Certamente você conhece a função de jurado, seja por ouvir falar, seja por algum conhecido que foi jurado. Será que você pode ser jurado? De acordo a legislação processual penal, o serviço do Júri é obrigatório, tendo-se em conta que o alistamento compreenderá os cidadãos maiores de 18 anos de notória idoneidade; nenhum cidadão poderá ser excluído dos trabalhos do Júri ou deixar de ser alistado em razão de cor ou etnia, raça, credo, sexo, profissão, classe social ou econômica, origem ou grau de instrução. Por isso mesmo, a recusa injustificada ao serviço do Júri acarretará multa no valor de 1 a 10 salários mínimos, a critério do juiz de direito que preside o Tribunal do Júri, proporcionalmente fixada conforme a condição econômica do jurado.

O CPP prevê expressamente que estão isentos do serviço nos julgamentos realizados no Tribunal do Júri:

> Art. 437. [...]
> I – o Presidente da República e os Ministros de Estado;
> II – os Governadores e seus respectivos Secretários;
> III – os membros do Congresso Nacional, das Assembleias Legislativas e das Câmaras Distrital e Municipais;
> IV – os Prefeitos Municipais;
> V – os Magistrados e membros do Ministério Público e da Defensoria Pública;
> VI – os servidores do Poder Judiciário, do Ministério Público e da Defensoria Pública;
> VII – as autoridades e os servidores da polícia e da segurança pública;
> VIII – os militares em serviço ativo;
> IX – os cidadãos maiores de 70 (setenta) anos que requeiram sua dispensa
> X – aqueles que o requererem, demonstrando justo impedimento. (Brasil, 1941)

De outro lado, a recusa ao serviço do Júri fundada em convicção religiosa, filosófica ou política importará no dever legal de prestar serviço alternativo, sob pena de suspensão dos direitos políticos enquanto não cumprir integralmente o serviço alternativo que for judicialmente determinado.

O serviço alternativo à recusa ao serviço do Júri é descrito na lei como "o exercício de atividades de caráter administrativo, assistencial, filantrópico ou mesmo produtivo, no Poder Judiciário, na Defensoria Pública, no Ministério Público ou em entidade conveniada para esses fins", conforme o disposto no parágrafo 1º do art. 438 do CPP. De outro lado, observa-se que o exercício efetivo da função de jurado que funcionar no Conselho de Sentença é serviço público relevante e estabelecerá presunção de idoneidade moral. Também é direito seu, preferência, em igualdade de condições, nas licitações públicas e no provimento, mediante concurso, de cargo ou função pública, bem como nos casos de promoção funcional ou remoção voluntária (art. 440, CPP).

Nenhum desconto deverá ser feito nos vencimentos ou no salário do jurado sorteado que comparecer à sessão de julgamento perante o Tribunal do Júri. Porém, em relação ao jurado que, sem causa legítima, deixar de comparecer no dia marcado para a sessão de julgamento perante o Tribunal do Júri, ou retirar-se antes de ser judicialmente dispensado, será aplicada multa de 1 a 10 salários mínimos, a critério do juiz de direito presidente, o qual levará em conta a condição econômico-financeira do jurado.

Embora o julgamento dos fatos seja realizado pelos jurados, o trabalho é regido por um juiz de direito, que também dará a sentença, aplicando a fundamentação legal sobre o que decidirem os jurados. O juiz de direito que preside o Tribunal do Júri deverá observar os princípios da proporcionalidade e da razoabilidade para a fixação do serviço alternativo. A oportunidade processual para a dispensa ou escusa de jurados se dá no momento da realização da chamada dos jurados, quando, então, serão aceitas as escusas fundadas em motivo relevante devidamente comprovado, ressalvadas as hipóteses de força maior; sendo certo que o jurado somente poderá ser dispensado por decisão motivada do juiz de direito que preside o Tribunal do Júri, a qual será consignada na ata dos trabalhos.

■ Composição do Tribunal do Júri e formação do Conselho de Sentença

O Tribunal do Júri é composto por 1 juiz de direito, que, nesta qualidade, também o preside, e por 25 jurados que serão sorteados dentre os alistados, 7 dos quais constituirão o Conselho de Sentença em cada sessão de julgamento. No entanto, estão impedidos de servir no mesmo Conselho de Sentença em cada sessão de julgamento, marido e mulher; ascendente e descendente; sogro e genro ou nora; irmãos e cunhados, durante o cunhadio; tio e sobrinho; padrasto, madrasta ou enteado; e as pessoas que mantenham união estável reconhecida como entidade familiar.

Os jurados que compuserem o Conselho de Sentença estarão submetidos a idênticos impedimentos, suspeição e incompatibilidades a que também se submetem os juízes de direito.

A lei processual penal impede que sirva como jurado a pessoa que tiver funcionado em julgamento anterior do mesmo processo, independentemente da causa determinante do julgamento posterior; de igual maneira, no caso do concurso de pessoas – seja eventual ou necessário (por exemplo, art. 288, CP) –, houver integrado o Conselho de Sentença que julgou o outro acusado; quando tiver manifestado de forma reservada ou publicamente prévia disposição para condenar ou absolver o acusado.

Nos casos de impedimento de pessoas em razão de parentesco ou relação de convivência entre si, servirá aquela como jurado que houver sido sorteada em primeiro lugar; no entanto, observe-se que as pessoas (jurados) que forem excluídas por impedimento, suspeição ou incompatibilidade poderão, sim, ser considerados para a constituição do número legal exigível à realização da sessão de julgamento perante o Tribunal do Júri.

O CPP admite a hipótese de um mesmo Conselho de Sentença conhecer e julgar mais de um processo, no mesmo dia, caso as partes – MP, assistente de acusação e advogado de defesa – não se opuserem e aceitarem, sem exceção, todos os jurados, os quais deverão prestar novo compromisso (art. 452, CPP).

■ Reunião e sessões do Tribunal do Júri

Em relação à reunião para as sessões destinadas à instrução e ao julgamento perante o Tribunal do Júri, a lei processual penal, especificamente, determina que devem ser observados os períodos e a forma estabelecida pela lei local de organização judiciária. Até o momento de abertura dos trabalhos da sessão de julgamento, o juiz de direito que preside o Tribunal do Júri deverá decidir os casos de isenção e dispensa de jurados e o pedido de adiamento, mandando consignar em ata as deliberações.

No caso de o MP não comparecer à sessão de julgamento, o juiz de direito que preside o Tribunal do Júri não terá outra opção que não seja o adiamento do julgamento para o primeiro dia desimpedido da mesma reunião, determinando, inclusive, que as partes e as testemunhas sejam cientificadas.

Na hipótese de ausência injustificada do órgão de execução ministerial à sessão de julgamento a ser realizada no Tribunal do Júri, após ter sido pessoal, regular e validamente intimado para esse fim, o juiz de direito presidente deverá imediatamente comunicar o fato ao Procurador-Geral de Justiça, inclusive, prestando-lhe informação acerca da data designada para a nova sessão.

Por outro lado, quando o advogado do acusado deixar de comparecer à sessão de julgamento a ser realizado no Tribunal do Júri sem que apresente escusa legítima de sua falta e não sendo possível constituir outro defensor, o juiz de direito presidente deverá imediatamente comunicar o fato ao presidente da seccional da OAB, dando-lhe conta da data designada para a nova sessão.

O julgamento somente deverá ser adiado uma única vez, no caso de não ocorrer escusa legítima, devendo, assim, o acusado ser julgado quando chamado novamente, sendo certo que o juiz de direito que preside o Tribunal do Júri deverá intimar a Defensoria Pública para que promova a defesa do acusado no novo julgamento, que deverá ser adiado para o primeiro dia desimpedido, observado o prazo mínimo de 10 dias.

O julgamento não será adiado pelo não comparecimento do acusado que estiver solto, do assistente de acusação ou do advogado do querelante, quando tiver sido regular e validamente intimado, na forma da lei. Os pedidos de adiamento do julgamento e as justificações de não comparecimento deverão ser previamente submetidos à apreciação do juiz de direito que preside o Tribunal do Júri; ressalvando-se, contudo, o comprovado motivo de força maior.

O julgamento poderá ser adiado para o primeiro dia desimpedido da mesma reunião, quando o acusado estiver preso e, contudo, não for conduzido para a sessão de julgamento no Tribunal do Júri, ressalvando-se, no entanto, a hipótese de pedido de dispensa de comparecimento subscrito por acusado e o seu defensor.

A testemunha que, sem justa causa, deixar de comparecer à sessão de julgamento perante o Tribunal do Júri, para a qual foi regular e validamente intimada, poderá ser responsabilizada criminalmente pela desobediência deverá pagar multa prevista no parágrafo 2º do art. 436 do CPP, a ser aplicada pelo juiz de direito presidente. As testemunhas deverão ser recolhidas a lugar onde umas não possam ouvir os depoimentos das outras, sendo certo que tal providência legal deverá ser adotada antes mesmo que se constitua o Conselho de Sentença, nas sessões de julgamento perante o Tribunal do Júri.

A sessão de julgamento perante o Tribunal do Júri apenas será adiada, em virtude de não comparecimento de testemunha, quando uma das partes tiver requerido sua intimação por mandado judicial, na oportunidade processual de que trata o art. 422 do CPP, precisamente, ao declarar que não prescindiria do seu depoimento e, para tanto, indicou a sua localização. Nesse caso, quando a testemunha regularmente intimada deixar de comparecer à sessão de julgamento perante o Tribunal do Júri, o juiz de direito que a preside deverá suspender os trabalhos e, por conseguinte, determinar sua condução coercitiva; ou, então, adiar o julgamento para o primeiro dia desimpedido, ordenando a condução da testemunha para essa nova sessão.

No entanto, a sessão de julgamento deverá ser realizada mesmo na hipótese de a testemunha não ter sido encontrada no local indicado, quando assim for certificado pelo oficial de justiça. Por conseguinte, uma vez adotadas todas as providências legais e cumpridas as diligências previstas na legislação processual penal, o juiz de direito que preside o Tribunal do Júri deverá verificar se a urna contém as cédulas dos 25 jurados sorteados, mandando que o Escrivão proceda à chamada deles.

O juiz de direito que preside o Tribunal do Júri apenas poderá declarar instalados os trabalhos e anunciar a abertura da sessão de julgamento quando comparecerem no mínimo 15 jurados. Em seguida o oficial de justiça deverá fazer o pregão, por determinação do juiz presidente, certificando a diligência nos autos do processo.

Os jurados que forem excluídos por impedimento ou suspeição poderão ser computados para a constituição do número legal, para fins de sorteio e composição do Júri; contudo, em não se verificando a presença do número mínimo de jurados, deverá ser realizado o sorteio de tantos suplentes quantos necessários, designando-se, então, nova data para a sessão de julgamento perante o Tribunal do Júri.

Antes do sorteio dos membros do Conselho de Sentença, o Juiz presidente deverá esclarecer a todos os jurados as hipóteses de impedimentos, suspeição e incompatibilidades legalmente estabelecidos no CPP. De outro lado, o juiz presidente advertirá os jurados acerca da incomunicabilidade que deverá ser observada a partir do sorteio para a constituição do Conselho de Sentença, quando então não poderão mais se comunicar entre si ou com outrem, nem manifestar sua opinião sobre o processo, sob pena de exclusão do Conselho e aplicação de multa.

O juiz presidente deverá sortear 7 jurados dentre os presentes, cujas cédulas se encontram na urna para a formação do Conselho de Sentença; sendo certo que, à medida que as cédulas forem sendo retiradas da urna, é facultada à defesa e, depois dela, ao MP a recusa peremptória de até 3 jurados sorteados, isto é, sem que seja necessário motivar a recusa.

O jurado que for recusado imotivadamente por qualquer das partes deverá ser excluído daquela sessão de instrução e julgamento, prosseguindo-se o sorteio para a composição do Conselho de Sentença com os demais jurados remanescentes.

No caso de não ter sido acolhida a arguição de impedimento, suspeição ou incompatibilidade contra o juiz de direito que preside o Tribunal do Júri, órgão do MP, jurados ou qualquer funcionário, a sessão de julgamento não será suspensa, devendo, pois, constar da ata o seu fundamento e a decisão.

Do contrário, quando acolhida a arguição de impedimento, suspeição, incompatibilidade, dispensa ou recusa – e, em consequência disso, não houver número mínimo de jurados legalmente estabelecido para a formação regular e válida do Conselho de Sentença –, impõe-se o adiamento da sessão de julgamento para o primeiro dia desimpedido, após sorteados os suplentes.

Uma vez regular e validamente constituído o Conselho de Sentença, o juiz de direito que preside o Tribunal do Júri, levantando-se – e, com ele, todos os presentes –, tomará dos jurados o compromisso legal de examinar a causa com imparcialidade e a proferir a decisão de acordo com suas consciências e os ditames da justiça.

▪ Instrução em plenário

A instrução em plenário deverá ser iniciada após o compromisso prestado por todos os jurados, quando então o juiz de direito presidente, o MP, o assistente, o querelante e o defensor do acusado tomarão, sucessiva e diretamente, as declarações da vítima, se isso for possível, e a inquirição das testemunhas arroladas na acusação.

Em relação à inquirição das testemunhas arroladas na defesa, o defensor do acusado deverá formular as perguntas antes do MP e do assistente de acusação. Os jurados também poderão formular perguntas ao ofendido e às testemunhas, por intermédio do Juiz presidente.

As partes e os jurados também poderão requerer acareações, reconhecimento de pessoas e de coisas e esclarecimentos aos peritos, bem como a leitura de peças processuais que se refiram, exclusivamente, às provas colhidas por carta precatória e às provas cautelares, antecipadas ou não repetíveis. A seguir, não restando dúvidas acerca do conteúdo da instrução ou diligências a cumprir, deverá ser o acusado interrogado, quando estiver presente, conforme as regras especificamente estabelecidas no CPP.

O MP, o assistente de acusação, o querelante e o defensor, nessa ordem, poderão formular diretamente perguntas ao acusado; no entanto, os jurados deverão formular perguntas ao acusado por intermédio do juiz de direito que preside o Tribunal do Júri.

Não será permitido o uso de algemas no acusado durante o período em que permanecer no plenário do Tribunal do Júri, salvo quando tal medida for absolutamente necessária à ordem dos trabalhos, à segurança das testemunhas ou à garantia da integridade física dos presentes.

Mutatis mutandis, é o que se pode também aferir do teor da Súmula Vinculante n. 11 do STF, segundo a qual:

> *só é lícito o uso de algemas em casos de resistência e de fundado receio de fuga ou de perigo à integridade física própria ou alheia, por parte do preso ou de terceiros, justificada a excepcionalidade por escrito, sob pena de responsabilidade disciplinar, civil e penal do agente ou da autoridade e de nulidade da prisão ou do ato processual a que se refere, sem prejuízo da responsabilidade civil do Estado.* (Brasil, 2008d)

O registro dos depoimentos e do interrogatório deverá ser feito pelos meios ou recursos de gravação magnética, eletrônica, estenotipia ou técnica similar, destinada a obter maior fidelidade e celeridade na colheita da prova, sendo certo que a transcrição do registro, após a degravação, deverá constar dos autos do processo.

Debates

Os debates no plenário do Tribunal do Júri deverão ser levados a cabo depois de encerrada a instrução da causa, quando então será concedida e assegurada a palavra ao MP, que deverá fazer a acusação, nos limites da pronúncia ou das decisões posteriores que a julgaram admissível, sustentando, se for o caso, a existência de circunstância agravante.

Na hipótese de ser admitido assistente de acusação, este falará depois do órgão de execução ministerial que estiver em exercício na sessão de julgamento do Tribunal do Júri. Em se tratando de ação penal de iniciativa privada, em primeiro lugar deverá ser concedida e assegurada a palavra ao querelante e, em seguida, ao MP, ressalvando-se, no entanto, a hipótese legal de ter retomado a titularidade da ação penal subsidiária da pública, conforme expressa previsão legal contida no art. 29 do CPP.

Ao final da acusação, em iguais condições, deverá ser concedida e assegurada a palavra à defesa do agente a quem se fez a imputação de culpa, em sessão de julgamento levada a cabo no Tribunal do Júri. Ao ser encerrado o prazo legalmente estabelecido para a defesa do agente, é facultado à acusação o direito de réplica, que, uma vez exercido, automática e sucessivamente, assegurará à defesa o exercício do direito de tréplica; inclusive, nesta fase procedimental, é admitida a reinquirição de testemunha que já tenha sido ouvida em plenário.

O tempo destinado à acusação e à defesa será de uma hora e meia para cada, e de uma hora para a réplica e outro tanto para a tréplica; contudo, havendo mais de um acusador ou defensor, deverão combinar entre si a distribuição do tempo, que, na falta de acordo, poderá ser dividido pelo juiz presidente. No entanto, sendo mais de 1 acusado num mesmo processo levado a julgamento em sessão do Tribunal do Júri, o tempo para a acusação e a defesa deverá ser acrescido de uma hora e elevado ao dobro o da réplica e da tréplica.

De acordo com o art. 478 do CPP:

> Art. 478. Durante os debates as partes não poderão, sob pena de nulidade, fazer referências:
> I – à decisão de pronúncia, às decisões posteriores que julgaram admissível a acusação ou à determinação do uso de algemas como argumento de autoridade que beneficiem ou prejudiquem o acusado;
> II – ao silêncio do acusado ou à ausência de interrogatório por falta de requerimento, em seu prejuízo. (Brasil, 1941)

De igual maneira, ao longo da sessão de julgamento, "não será permitida a leitura de documento ou a exibição de objeto que não tiver sido juntado aos autos com a antecedência mínima de 3 (três) dias úteis, dando-se ciência à outra parte" (Brasil, 1941).

De acordo com a legislação processual penal, compreende-se na mencionada proibição a leitura de jornais ou qualquer outro escrito, bem como a exibição de vídeos, gravações, fotografias, laudos, quadros, croqui ou qualquer outro meio assemelhado, cujo conteúdo versar sobre a matéria de fato submetida à apreciação e julgamento dos jurados.

A acusação, a defesa e os jurados poderão, a qualquer momento e por intermédio do juiz presidente, pedir ao orador que indique a folha dos autos do processo onde se encontra a peça processual por ele lida ou mencionada, facultando-se ainda aos jurados solicitar-lhe, pelo mesmo meio, o esclarecimento de fato por ele alegado. Após encerrados os debates, o juiz presidente deverá indagar aos jurados se estão habilitados a julgar ou se ainda necessitam de outros esclarecimentos; sendo certo que, caso ainda exista dúvida sobre qualquer questão de fato, o próprio juiz presidente poderá prestar esclarecimentos à vista dos autos.

Os jurados, nessa fase do procedimento, deverão ter acesso aos autos do processo e mesmo aos instrumentos do crime, quando assim solicitarem ao juiz presidente. O juiz presidente, inclusive, poderá dissolver o Conselho de Sentença e determinar a realização das diligências entendidas necessárias, quando a verificação de qualquer fato, reconhecida como essencial para o julgamento da causa, não puder ser imediatamente realizada. Assim, quando a diligência entendida como indispensável consistir na produção de prova pericial, o juiz presidente, desde logo, deverá nomear perito e formular quesitos, oportunizando às partes idêntica faculdade processual, além de indicar assistentes técnicos, no prazo legal de 5 dias.

▪ Questionário e sua votação

O Conselho de Sentença deverá ser questionado sobre matéria de fato e se o acusado deve ser absolvido através da formulação de quesitos e consequente votação, conforme as regras de procedimento estabelecidas pelo CPP. Os quesitos deverão ser redigidos em proposições afirmativas, simples e distintas, de modo que cada um deles possa ser respondido com clareza e precisão. Na sua elaboração, o juiz de direito que preside a sessão de julgamento no Tribunal do Júri deverá levar em conta os precisos termos em que se deu a pronúncia ou as decisões posteriores que julgaram admissível a acusação, bem como o interrogatório e as alegações das partes.

Os quesitos a serem formulados nos julgamentos realizados no Tribunal do Júri deverão observar a ordem especificamente estabelecida no CPP, por meio dos quais, na seguinte sequência, será indagada: a materialidade do fato (se ocorreu); a autoria ou a participação (se o acusado é que agiu conforme o fato); se o acusado deve ser absolvido; se existe causa de diminuição de pena alegada pela defesa; se existe circunstância qualificadora ou causa de aumento de pena reconhecidas na pronúncia ou em decisões posteriores que julgaram admissível a acusação.

A resposta negativa de mais de 3 jurados a qualquer dos quesitos que se refiram à materialidade ou à autoria do delito, por certo, dá por encerrada a votação e implica a absolvição do acusado. No entanto, caso sejam respondidos afirmativamente por mais de 3 jurados os mencionados quesitos – relativos à materialidade e à autoria do delito –, impõe-se a formulação de quesito com a seguinte redação: "O jurado absolve o acusado?".

No caso em que os jurados decidirem pela condenação do acusado, o julgamento perante o Tribunal do Júri deverá prosseguir, passando-se, então, à formulação de quesitos sobre causa de diminuição de pena alegada pela defesa; circunstância qualificadora ou causa de aumento de pena, reconhecidas na pronúncia ou em decisões posteriores que julgaram admissível a acusação.

Para além de outras questões relacionadas à classificação delitiva, o juiz de direito que preside o Tribunal do Júri deverá ler cada um dos quesitos e, de igual maneira, indagar das partes se têm requerimento ou reclamação a fazer, devendo qualquer deles, bem como a decisão a respeito, constar da ata da sessão de julgamento. Também é cabível ao juiz presidente, ainda em plenário, explicar aos jurados o significado de cada quesito.

A votação dos quesitos formulados deverá ser realizada em sala especialmente reservada para tal fim, na qual somente poderá permanecer o juiz de direito presidente, os jurados, o órgão de execução ministerial, o assistente de acusação, o querelante, o defensor do acusado, o escrivão e o oficial de justiça.

Na falta de sala especial, o juiz de direito presidente determinará que o público se retire do plenário do Tribunal do Júri, permanecendo somente as pessoas mencionadas anteriormente. O juiz presidente deverá advertir as partes de que não será permitida qualquer intervenção que possa perturbar a livre manifestação do Conselho de Sentença, e poderá retirar da sala quem se portar de forma inconveniente à ordem necessária para o julgamento da causa, por meio da votação dos quesitos.

Em seguida, o juiz presidente mandará distribuir aos jurados pequenas cédulas, feitas de papel opaco e facilmente dobráveis, contendo 7 delas a palavra "sim", 7 a palavra "não", antes de proceder à votação de cada quesito. E, assim, para assegurar o sigilo do voto, o oficial de justiça recolherá em urnas separadas as cédulas correspondentes aos votos e as não utilizadas (descartadas).

Após a resposta a cada um dos quesitos e verificados os votos e as cédulas não utilizadas, o juiz presidente determinará que o Escrivão registre no termo a votação, bem como o resultado do julgamento, para além, é certo, da conferência das cédulas não utilizadas. As decisões do Tribunal do Júri são tomadas por maioria de votos dos jurados, em relação a cada um dos quesitos; sendo certo que, caso a resposta a qualquer dos quesitos estiver em contradição com outra ou outras já dadas, o juiz presidente, explicando aos jurados em que consiste a contradição, deverá submeter novamente à votação os quesitos a que se referirem tais respostas.

Nesse momento, se, quando, em razão da resposta dada a um dos quesitos, o juiz presidente verificar que ficam prejudicados os quesitos seguintes, assim os deverá declarar, isto é, como *quesitos prejudicados*, dando por finda sua votação. Uma vez encerrada a votação de cada um dos quesitos, deverá ser lavrado termo, o qual, então, deverá ser assinado pelo juiz de direito que preside a sessão de julgamento perante o Tribunal do Júri, pelos jurados e pelas partes.

■ Sentença

O juiz de direito presidente do Tribunal do Júri deverá proferir sentença – a qual, no caso de condenação, conterá a fixação da pena-base – levando-se em conta as circunstâncias agravantes ou atenuantes alegadas nos debates, bem como imporá os aumentos ou as diminuições da pena, em atenção às causas admitidas pelo Conselho de Sentença, observando as demais disposições do art. 387 do CPP; inclusive, mandando o acusado recolher-se ou o recomendará à prisão em que se encontra, quando presentes os requisitos legais da prisão preventiva, estabelecendo, finalmente, os efeitos genéricos e específicos da condenação.

Na hipótese em que for proferida sentença absolutória, o juiz de direito presidente do Tribunal do Júri mandará colocar em liberdade o acusado se por outro motivo não estiver preso, revogará as medidas restritivas provisoriamente decretadas e, se for o caso, deverá impor medida de segurança cabível. No caso de desclassificação do crime para outro, cuja competência jurisdicional seja pertinente a juiz de direito singular (monocrático), ao juiz de direito que preside o Tribunal do Júri caberá o dever legal de proferir sentença, aplicando-se, quando o delito resultante da nova tipificação for considerado pela lei como infração penal de menor potencial ofensivo, o procedimento, os benefícios e as medidas legais previstos na Lei dos Juizados Especiais (Lei n. 9.099/1995).

De igual maneira, em caso de desclassificação tipológica, o crime conexo que não seja doloso contra a vida também deverá ser julgado pelo juiz de direito que preside a sessão de julgamento no Tribunal do Júri, aplicando-se, no que couber, o procedimento, os benefícios, e as demais medidas legais pertinentes à figura delitiva; sendo certo que, ao final, a decisão judicial (sentença penal) deverá ser lida em plenário pelo mencionado presidente, isto é, antes de encerrar a sessão de instrução e julgamento perante o Tribunal do Júri.

A Lei n. 13.964/2019 (Lei Anticrime), em relação ao procedimento relativo aos processos da competência do Tribunal do Júri, alterou as atribuições destinadas ao Juiz de Direito que presidir a sessão de julgamento, permitindo a execução provisória de penas. Portanto, na prolação da decisão judicial condenatória, o Juiz de Direito

> mandará o acusado recolher-se ou recomenda-lo-á à prisão em que se encontra, se presentes os requisitos da prisão preventiva, ou, no caso de condenação a uma pena igual ou superior a 15 (quinze) anos de reclusão, determinará a execução provisória das penas, com expedição do mandado de prisão, se for o caso, sem prejuízo do conhecimento de recursos que vierem a ser interpostos (Brasil, 1941, art. 492, I, e)

Do contrário, uma vez constatada a presença de questão substancial cuja resolução possa provavelmente ter grande chance de levar à revisão da condenação imposta no Tribunal do Júri, autoriza-se a não execução provisória da pena (§ 3º do art. 492 do CPP).

De outro lado, em regra, não será atribuído efeito suspensivo aos recursos interpostos em relação à decisão judicial condenatória que estipulou penas privativas de liberdade iguais ou superiores a 15 anos de reclusão em processos da competência do Tribunal do Júri.

Contudo, uma vez verificado que a insurgência recursal não tem caráter meramente protelatório e cumulativamente possa contemplar questão relevante que determine a revisão do julgamento ("absolvição, anulação da sentença, novo julgamento ou redução da pena"), o Tribunal *ad quem* poderá atribuir efeito suspensivo, desde que tenha sido incidentalmente requerido ou, então, por meio de petição em separado tenha sido formulado esse pedido diretamente ao relator.

■ Ata dos trabalhos

Em cada uma das sessões de julgamento levada a cabo no Tribunal do Júri, o Escrivão deverá lavrar a respectiva ata, a qual deverá ser assinada pelo juiz de direito presidente e pelas partes. A falta de elaboração da ata sujeitará o responsável que lhe deu causa a sanções administrativa e penal.

A ata da sessão de julgamento deverá descrever fielmente todas as ocorrências, mencionando obrigatoriamente: a data e a hora da instalação dos trabalhos; o magistrado que presidiu a sessão e os jurados presentes; os jurados que deixaram de comparecer, com escusa ou sem ela, e as sanções aplicadas; o ofício ou requerimento de isenção ou dispensa; o sorteio dos jurados suplentes; o adiamento da sessão, se houver ocorrido, com a indicação do motivo; a abertura da sessão e a presença do MP, do querelante e do assistente, se houver, e a do defensor do acusado; o pregão e a sanção imposta, no caso de não comparecimento; as testemunhas dispensadas de depor; o recolhimento das testemunhas a lugar de onde umas não pudessem ouvir o depoimento das outras; a verificação das cédulas pelo juiz de direito presidente; a formação do Conselho de Sentença, com o registro dos nomes dos jurados sorteados e recusas; o compromisso e o interrogatório, com simples referência ao termo; os debates e as alegações das partes com os respectivos fundamentos; os incidentes; o julgamento da causa; a publicidade dos atos da instrução plenária, das diligências e da sentença.

▪ Atribuições do presidente do Tribunal do Júri

O juiz de direito que presidir a sessão de julgamento levada a cabo perante o Tribunal do Júri tem atribuições específicas para tanto, além é certo de outras expressamente estabelecidas no CPP. Desta maneira, para além das atividades típicas da jurisdição, o juiz de direito presidente do Tribunal do Júri tem como atribuição legal o dever de regular a polícia das sessões e prender os desobedientes, bem como requisitar o auxílio da força pública, que ficará sob sua exclusiva autoridade, e dirigir os debates, intervindo em caso de abuso, excesso de linguagem ou mediante requerimento de uma das partes.

Além disso, a presidência que dirige a sessão de julgamento que se realiza perante o Tribunal do Júri deverá resolver as questões incidentes que não dependam de pronunciamento do Conselho de Sentença, inclusive, nomear defensor ao acusado, quando considerá-lo indefeso, podendo, nesse caso, dissolver o Conselho de Sentença e designar novo dia para o julgamento, com a nomeação ou a constituição de um novo defensor; bem como mandará retirar da sala o acusado que dificultar a realização da sessão de julgamento, a qual prosseguirá sem a sua presença.

A qualquer momento, o presidente do Tribunal do Júri poderá suspender a sessão de julgamento pelo tempo indispensável à realização das diligências requeridas ou entendidas indispensáveis, mantida a incomunicabilidade dos jurados, bem como interromper a sessão de julgamento por tempo razoável, para proferir sentença e para repouso ou refeição dos jurados; inclusive, decidindo, de ofício, ouvidos o MP e a defesa, ou a requerimento de qualquer destes, a arguição de extinção de punibilidade e as demais questões de direito suscitadas no curso da sessão de julgamento.

O juiz de direito que presidir a sessão de julgamento no Tribunal do Júri poderá determinar, de ofício ou a requerimento das partes ou de qualquer jurado, as diligências destinadas a sanar nulidade ou a suprir falta que prejudique o esclarecimento da verdade, além de regulamentar, durante os debates, a intervenção de uma das partes, quando a outra estiver com a palavra, podendo conceder até 3 minutos para cada aparte requerido, que serão acrescidos ao tempo desta última.

6.8.3 Juizado Especial Criminal

A Lei n. 9.099/1995 regulamentou a criação e a organização estrutural e funcional dos juizados especiais cíveis e criminais, então constituídos como órgãos da justiça ordinária estadual, distrital e federal, com atribuições de conciliação, processo, julgamento e execução nas causas legalmente delimitadas de sua competência jurisdicional.

No âmbito penal, a competência jurisdicional dos Juizados Especiais Criminais está vinculada à conciliação, ao processo, ao julgamento e à execução dos casos concretos (causas) que contemplarem os denominados de "infrações penais de menor potencial ofensivo".

Observa-se que a legislação trouxe inovações acerca da necessidade de representação enquanto condição de procedibilidade para a propositura da ação penal de iniciativa pública relativa aos crimes de lesões corporais leves e de lesões corporais culposas, as quais até então não dependiam do atendimento dessa condição. Contudo, é importante observar que o disposto no art. 88 da Lei n. 9.099/1995 teve grande repercussão no início da vigência dessa lei, quando, então, tornou-se necessária a intimação dos ofendidos com o intuito de que eventualmente oferecessem a indispensável representação para não só a propositura da respectiva ação penal, mas, principalmente, para a continuidade de inúmeras demandas que já tramitam perante o juízo de direito comum, conquanto remetidas ao competente Juizado Especial Criminal.

■ Noções gerais

Importa aqui delinear que o Juizado Especial Criminal é constituído por juízes de direito e conciliadores – "juízes leigos" –, cuja competência jurisdicional destina-se à conciliação e ao julgamento das infrações penais consideradas de menor potencial ofensivo, respeitadas as regras de conexão e continência. Também tem atribuições legais para a execução de suas decisões judicialmente adotadas.

A Lei n. 9.099/1995 expressamente determina que os institutos da transação penal e da composição dos danos civis também deverão ser observados quando houver reunião de processos que, respectivamente, tramitem perante o juízo de direito comum ou perante o Tribunal do Júri, em razão da aplicação das regras de conexão e continência (parágrafo único do art. 60).

O conceito normativo de infração penal de menor potencial ofensivo, para fins de aplicação da Lei dos Juizados Especiais Criminais, é consignado no seu art. 61, considerando-se, assim, "as contravenções penais e os crimes a que a lei comine pena máxima não superior a 2 (dois) anos, cumulada ou não com multa" (Brasil, 1995).

A comentada legislação especial estabeleceu objetivamente critérios que, verdadeiramente, podem ser tomados como vetores orientativos do rito processual a ser implementado para o acertamento dos casos concretos (legais) levados ao Juizado Especial Criminal. Assim, no art. 62 da Lei n. 9.099/1995, consignou-se que a oralidade, a informalidade, a economia processual e a celeridade devem ser observadas para a instauração, o desenvolvimento e o encerramento das relações jurídicas processuais que se estabelecerem válida e regularmente nos Juizados Especiais Criminais, "objetivando, sempre que possível, a reparação dos danos sofridos pela vítima e a aplicação de pena não privativa de liberdade" (Brasil, 1995).

A competência jurisdicional dos Juizados Especiais Criminais será determinada pelo lugar em que foi praticada a infração penal, então considerada de menor potencial ofensivo (art. 63, Lei n. 9.099/1995). Os atos processuais deverão ser públicos, inclusive, admitindo-se a realização de tais atos processuais – como, por exemplo, audiências de conciliação, de julgamento etc. –, em horário noturno, bem como em qualquer dia da semana, de acordo com o que for previamente regulamentado pelas normas de Organização Judiciária (art. 64, Lei n. 9.099/1995).

Os atos processuais deverão ser considerados válidos sempre que preencherem as finalidades para as quais tenham sido realizados (art. 65), tendo-se em conta o atendimento dos critérios objetivamente indicados na legislação especial, quais sejam: oralidade, informalidade, economia processual e celeridade, reparação dos danos sofridos pela vítima e aplicação de pena não privativa de liberdade, sempre que isso se afigurar legitimamente possível.

As eventuais nulidades então identificadas no âmbito de qualquer relação jurídica processual que se desenvolva perante os Juizados Especiais Criminais apenas poderão ser pronunciadas quando for devidamente comprovado prejuízo concreto – isto é, em linha com a orientação doutrinária da *pas de nullité sans grief* (em português, "não há nulidade se não houver prejuízo". Apenas os atos processuais considerados essenciais poderão ser registrados por escrito, sendo certo que os demais atos realizados em audiência de instrução e julgamento poderão ser gravados em fita magnética ou mediante de tecnologia equivalente.

O art. 66 da Lei n. 9.099/1995 determina que a citação deverá ser pessoal e, inclusive, realizada no próprio Juizado Especial Criminal competente sempre que possível, ou, então, por mandado judicial. Contudo, se não for encontrado o acusado para ser regular e validamente citado, o órgão julgador deverá encaminhar as peças existentes ao juízo de direito comum – isto é, da Vara Criminal competente – para adoção das medidas legais indispensáveis para o julgamento do caso legal.

As partes, interessados e defensores serão considerados cientificados, e, igualmente, intimados, dos atos processuais que forem realizados em audiência perante o Juizado Especial Criminal. Não sendo assim, a intimação deverá ser realizada por correspondência, mediante aviso de recebimento pessoal – popularmente denominada *carta AR* –, sendo certo que, em se tratando de pessoa jurídica ou firma individual, mediante de entrega ao encarregado da recepção, o qual deverá ser obrigatoriamente identificado. Entretanto, caso se afigure necessário, é possível a realização de intimação por oficial de justiça, independentemente de mandado ou carta precatória, ou, ainda, por qualquer meio idôneo de comunicação.

Fase preliminar

Diante do conhecimento ou da notícia de ocorrência de infração penal de menor potencial ofensivo, impõe-se à autoridade policial a lavratura de Termo Circunstanciado e, logo em seguida, o seu encaminhamento ao Juizado Especial Criminal competente, com o autor do fato e a vítima, inclusive, providenciando as requisições dos exames periciais necessários. O autor do fato não será preso em flagrante delito, e dele sequer será exigida fiança quando assumir o compromisso de comparecer ao Juizado Especial Criminal competente ou, então, quando após a lavratura do termo, for imediatamente encaminhado àquele Juizado.

É importante destacar que, em caso de violência doméstica, o órgão julgador competente junto ao Juizado Especial Criminal, a título de medida protetiva (cautelar), poderá determinar ao autor do fato que se afaste do lar, domicílio ou local de convivência com a vítima. No caso de comparecimento do autor do fato e da vítima, logo em seguida à lavratura do termo circunstanciado, no Juizado Especial Criminal, e lá não sendo possível a realização imediata da audiência preliminar, deverá ser designada data próxima para esse fim, da qual autor e vítima sairão devidamente cientes e intimados.

Contudo, na hipótese de qualquer um dos envolvidos deixarem de comparecer no Juizado Especial Criminal, logo em seguida à lavratura do termo circunstanciado, a secretaria do juizado deverá providenciar a respectiva intimação e, quando for o caso, a intimação do responsável civil, conforme dispõem os arts. 67 e 68 da Lei n. 9.099/1995. Em audiência preliminarmente designada para fins de conciliação, deverão estar presentes o órgão de execução ministerial, o autor do fato e a vítima e, quando for o caso, o responsável civil, estes últimos acompanhados por seus respectivos advogados.

Nessa oportunidade processual, o órgão julgador deverá esclarecer às partes sobre a possibilidade da composição dos danos e da aceitação da proposta de aplicação imediata de pena não privativa de liberdade. A conciliação poderá ser conduzida pelo juiz de direito ou por conciliador – "juiz leigo" –, que deverá agir sob orientação do "juiz togado" – pois, como o próprio texto legal assevera, os conciliadores são considerados auxiliares da Justiça, haja vista que são recrutados, na forma da lei local, preferentemente entre bacharéis em Direito, excluídos os que exerçam funções na administração da justiça criminal.

Em caso de ser efetivamente realizada a composição dos danos civis, impõe-se sua redução em termo escrito, bem como sua respectiva homologação pelo juiz de direito, prolatando-se, assim, sentença irrecorrível que tem eficácia de título a ser executado perante o juízo de direito cível competente (art. 74).

Nos casos em que a infração penal de menor potencial ofensivo for apurada mediante de ação penal de iniciativa privada (que se processa mediante queixa) ou de ação penal pública condicionada à representação (que se processa mediante denúncia), o acordo judicialmente homologado acarretará a renúncia tácita ao exercício do direito de queixa ou representação.

Na hipótese de não ser possível a conciliação, por meio da composição dos danos civis, deverá ser imediatamente dada ao ofendido a oportunidade processual para o exercício do direito de representação verbal, a qual deverá ser reduzida a termo (art. 75), sendo certo que o não oferecimento da representação, pelo ofendido, na audiência preliminar, certamente não implica decadência do direito, o qual poderá ser legitimamente exercido no prazo legalmente previsto para esse fim.

Para além dos prazos especificamente previstos em lei, não se pode esquecer do que expressamente dispõe o art. 91 da Lei n. 9.099/1995, segundo o qual, nas hipóteses em que a legislação especial dos Juizados "passa a exigir representação para a propositura da ação penal pública, o ofendido ou seu representante legal será intimado para oferecê-la no prazo de trinta dias, sob pena de decadência" (Brasil, 1995).

O prazo decadencial é normativamente descrito como o lapso de tempo legalmente estabelecido para a prática de um ato processual ou procedimental que, contudo, não se renova, sendo certo que a não observância desse limite temporal para a realização daquilo que for determinado legal ou judicialmente importará na perda não só da possibilidade jurídica de utilizar o respectivo instrumento processual ou procedimental – como, por exemplo, ação ou manifestação processual –, mas, também, do próprio direito que o consubstancia e através dele pode ser exercido, declarado e assegurado mediante a concessão de tutela jurisdicional.

No caso de ter sido oferecida representação ou, então, em se tratando de crime cuja ação penal é de iniciativa pública incondicionada – vale dizer, que não depende de representação do ofendido –, e tendo-se em conta que não é caso de arquivamento, o órgão de execução ministerial poderá propor a aplicação imediata de pena restritiva de direitos ou multas, na qual deverá necessariamente constar a especificação das condições de tal proposta. O órgão julgador poderá reduzir a multa proposta até a metade, quando esta sanção penal for a única aplicável.

No entanto, a proposta de aplicação imediata de pena restritiva de direitos ou multas não será admitida quando restar devidamente comprovado que o autor do fato já tiver sido condenado pela prática de crime, à pena privativa de liberdade, por sentença definitiva; anteriormente beneficiado, no prazo de 5 anos, pela aplicação de pena restritiva ou multa; ou quando os antecedentes, a conduta social e a personalidade do autor do fato, bem como os motivos e as circunstâncias, não indicarem ser necessária e suficiente a adoção da medida supramencionada (parágrafo 2º do art. 76).

Entretanto, uma vez aceita a proposta de transação penal pelo autor da infração penal considerada de menor potencial ofensivo, e o seu defensor, de igual maneira, não se opuser, impõe-se que se submeta à apreciação do órgão julgador competente para eventual homologação judicial.

Até porque, a transação penal – isto é, a conciliação pré-processual a ser eventualmente concedida e judicialmente homologada – somente deve ser oferecida, de forma individual, em virtude mesmo da necessidade de avaliação judicial dos critérios subjetivos e objetivos expressamente descritos no art. 76 da Lei n. 9.099/1995 (Lei dos Juizados Especiais):

> Art. 76. Havendo representação ou tratando-se de crime de ação penal pública incondicionada, não sendo caso de arquivamento, o Ministério Público poderá propor a aplicação imediata de pena restritiva de direitos ou multas, a ser especificada na proposta.

> § 1º Nas hipóteses de ser a pena de multa a única aplicável, o Juiz poderá reduzi-la até a metade.
> § 2º Não se admitirá a proposta se ficar comprovado:
> I – ter sido o autor da infração condenado, pela prática de crime, à pena privativa de liberdade, por sentença definitiva;
> II – ter sido o agente beneficiado anteriormente, no prazo de cinco anos, pela aplicação de pena restritiva ou multa, nos termos deste artigo;
> III – não indicarem os antecedentes, a conduta social e a personalidade do agente, bem como os motivos e as circunstâncias, ser necessária e suficiente a adoção da medida.
> (Brasil, 1995)

Com a homologação judicial da proposta de transação penal oferecida pelo MP e aceita pelo autor da infração penal, o órgão julgador determinará a aplicação da pena restritiva de direitos ou multa, a qual, contudo, não importará em reincidência, conforme expressamente estabelecido na legislação especial (parágrafo 4º, art. 76, Lei n. 9.099/1995). Essa homologação deverá ser registrada somente para impedir a concessão judicial novamente desse "mesmo benefício no prazo de cinco anos" (Brasil, 1995).

Em relação à decisão judicial que homologar a transação penal e, assim, determinar o cumprimento da pena restritiva de direitos ou multa, então judicialmente aplicada, caberá recurso de apelação referido no art. 82 da Lei n. 9.099/1995, conforme dispõe o parágrafo 5º do art. 76 da mencionada legislação especial.

Os eventuais e legitimamente interessados deverão propor a ação que entenderem cabível perante o juízo de direito cível competente, para fins de reparação de danos, haja vista que a imposição de quaisquer das sanções legalmente referidas na Lei dos Juizados Especiais Criminais (parágrafo 4º, art. 76) não deverá constar na certidão de antecedentes criminais, salvo, exclusivamente, para os fins de concessão de idêntico benefício, e, portanto, não terá efeitos civis.

Procedimento sumaríssimo

Se não for possível a transação penal, o órgão de execução ministerial imediatamente oferecerá denúncia, oralmente, nos casos em que a persecução penal se desenvolva através de ação penal de iniciativa pública e não haja necessidade de realização de diligências consideradas imprescindíveis para a resolução adequada do caso concreto.

O órgão de execução ministerial poderá oferecer denúncia, independentemente da formação de inquérito policial, tomando por base o conteúdo do termo circunstanciado, inclusive, abrindo mão da realização do exame de corpo delito, nos casos em que a materialidade do crime estiver consubstanciada em boletim médico ou outro meio de prova admitido, então considerado equivalente.

Contudo, se a complexidade ou as circunstâncias em que se deu a infração penal de menor potencial ofensivo efetivamente não permitirem a formulação da denúncia, o órgão de execução ministerial poderá requerer ao juiz de direito o encaminhamento das peças informativas então existentes, consoante o teor do parágrafo único do art. 66 da Lei n. 9.099/1995.

Em se tratando de ação penal de iniciativa privada (queixa), o ofendido, o seu representante legal ou o seu advogado poderá oferecê-la oralmente, cabendo ao órgão julgador verificar se a complexidade e as circunstâncias do caso podem ou não determinar a adoção das providências legais previstas no parágrafo único do art. 66 da Lei n. 9.099/1995.

Uma vez oferecida a denúncia ou a queixa, impõe-se a sua redução a termo, do qual deverá ser extraída cópia integral e, então, entregue mediante recibo ao acusado – e, sempre que possível, ao seu defensor –, considerado assim regular e validamente citado e, de igual maneira, cientificado da data e da hora judicialmente designadas para a audiência de instrução e julgamento.

A audiência de instrução e julgamento, então judicialmente designada, também deverá ser comunicada ao MP, bem como ao ofendido, ao responsável civil e aos respectivos defensores.

Contudo, na hipótese do acusado não estar presente no momento do oferecimento da denúncia ou da queixa, deverá ser regular e validamente citado na forma legal descrita nos arts. 66 e 68 da Lei n. 9.099/1995 – conforme comentado anteriormente –, quando então será cientificado da data e do horário em que se realizará a audiência de instrução e julgamento, cabendo-lhe, portanto, trazer suas testemunhas ou apresentar requerimento para intimação pelo menos 5 dias antes da realização daquele ato processual.

Como anteriormente já foi visto, nos termos do art. 67 da Lei n. 9.099/1995, quando o ofendido e o responsável civil não estiverem presentes, deverão ser regular e validamente intimados para comparecerem à audiência de instrução e julgamento, assim como deverão ser intimadas as testemunhas arroladas.

Na data, horário e local judicialmente designados para a realização da audiência de instrução e julgamento, quando na fase preliminar não tiver sido possível a tentativa de conciliação e de oferecimento de proposta pelo MP, impõe-se a adoção das providências legais necessárias como se estivesse naquela fase procedimental – conforme visto no tópico anterior, "Fase Preliminar", impondo-se, pois, a observância do que se encontra nos arts. 72, 73, 74 e 75 da Lei n. 9.099/1995.

No âmbito do Juizado Especial Criminal, a regra é a de que nenhum ato processual deva ser adiado. O órgão julgador que conduz a relação jurídica processual – como, por exemplo, a presidência da audiência de instrução e julgamento – deve determinar, quando for imprescindível, a condução coercitiva de quem deva comparecer para a realização regular e válida de qualquer ato processual.

Assim que for regular e validamente instalada a audiência, logo após a sua abertura, o órgão julgador que a preside deverá assegurar a palavra ao defensor, para que, então, apresente resposta à acusação que fora imputada ao acusado. Em seguida, o órgão julgador deverá receber ou não a denúncia ou a queixa, mediante decisão judicial fundamentada, a qual deverá restar consignada nos respectivos termos da audiência.

Na hipótese de ter sido judicialmente recebida a denúncia ou a queixa, o órgão julgador deverá adotar as providências necessárias para que possam ser respectivamente ouvidas a vítima e as testemunhas arroladas na ação penal, e, também, sobre a resposta apresentada pela defesa, sendo certo que, logo em seguida, deverá ser realizado o interrogatório do acusado que estiver presente, passando-se assim, imediatamente, aos debates orais e à prolação da sentença.

Em regra, todos os meios de prova admitidos deverão ser utilizados para a comprovação do que for alegado pelas partes de forma concentrada, isto é, todos deverão ser produzidos na audiência de instrução e julgamento, assegurando-se, contudo, ao órgão julgador, a possibilidade de limitação ou de exclusão das provas que considerar excessivas, impertinentes ou meramente protelatórias.

Ao final, deverá ser lavrado termo de tudo o que ocorreu na audiência de instrução e julgamento, o qual será assinado pelo órgão julgador, pelo órgão de execução ministerial – na queixa, pelo querelante – e pelo acusado, devendo também conter um "breve resumo dos fatos relevantes ocorridos em audiência e a sentença" (Brasil, 1995).

A decisão judicial prolatada no âmbito do Juizado Especial Criminal deverá atender a todos os requisitos legais (processuais) estabelecido para toda e qualquer sentença penal, contudo, dispensando-se o relatório, torna-se indispensável aqui a menção aos elementos de convicção do juiz, em atendimento ao que dispõe o inciso IX do art. 93 da Constituição Federal (CF) de 1988:

> Art. 93 [...]
> IX – todos os julgamentos dos órgãos do Poder Judiciário serão públicos, e fundamentadas todas as decisões, sob pena de nulidade, podendo a lei limitar a presença, em determinados atos, às próprias partes e a seus advogados, ou somente a estes, em casos nos quais a preservação do direito à intimidade do interessado no sigilo não prejudique o interesse público à informação. (Brasil, 1988)

■ Recursos

Os feitos que tramitam perante o Juizado Especial Criminal também poderão ser submetidos ao crivo de instância superior, aqui denominada *turma recursal*, em nome da garantia fundamental do duplo grau de jurisdição, submetendo-se, assim, as decisões judiciais ao crivo revisional por meio de vias impugnativas próprias e outras comuns à processualística penal.

Nesse sentido, entende-se que é possível não só a interposição do recurso de apelação em relação à decisão judicial que rejeitar a denúncia ou a queixa e à sentença absolutória ou condenatória, mas também os demais remédios processuais – por exemplo, mandado de segurança criminal, *habeas corpus* etc.

A turma recursal, por sua vez, é composta por 3 juízes de direito em exercício no primeiro grau de jurisdição, os quais deverão se reunir na sede do Juizado Especial Criminal.

O prazo legal para a interposição do recurso de apelação é de 10 dias, a serem contados a partir da data em que se consignou nos autos a ciência da decisão judicial (sentença) pelo MP, pelo acusado e seu defensor.

O recurso de apelação deverá ser interposto mediante de petição escrita, da qual deverão constar os motivos de fato, as razões de direito e o pedido, isto é, a pretensão recursal deduzida pela parte que recorreu.

A parte adversa (recorrida) deverá ser intimada para oferecer, querendo, resposta (contrarrazões) à pretensão recursal deduzida, também, por escrito, no prazo legal de 10 dias, a serem contados a partir da data em que for consignada nos respectivos autos a sua regular e válida intimação.

De igual maneira, é possível deduzir embargos de declaração quando, em sentença ou acórdão, houver obscuridade, contradição ou omissão (art. 83), sendo certo que os embargos de declaração deverão ser opostos por escrito ou oralmente no prazo legal de 5 dias, a serem contados a partir da data em que for consignada nos respectivos autos a ciência da decisão judicial objurgada.

Os embargos de declaração interrompem o prazo para a interposição de recurso. Para o mais, em atenção mesmo aos critérios que orientam a peculiar processualidade no âmbito do Juizado Especial Criminal – vale dizer, a oralidade, a informalidade, a economia processual e a celeridade –, observa-se que os eventuais erros materiais poderão ser a qualquer tempo corrigidos de ofício pelo órgão julgador.

Execução

A execução das sanções judicialmente aplicadas no Juizado Especial Criminal deverá ser cumprida conforme regulamentação própria da legislação específica (Lei n. 9.099/1995), em que pese a possibilidade de aplicação subsidiária das disposições legais do CP e do CPP.

Portanto, nos casos em que a multa for exclusivamente a sanção judicialmente aplicada, torna-se certo que o seu cumprimento deverá ser levado a cabo através de pagamento a ser realizado diretamente na Secretaria do Juizado Especial Criminal competente (art. 84).

O pagamento integral da multa, nessas hipóteses, é causa de extinção da punibilidade do agente, a ser declarada judicialmente pelo órgão julgador, que, para o mais, determinará que a aplicação (condenação) dessa pena pecuniária (multa) apenas conste nos registros para fins de eventual requisição judicial, mas não diversamente, para fins de "registros criminais" – ou mesmo a título de antecedentes criminais.

Entretanto, caso o autor da infração penal de menor potencial ofensivo, injustificadamente, deixar de efetuar o pagamento da multa no prazo que lhe for judicialmente estipulado, torna-se plausível a conversão dessa pena pecuniária em pena privativa de liberdade ou, então, em pena restritiva de direitos, conforme previsão legal (art. 85).

É certo que para esse fim impõe-se a observância do devido processo legal, bem como os seus consectários da ampla defesa e do contraditório substancial, com o intuito de que o autor da infração penal possa, assim querendo, oferecer os motivos de fato e as razões de direito que eventualmente lhe impediram de cumprir integralmente a sanção que lhe foi judicialmente aplicada.

Com efeito, de acordo com a visão do STJ, observa-se que:

> *I – A sentença homologatória da transação penal, prevista no art. 76 da Lei nº 9.099/95, tem natureza condenatória e gera eficácia de coisa julgada material e formal, obstando a instauração de ação penal contra o autor do fato, se descumprido o acordo homologado.*
>
> *II – No caso de descumprimento da pena de multa, conjuga-se o art. 85 da Lei nº 9.099/95 e o 51 do CP, com a redação dada pela Lei nº 9.286/96, com a inscrição da pena não paga em dívida ativa da União para ser executada.* (Brasil, 2011a)

Como já se viu, na hipótese de aplicação exclusiva de pena de multa ao autor de infração penal de menor potencial ofensivo, entende-se que sua execução deverá ser realizada no próprio Juizado Especial Criminal competente. Em relação à execução das demais penas privativas de liberdades ou restritivas de direitos – ainda que cumuladas com multas – é certo que deve ser realizada perante o juízo de direito da Vara de Execuções Penais, conforme expressamente determina do art. 86 da Lei n. 9.099/1995.

Nesse sentido, o STJ tem entendido que a "competência para a execução das penas privativas de liberdade impostas no âmbito dos juizados especiais criminais pertence aos Juízos das Execuções Criminais, integrantes da Justiça Comum" (Brasil, 2008b).

▪ Suspensão Condicional do Processo

O art. 89 da Lei n. 9.099/1995 prevê a possibilidade de suspensão condicional do processo, no qual o agente é responsabilizado pela prática de conduta considerada delituosa cuja sanção penal prevista, em seu mínimo legal, seja igual ou inferior a 1 ano. É importante observar que a conduta delituosa não precisa ser necessariamente classificada como de menor potencial ofensivo, ou seja, mesmo em se tratando de infração penal não abrangida pela Lei dos Juizados Especiais (Criminais), desde que a pena minimamente cominada seja igual ou inferior a 1 ano, afigura-se juridicamente plausível a eventual suspensão condicional do processo.

Para tanto, torna-se indispensável o oferecimento de denúncia, isto é, ação penal de iniciativa pública, pelo MP, que, precisamente nesse momento procedimental, também deverá pronunciar-se sobre a possibilidade da suspensão condicional da relação jurídica processual penal – pois, à obviedade, apenas se pode suspender a relação jurídica processual, para o que é necessário que tenha sido inaugurada de forma regular e válida por meio da dedução de pretensão punitiva, mediante a propositura da respectiva ação penal.

A suspensão condicional do processo, por sua vez, poderá ser estabelecida pelo período de 2 a 4 anos, desde que o acusado atenda a determinadas requisitos legais, e, de igual maneira, comprometa-se a cumprir as condições judicialmente estabelecidas.

Nesse sentido, o acusado não poderá ter sido condenado pela prática de outro crime e, sequer, poderá estar sendo criminalmente processado. Ainda assim, o acusado ainda deverá preencher os requisitos legais que autorizariam a suspensão condicional da pena, isto é, *sursis*. Essa suspensão (*sursis*) encontra fundamentação legal tanto no CP (arts. 77 a 82) quanto no CPP (arts. 696 a 709).

■ Aplicação da legislação especial

Nos termos do art. 90 da Lei n. 9.099/1995, as disposições legais de cunho processual – ou procedimental –, em regra, não se aplicam às relações jurídicas processuais penais – "processos penais" – cuja instrução já estiver iniciada. No entanto, em razão da Ação Direta de Inconstitucionalidade n. 1.719-DF, entendeu-se por bem excluir, com eficácia *ex tunc* – isto é, com efeito retroativo –, o sentido que impeça a aplicação de normas de direito penal (material), com conteúdo mais favorável à pessoa a que for atribuída a prática de conduta delituosa do que aquele disposto no art. 90 da Lei n. 9.099/1995, relativamente aos processos penais com instrução já iniciada à época do advento da Lei dos Juizados Especiais.

Isto é, a vedação constante do art. 90 da Lei n. 9.099/1995 apenas se aplica aos atos processuais penais puros, vale dizer, que não contenham norma material – ainda que mista (penal e processual penal) – própria de direito penal, em relação aos "processos" com instrução já iniciada à época da vigência da legislação especial.

Neste sentido, o STF vaticinou:

> *O art. 90 da Lei 9.099/1995 determina que as disposições da Lei dos Juizados Especiais não são aplicáveis aos processos penais nos quais a fase de instrução já*

tenha sido iniciada. Em se tratando de normas de natureza processual, a exceção estabelecida por lei à regra geral contida no art. 2º do CPP não padece de vício de inconstitucionalidade. Contudo, as normas de Direito Penal que tenham conteúdo mais benéfico aos réus devem retroagir para beneficiá-los, à luz do que determina o art. 5º, XL da Constituição Federal. Interpretação conforme ao art. 90 da Lei 9.099/1995 para excluir de sua abrangência as normas de Direito Penal mais favoráveis aos réus contidas nessa lei. (Brasil, 2007)

Para o mais, observa-se que as disposições dos CP e do CPP podem ser subsidiariamente aplicadas nos julgamentos realizados perante o Juizado Especial Criminal competente, desde que não sejam incompatíveis com as disposições da Lei n. 9.099/1995. Contudo, importa destacar que a Lei dos Juizados Especiais não se aplica no âmbito da justiça militar.

6.8.4 Crimes de responsabilidade

Os crimes de reponsabilidade dos funcionários (servidores) públicos também se submetem a regras processuais próprias, expressamente previstas no art. 513 do CPP, por meio das quais são definidas, entre outras questões, a competência jurisdicional, os requisitos e pressupostos legais para o exercício do direito de ação, a instrução da causa etc. Para os crimes de responsabilidade dos servidores públicos, cujo processo e julgamento competirão aos juízes de direito, a queixa ou a denúncia será instruída com documentos ou justificação que façam presumir a existência do delito ou com declaração fundamentada da impossibilidade de apresentação de qualquer dessas provas.

Nos crimes afiançáveis, estando a denúncia ou queixa em devida forma, o juiz mandará autuá-la e ordenará a notificação do acusado, para, querendo, responder por escrito e, assim, oferecer a defesa preliminar que entender pertinente, inclusive, podendo ser instruída com documentos e justificações dentro do prazo legal de 15 dias. É possível a nomeação de defensor ao acusado, a quem caberá apresentar a resposta preliminar, quando não for conhecida sua residência ou este se encontrar fora da jurisdição do juízo de direito competente. Em todo caso, durante o prazo judicialmente concedido para o oferecimento de resposta preliminar, os autos do processo deverão permanecer em Cartório, onde poderão ser examinados tanto pelo acusado quanto por seu defensor.

O órgão julgador competente poderá rejeitar a queixa ou a denúncia, em despacho fundamentado, quando estiver convencido, pela resposta do acusado ou do seu defensor, da inexistência do crime ou da improcedência da ação. No entanto, uma vez recebida a denúncia ou a queixa, pelo órgão julgador competente, deverá, então, ser o acusado citado, de forma regular e válida, conforme determina a legislação processual penal, na instrução criminal e nos demais termos do processo, conforme dispõem as regras estabelecidas para o processo comum (arts. 394 a 405 do CPP).

6.8.5 Processos específicos

Alguns tipos de processos pressupõem figuras e procedimentos exclusivos deles. Esse é o caso dos processos de crimes contra a honra, que preconizam a existência de figuras como a exceção da verdade, e de crimes contra propriedades imateriais, como propriedade intelectual e marcas, que passaremos a ver.

■ Calúnia, injúria e difamação

A relação jurídica processual que se destina à apuração da responsabilidade penal do agente pela prática dos crimes de calúnia, injúria e difamação, cuja competência jurisdicional é originariamente firmada no juízo de direito monocrático (singular), impõe a observância das regras procedimentais estabelecidas nos arts. 519 e seguintes do CPP. Esses três crimes são englobados num gênero chamado *crimes contra a honra*, descritos nos arts. 138, 139 e 140 do CP.

As diferenças entre esses crimes são bastante claras, mas, ainda assim, as explicaremos a seguir, já que é comum que sejam feitas confusões a respeito. O crime de **calúnia** (art. 138, CP) é estabelecido como o ato de imputar a alguém fato definido como crime; assim, incorre-se nesse crime quando se acusa falsamente alguém de ter agido fora da lei – e nisso se incluem divulgação da falsa acusação e também calúnia contra os mortos (parágrafos 1º e 2º do mesmo artigo). Para contestar essa imputação do crime de calúnia, pode-se admitir a exceção da verdade, de que já tratamos.

A definição do crime de **difamação** é dada no art. 139 do CP e inclui a imputação do que se denomina *fato ofensivo à reputação*, ou seja, a atribuição de fato desonroso a alguém, que ofenda sua credibilidade, mas um fato não caracterizado como crime (o que a distingue da calúnia), como uma contravenção penal; nesse caso, só é admitida a exceção da verdade (parágrafo único) se o ofendido é funcionário público e a ofensa diz respeito ao exercício de suas funções.

Já o crime de **injúria** (art. 140 do CP) é caracterizado pela ofensa à dignidade ou ao decoro da pessoa. O bem jurídico tutelado nesse crime é a honra subjetiva, composta dos atributos morais (dignidade), físicos, intelectuais ou sociais (decoro) de cada um. Deve haver, para imputar-se o crime, referência a fatos genéricos ou qualidades negativas à vítima, como desprezo ou depreciação de suas qualidades, entre outros. As opiniões pessoais desonrosas e insultos estão enquadrados nesse crime, não havendo necessidade de que terceiros saibam da ofensa para que ela seja considerada crime (ofensa direta não presenciada por outros), ou ocorrendo sem a presença do ofendido (feita a terceiros), tomando este conhecimento da injúria pelo terceiro. Nesse caso, o CP prevê que o juiz não aplique a pena (parágrafo 1º) se houver provocação para a injúria (inciso I) ou se houver retorsão imediata (troca de injúrias, inciso II); por outro lado, se consistir em crime de preconceito, é prevista a reclusão de um a três anos e multa, se a injúria consistir na utilização de elementos que refiram à raça, cor, etnia, religião, origem, condição de idoso ou de deficiência da pessoa (parágrafo 3º).

No processo destinado ao julgamento do crime de calúnia, injúria ou difamação, para o qual não haja outra forma estabelecida em lei especial, deverão ser observadas as regras estabelecidas para o processo comum, com as modificações especificamente previstas na legislação processual penal (art. 519, CPP).

Assim, antes de receber a queixa, o órgão julgador competente deverá oferecer às partes oportunidade procedimental para se reconciliarem, fazendo-as comparecer em juízo e ouvindo-as, separadamente, sem a presença dos seus advogados, não se lavrando sequer termo acerca desta medida legal.

Sendo provável a reconciliação entre as partes, o órgão julgador deverá promover o entendimento entre eles, na sua presença, depois de ter ouvido separadamente o querelante e o querelado. No caso de reconciliação, depois de assinado pelo querelante o termo de desistência da ação penal de iniciativa privada, isto é, a queixa, esta deverá ser formalmente arquivada.

Do contrário, oferecendo-se exceção da verdade ou da notoriedade do fato imputado, o querelante poderá apresentar contestação em relação à referida exceção, no prazo legal de 2 dias, admitindo-se a inquirição de testemunhas que foram previamente arroladas na queixa ou outras indicadas naquele prazo legal, em substituição às primeiras ou para completar o máximo legal permitido.

■ Propriedade imaterial

O CPP dispõe expressamente sobre o processamento e o julgamento dos crimes contra a propriedade imaterial, mediante adaptações e modificações estabelecidas para o rito procedimental comum e especial, em virtude da natureza delitiva a ser apurada para fins de responsabilização penal.

Os crimes contra a propriedade imaterial são aqueles perpetrados por meio da ofensa a bens jurídicos que se referem aos direitos autorais (patrimônios) dos criadores de obras literárias, científicas, técnicas, enfim, das relações jurídicas que possam ser estabelecidas entre os autores e as suas obras decorrentes de invenção, veiculação, divulgação, entre outras formas de publicidade.

O processo e o julgamento dos crimes contra a propriedade imaterial deverão observar as regras procedimentais estabelecidas para o processo comum (arts. 394 a 405), com as modificações constantes dos arts. 525 a 530-I do CPP.

Assim, quando o crime houver deixado vestígios, a queixa ou a denúncia não será recebida se não for instruída com o exame pericial dos objetos que constituam o corpo de delito; assim, sem a prova de direito à ação, a queixa não será recebida, tampouco ordenada qualquer diligência preliminarmente requerida pela vítima. A diligência de busca ou de apreensão será realizada por 2 peritos nomeados pelo órgão julgador competente, os quais deverão verificar a existência de fundamento para a apreensão, e, independentemente da realização da apreensão, impõe-se a apresentação do laudo pericial dentro do prazo legal de 3 dias após o encerramento da diligência.

A pessoa que requerer a realização da diligência poderá impugnar o laudo contrário à apreensão, enquanto ao órgão julgador competente cabe ordenar o cumprimento integral da diligência de busca e apreensão, na hipótese em que reconhecer a improcedência das razões contrárias à realização da diligência então aduzidas pelos peritos. Encerradas as diligências, os autos do processo deverão ser remetidos, em conclusão, ao órgão julgador competente para fins de homologação do laudo pericial.

Nos crimes de ação penal de iniciativa privada a ser deduzida pela vítima, não será admitida a queixa com fundamento em apreensão e em perícia, quando decorrido o prazo legalmente estabelecido de 30 dias após a homologação judicial do laudo pericial. Nos crimes de ação penal de iniciativa pública, quando não tiver sido oferecida queixa no prazo legalmente fixado de 30 dias, deverão ser considerados os respectivos autos de busca e apreensão requeridos pela vítima ao MP, com o intuito de que este adote as medidas legais necessárias para o aperfeiçoamento da regularidade da persecução penal.

Ademais, nas duas últimas hipóteses legais mencionadas, quando ocorrer prisão em flagrante delito e o acusado não for posto em liberdade, o prazo legalmente estabelecido para a dedução da pretensão penal punitiva é de 8 dias.

Nos crimes contra a propriedade imaterial, a responsabilidade penal deverá ser apurada conforme o disposto nos arts. 524 a 530 do CPP, quando se tratar de crimes em que se proceda mediante queixa.

Nos casos dos injustos penais previstos nos parágrafos 1º, 2º e 3º do art. 184 do CP, a autoridade policial deverá proceder à apreensão dos bens ilicitamente produzidos ou reproduzidos, em sua totalidade, juntamente a equipamentos, suportes e materiais que possibilitaram sua existência, desde que estes se destinem precipuamente à prática do ilícito.

Isto é, o agente que violar direitos de autor e os que lhe são conexos – obra intelectual, interpretação, execução ou fonograma reproduzidos sem autorização expressa do autor, do artista intérprete ou executante, do produtor, conforme o caso, ou de quem os represente – deverá ser criminalmente responsabilizado. Também será responsabilizado criminalmente quem, com o intuito de lucro direto ou indireto, distribui, vende, expõe à venda, aluga, introduz no país, adquire, oculta ou tem em depósito original ou cópia de obra intelectual ou fonograma reproduzido com violação do direito de autor, do direito de artista intérprete ou executante ou do direito do produtor de fonograma; ou, ainda, quem aluga original ou cópia de obra intelectual ou fonograma sem a expressa autorização dos titulares dos direitos ou de quem os represente.

Também violará direitos de autor quem oferecer ao público, mediante cabo, fibra ótica, satélite, ondas ou qualquer outro sistema que permita ao usuário realizar a seleção da obra ou produção para recebê-la em um tempo e lugar previamente determinados por quem formula a demanda, com intuito de lucro, direto ou indireto, sem autorização expressa, conforme o caso, do autor, do artista intérprete ou executante, do produtor de fonograma ou de quem os represente.

Na ocasião da apreensão, deverá ser lavrado termo, assinado por 2 ou mais testemunhas, com a descrição de todos os bens apreendidos e informações sobre suas origens, o qual deverá integrar o inquérito policial ou o respectivo processo. Em seguida, deverá ser prontamente realizada perícia sobre todos os bens apreendidos e elaborado o respectivo laudo, por perito oficial – ou, na falta deste, por pessoa tecnicamente habilitada –, o qual deverá integrar o inquérito policial ou o processo.

Os titulares de direito de autor e os que lhe são conexos serão os fiéis depositários de todos os bens apreendidos, devendo colocá-los à disposição do órgão julgador competente quando do ajuizamento da respectiva ação penal que se destinará à responsabilização criminal dos agentes a quem se atribui a prática de quaisquer das mencionadas condutas delituosas (§§1º, 2º e 3º, art. 184 CPP).

Não havendo necessidade de preservação do corpo de delito, o órgão julgador competente poderá determinar, a requerimento da vítima (ofendido), a destruição da produção ou reprodução apreendida, quando não houver impugnação quanto à sua ilicitude ou quando a ação penal não puder ser iniciada por falta de determinação de quem seja o autor do ilícito.

O órgão julgador competente, ao prolatar a sentença penal condenatória, poderá determinar a destruição dos bens ilicitamente produzidos ou reproduzidos e o perdimento dos equipamentos apreendidos, desde que precipuamente destinados à produção e reprodução dos bens, em favor da Fazenda Nacional, que deverá destruí-los ou doá-los aos estados, municípios ou Distrito Federal, a instituições públicas de ensino e pesquisa ou de assistência social, bem como incorporá-los, por economia ou interesse público, ao patrimônio da União, que não poderão retorná-los aos canais de comércio.

As associações de titulares de direitos de autor e os que lhes são conexos poderão, em seu próprio nome, ser admitidas como assistentes da acusação nos crimes previstos no art. 184 do CP, quando praticado em detrimento de qualquer de seus associados.

6.9 Processo sumário

No rito processual sumário, observa-se que a audiência de instrução e julgamento deverá ser realizada no prazo legal máximo de 30 dias, quando, sempre que possível, deverão ser tomadas as declarações da vítima, bem como a inquirição das testemunhas arroladas pela acusação e pela defesa.

A testemunha que residir fora da jurisdição do órgão julgador competente, entretanto, deverá ser inquirida pelo juiz de direito do lugar de seu domicílio, sendo certo que, para esse fim, deverá ser judicialmente expedida carta precatória, com prazo razoável para sua realização mediante intimação das partes.

A expedição judicial de carta precatória não suspenderá necessariamente o trâmite regular da instrução criminal. Ao final do prazo judicialmente determinado para o cumprimento da carta precatória, o órgão julgador competente que deprecou o ato de inquirição da testemunha poderá, então, realizar o julgamento do feito, admitindo-se, contudo, a todo tempo, que a precatória, uma vez devolvida, possa ser juntada aos autos do processo principal.

A inquirição de testemunha que residir fora da jurisdição do órgão julgador competente também poderá ser realizada por meio de videoconferência ou outro recurso tecnológico de transmissão de sons e imagens em tempo real, permitida a presença do defensor e, inclusive, concomitantemente, levada a cabo durante a realização da audiência de instrução e julgamento.

Ainda, no prazo legal máximo de 30 dias, deverão ser prestados os esclarecimentos dos peritos, realizadas as acareações e o reconhecimento de pessoas e de coisas, interrogando-se, em seguida, o acusado e procedendo-se, finalmente, ao debate. Na instrução, poderão ser inquiridas até 5 testemunhas arroladas pela acusação e 5 pela defesa, haja vista que, no procedimento sumário, as provas deverão ser produzidas numa só audiência, cabendo ao órgão julgador competente indeferir as provas consideradas irrelevantes, impertinentes ou protelatórias.

No procedimento sumário, as alegações finais deverão ser oralmente apresentadas, concedendo-se a palavra, respectivamente, à acusação e à defesa, pelo prazo legal de 20 minutos, prorrogáveis por mais 10 minutos, quando, então, o órgão julgador competente deverá proferir sentença. É consabido que nenhum ato procedimental poderá ser adiado durante o procedimento sumário, salvo quando imprescindível a prova faltante, cabendo, pois, ao órgão julgador competente determinar, quando for o caso, a condução coercitiva de quem deva comparecer em juízo.

O procedimento sumário também deverá ser adotado quando, nas infrações penais de menor potencial ofensivo, o juizado especial criminal encaminhar ao juízo de direito criminal comum as peças existentes de um processo para a adoção de outro procedimento, isto é, quando o juizado especial declinar sua competência para o juízo comum.

6.10 Restauração de autos

O procedimento especial para a restauração de autos originais de processo penal que foram extraviados ou destruídos, em qualquer instância judicial, está previsto na lei processual penal.

Para tanto, quando existir e for exibida cópia autêntica ou certidão do processo, poderão ser uma ou outra considerada original, sendo certo que, na falta de cópia autêntica ou certidão do processo, o órgão julgador determinará, de ofício ou a requerimento de qualquer das partes, que o escrivão certifique o estado do processo, segundo a sua lembrança, e reproduza o que constar a respeito em seus protocolos e registros; requisitará cópias do que constar a respeito no Instituto Médico-Legal (IML), no Instituto de Identificação e Estatística ou em estabelecimentos congêneres, repartições públicas, penitenciárias ou cadeias; e, finalmente, solicitará a citação pessoal das partes ou, se não forem encontradas, por edital, com o prazo legal de 10 dias, para o processo de restauração dos autos.

O procedimento específico que se destina à restauração de autos originais de processo penal deverá ser instaurado e, assim, tramitar, na primeira instância, ainda que esses autos tenham sido extraviados na segunda instância (judicial). Na data designada, as partes deverão ser ouvidas, mencionando-se em termo circunstanciado os pontos em que estiverem acordes e as certidões e mais reproduções do processo, serão apresentadas e conferidas. O juiz de direito deverá determinar a realização das diligências que se afigurem indispensáveis para a restauração dos autos originais, ordenando, assim, a reinquirição de testemunhas, as quais poderão ser substituídas em caso de falecimento ou quando se encontrarem em lugar incerto e não sabido, desde que ainda não tenha sido proferida sentença de mérito.

De igual maneira, cabe ao órgão julgador determinar a repetição dos exames periciais e a reprodução da prova documental por meio de cópia autêntica ou, quando impossível, por meio de testemunhas; também poderão ser inquiridas sobre os atos do processo que deverá ser restaurado as autoridades, os serventuários, os peritos e as demais pessoas que tenham nele funcionado. No curso do processo destinado à restauração e depois de subirem os autos conclusos para sentença, o órgão julgador poderá, dentro em 5 dias, requisitar de autoridades ou de repartições todos os esclarecimentos para a restauração. O MP e as partes, no procedimento destinado à restauração dos autos, poderão oferecer testemunhas e produzir documentos para provar o teor do processo extraviado ou destruído.

Os autos do procedimento de restauração deverão ser conclusos para julgamento somente depois de realizadas todas as diligências, que, salvo motivo de força maior, deverão ser concluídas dentro de 20 dias. Em que pese a isenção de pagamento dos selos e das taxas judiciárias que já tiverem sido pagos nos autos originais, impõe-se aos causadores de extravio de autos a responsabilização pelas custas, em dobro, sem prejuízo da responsabilidade criminal.

Assim que julgada a restauração, os respectivos autos do processo que serviu para esse fim deverão ser considerados como se fossem os originais. Caso, eventualmente, no curso da restauração, apareçam os autos originais, o procedimento de restauração deverá ser nestes apensado.

No mais, observa-se que, até à decisão final que julgue restaurados os autos, a sentença penal condenatória em execução continuará a produzir seus efeitos jurídicos, desde que conste da respectiva guia arquivada na cadeia ou na penitenciária onde o réu estiver cumprindo a pena, ou de registro que torne sua existência inequívoca.

6.11 Medida de segurança (fato não delitivo)

O CPP dispõe especificamente sobre as regras a serem observadas para investigação, instrução e julgamento de conduta que determinaram a responsabilização criminal por meio da aplicação de medidas de segurança, em razão de fato juridicamente considerado não criminoso. Assim, quando a autoridade policial tiver conhecimento de fato que, embora não constituindo crime, possa determinar a aplicação de medida de segurança, deverá instaurar inquérito policial a fim de apurá-lo e averiguar todos os elementos que possam interessar à verificação da periculosidade do agente.

O processo, por sua vez, deverá ser promovido pelo MP, mediante requerimento que conterá a exposição sucinta do fato, suas circunstâncias e todos os elementos em que se fundar o pedido. O órgão julgador, ao deferir o requerimento ministerial, deverá ordenar a intimação do interessado para comparecer em juízo, com o intuito de que possa ser interrogado acerca do fato e de suas circunstâncias.

O interessado ou o seu defensor, após a realização do interrogatório ou dentro do prazo legal de 2 dias, poderá oferecer alegações. É possível a realização de exames periciais, diligências e o arrolamento de até 3 testemunhas, mediante a formulação de requerimento específico a ser deduzido pelo MP ao fazer o pedido inicial, e a defesa, no prazo legal de 3 dias, então, assinado para o oferecimento de suas alegações.

Após o prazo legal estabelecido para o oferecimento das alegações pela defesa ou para a realização dos exames e diligências ordenados pelo órgão julgador, de ofício ou a requerimento das partes, deverá ser designada data para realização de audiência, na qual deverão ser inquiridas as testemunhas e em seguida, proceder a instrução, apresentadas oralmente as alegações pelo órgão ministerial e pelo defensor, por até 10 minutos, quando, então, ao final, o órgão julgador deverá proferir sentença.

O órgão julgador, no entanto, poderá designar outra audiência, quando não se julgar habilitado a proferir decisão, que então deverá ser realizada dentro de 5 dias, para publicação da sentença. De igual maneira, quando for instaurado processo por crime e o órgão julgador, absolvendo ou impronunciando o acusado, reconhecer a existência de qualquer fato que, embora não se constitua crime, evidencie a periculosidade do agente, poderá lhe aplicar, quando for o caso, medida de segurança, conforme previsão específica do CPP.

6.12 Sentença e coisa julgada

A sentença determina uma manifestação de parte do Estado, intelectual, lógica e fundamentada, que tem como objetivo encerrar um conflito de interesses, com a aplicação do ordenamento jurídico ao caso em estudo. Pode-se defini-la como a manifestação do juiz solucionando a causa em seu primeiro grau de jurisdição.

A coisa julgada é uma qualidade que se confere às sentenças contra as quais não mais cabem recursos, por isso determinam o final de um processo. Veremos essas duas definições, mais longamente, a seguir.

6.12.1 Sentença

Ao longo do que até aqui foi destacado, é possível compreender que o ato de julgar pelo Estado por meio de seus órgãos julgadores competentes constitui-se como a providência legal a ser alcançada, seja para absolver, seja para responsabilizar criminalmente o agente a quem se atribui a prática de uma conduta delituosa.

A decisão judicial que extingue o processo sem julgamento do mérito é denominada *sentença terminativa*, enquanto que aquela que extingue o processo com julgamento do mérito é denominada *sentença definitiva* (Badaró, 2015).

Os requisitos legais necessários para a validade da decisão judicial, em matéria processual penal que se destine a absolver ou a condenar o agente, encontram-se expressamente previstos no art. 381 do CPP. A falta de qualquer um desses requisitos legais "é causa de nulidade absoluta da sentença" (Badaró, 2015, p. 528), haja vista que funcionam como critérios objetivos para a verificação tanto da validade quanto da eficácia da sentença penal.

A sentença penal que absolver o agente a quem se atribui a prática de uma conduta considerada delituosa, por certo, deverá encontrar fundamento em uma ou mais hipóteses legalmente previstas nos incisos I a VII do art. 386 do CPP. Portanto, o órgão julgador estará obrigado a absolver o acusado, mediante decisão fundamentada em que conste da parte dispositiva a causa, quando reconhecer:

» estar devidamente provada a inexistência do fato (inciso I);
» não existir prova da existência do fato (inciso II);
» o fato não se constituir crime (inciso III);
» for comprovado que o acusado não concorreu para a prática delitiva (inciso IV);
» não existir prova de ter o acusado concorrido para o crime (inciso V);
» existirem circunstâncias que excluam o crime ou isentem o acusado de pena – arts. 20, 21, 22, 23, 26 e parágrafo 1º do art. 28, todos do CP –, ou mesmo se houver fundada dúvida sobre sua existência (inciso VI);
» quando não houver prova suficiente para a condenação do acusado (inciso VII).

A decisão judicial que determinar a responsabilização criminal do agente – isto é, quando o órgão julgador proferir sentença penal condenatória –, necessariamente deverá observar os requisitos legais expressamente estabelecidos no art. 387 do CPP. Assim, impõe-se ao órgão julgador competente o dever legal de fazer constar, na sentença penal que condenar o acusado, as circunstâncias agravantes ou atenuantes definidas no CP, desde que justifique a existência daqueles que houver reconhecido como tal.

De igual maneira, o órgão julgador competente deverá mencionar as demais circunstâncias apuradas ao longo da instrução criminal e tudo o mais que deva ser levado em conta na fixação judicial da sanção penal (aplicação/dosimetria da pena), conforme dispõem os arts. 59 e 60 do CP.

As sanções penais necessariamente deverão acompanhar as conclusões a que chegou o órgão julgador ao longo da instrução criminal acerca da responsabilidade do agente pela prática da conduta e as circunstâncias do crime. Portanto, deve-se levar em conta o princípio da proporcionalidade, para aplicar a pena de acordo com os fatos.

Ainda, o órgão julgador, deverá fixar valor mínimo para reparação dos danos causados em razão da prática delitiva, tendo-se em conta os prejuízos direta e indiretamente sofridos pelo ofendido, conforme expressamente determina o inciso IV do art. 387 do CPP.

De igual maneira, o órgão julgador com competência em matéria penal deverá atender às prescrições legais estabelecidas nos arts. 373 a 380 do CPP, quando entender por bem provisoriamente determinar interdições de direitos ou medida de segurança.

A sentença penal condenatória deverá ser publicada, conforme determinação judicial, na íntegra ou em resumo; deverá, também, ser judicialmente estabelecido o meio de comunicação social (jornal) em que será realizada a sua publicação, conforme o disposto no inciso VI do art. 387 do CPP.

6.12.2 Coisa julgada

A coisa julgada, em matéria processual penal, também tem por significado a impossibilidade de modificação da decisão judicial (sentença), bem como de seus efeitos jurídico-legais que, assim, podem ser vinculantes não só para aqueles que participaram da relação jurídica processual penal (*inter alios*), mas, também, por vezes, para todas as demais pessoas – interessados, entidades, instituições (*erga omnes*) – que se encontram fora do processo.

A coisa julgada pode ser considerada "a imutabilidade dos efeitos da sentença e da própria sentença"; assim, a "coisa julgada formal é a imutabilidade da sentença no próprio processo", enquanto a "coisa julgada material é a imutabilidade dos efeitos da sentença" (Badaró, 2015, p. 546-547).

O órgão julgador, ao prolatar a sentença ao final da instrução acerca da pretensão penal deduzida que se destina à responsabilização penal do agente a quem se atribui a prática de conduta considerada delituosa, encerra sua atuação funcional por meio da prestação jurisdicional, seja absolvendo, seja condenando o acusado. Essa decisão judicial, "uma vez publicada, torna-se irretratável, não podendo o Juiz alterá-la, a não ser no que tange à correção de inexatidões materiais ou de erros de cálculo" (Tourinho Filho, 2009, p. 355).

No entanto, a sentença penal (absolutória ou condenatória) poderá ser objeto de recurso – conforme será visto no Capítulo 8 – que se destine à sua modificação por meio de outra decisão judicial a ser prolatada por outro órgão julgador colegiado, que compõe instância superior. A sentença penal, enquanto for objeto de reexame deduzido em pretensão recursal, por certo, não transita em julgado, isto é, não se torna ainda definitiva, uma vez que pende questionamento sobre sua validade e sua eficácia.

Diversamente, na hipótese de não ter sido interposto recurso em relação à decisão judicial (absolutória ou condenatória), em material penal, é possível dizer que ocorreu o trânsito em julgado e, assim, operou-se a coisa julgada, com o intuito de que sejam projetados sobre o caso concretos efeitos jurídicos vinculativos, isto é, que a tornam imodificável entre as partes envolvidas na relação jurídica processual penal, bem como em relação a terceiros.

Vale dizer que, "se não houve recurso, a decisão torna-se definitiva, inalterável e, então, com eficácia, passa a produzir todos os demais efeitos, além daqueles produzidos com a simples publicação" (Tourinho Filho, 2009, p. 356). A sentença penal absolutória ou condenatória – após ter sido publicada e operando-se o seu trânsito em julgado, isto é, sem que tenha sido alvo de impugnações – produz efeitos vinculativos não só entre os sujeitos da relação jurídica processual penal (internos), mas também perante as demais pessoas (externos).

Assim, a decisão judicial submetida a reexame por órgão julgador que figura em instância superior apenas passará a produzir efeitos jurídico-legais definitivos após julgadas as pretensões recursais deduzidas. Portanto, *coisa julgada* deve ser entendida como a impossibilidade de modificação da decisão judicial, bem como da "matéria por ela abrangida [que] poderá ser objeto de nova discussão no próprio ou em outro processo", uma vez que não poderá ser mais modificada "por meio de recurso, tampouco o prolator poderá modificá-la" (Machado, 2009, p. 157).

6.13 Nulidades

O art. 563 do CPP inaugura a regulamentação das temáticas relacionadas às nulidades processuais.

Qual seria a regra sobre as nulidades no processo penal? Todo ato processual que não seguir as formas estabelecidas na lei processual penal deve ser considerado nulo ou há alguma possibilidade de sua validação?

No tema das nulidades incidentes no processo criminal aparecem as chamadas *invalidades do processo penal*, provocadas por atos processuais defeituosos. Mirabete (2015, p. 629) afirma que "há na nulidade duplo significado: um indicando o motivo que torna o ato imperfeito, outro que deriva da imperfeição jurídica do ato ou sua inviabilidade jurídica. A nulidade, portanto, é, sob um aspecto, vício, sob outro, sanção".

Para a nulidade de um processo contribuem alguns princípios de direito:

a. **Princípio do prejuízo** – O art. 563 do CPP trata deste princípio: "Nenhum ato será declarado nulo, se da nulidade não resultar prejuízo para a acusação ou para a defesa" (Brasil, 1941). Não se aplica à nulidade absoluta (quando o prejuízo é assumido), apenas à relativa (em que deve ser demonstrado). A Lei n. 11.419, de 19 de dezembro de 2006, por exemplo, que dispõe sobre a informatização do processo judicial, convalidou os atos processuais por meio eletrônico, o que anteriormente podia suscitar invalidades.

b. **Princípio da instrumentalidade das formas ou da economia processual**: De acordo com o art. 566 do CPP, "não será declarada a nulidade de ato processual que não houver influído na apuração da verdade substancial ou na decisão da causa" (Brasil, 1941). Não se vê sentido em declarar nulidade de atos que não influenciem no deslinde da causa.

c. **Princípio da causalidade ou da sequencialidade**: O CPP, em seu art. 573, parágrafo 1º, prevê que "a nulidade de um ato, uma vez declarada, causará a dos atos que dele diretamente dependam ou sejam consequência" (Brasil, 1941). Esse princípio prevê a nulidade de atos diretamente consequentes do primeiro, e não daqueles apenas conexos a ele. Capez (2014, p. 702) complementa: "Afirma-se, com razão, que a nulidade dos atos da fase postulatória do processo se propaga sempre para os demais atos, enquanto a nulidade dos atos de instrução, normalmente, não contamina os outros atos de aquisição de provas validamente realizados".

d. **Princípio do interesse**: Só pode invocar a nulidade quem nela tenha interesse para extrair resultado favorável no processo. Não se pode alegar nulidade que interesse à parte contrária (art. 565, CPP), nem se reconhece nulidade a quem tenha dado causa a ela.

e. **Princípio da convalidação**: As nulidades cessam se não forem arguidas no momento correto (art. 572, inciso I). Os momentos em que elas devem ser suscitadas está explícito nos arts. 569 a 571 do CPP, que determinam também a convalidação dos atos não arguidos.

f. **Princípio da não preclusão e do pronunciamento *ex officio***: as nulidades absolutas não precluem, podendo ser reconhecidas independentemente de arguição pela outra parte. Elas podem ser reconhecidas de ofício, por juiz ou tribunal, enquanto não transitar em julgado a sentença do processo.

No direito brasileiro, a regra é que não se declarará a invalidade de ato processual caso não resulte prejuízo para qualquer uma das partes envolvidas na relação jurídica processual penal. Portanto, nenhum ato processual – ou procedimental – será declarado nulo nas hipóteses em que do vício ou do desvio não resultar prejuízo algum para a parte autora, que acusa, ou para parte ré e sua defesa.

Por sua vez, o art. 564 do CPP descreve os casos em que a nulidade poderá ser declarada: nas hipóteses de incompetência, suspeição ou suborno do órgão julgador; de ilegitimidade de parte; e de inobservância de fórmulas ou de termos especificamente descritos na lei processual penal (incisos I, II e III). A falta de qualquer uma das fórmulas ou dos termos da denúncia ou da queixa e da representação é caso de declaração de nulidade, bem como da portaria, nos processos de contravenções penais, ou do auto de prisão em flagrante; de igual maneira, nos casos de inobservância das fórmulas ou dos termos referentes ao exame de corpo de delito nos crimes que deixam vestígios, ressalvando-se, pois, o que se encontra expressamente disposto no art. 167 do CPP – ou seja, tornando-se impossível o exame do corpo de delito por haverem desaparecido os vestígios, a prova testemunhal poderá suprir-lhe a falta.

A falta de nomeação de defensor ao acusado presente que não o tiver ou ao acusado ausente, e de curador a toda pessoa com idade inferior a 21 anos, também se constitui em uma das hipóteses legais de nulidade. A falta de intervenção do MP em todos os termos da ação por ele intentada e nos termos da ação intentada pela parte ofendida (vítima), quando se tratar de crime de ação penal de iniciativa pública, constitui uma hipótese legal de nulidade absoluta do feito, isto é, impossível de ser sanada. A falta de citação do acusado para acompanhar os atos e termos do processo que se destina à sua responsabilização criminal, bem como para o seu interrogatório, quando presente, e os prazos concedidos judicialmente à parte autora (acusação) e à parte ré (defesa), constituem-se em hipóteses de nulidade processual.

A inobservância das fórmulas ou dos termos legais pertinentes à sentença de pronúncia, bem como ao libelo crime acusatório e a entrega da respectiva cópia, com o rol de testemunhas, nos processos perante o Tribunal do Júri, constitui-se, *per se*, em casos de nulidade processual. A falta de intimação do acusado para a sessão de julgamento, pelo Tribunal do Júri, quando a lei não permitir a realização do julgamento à sua revelia, é uma das causas legais que autorizam a declaração judicial de nulidade. A inobservância das fórmulas e a falta de intimação das testemunhas arroladas no libelo crime acusatório ou na contrariedade, nos termos que a lei processual dispuser, também se constituem hipóteses de nulidade processual.

A falta da presença de pelo menos 15 jurados para a constituição do Conselho de Sentença, nos processos em que se realiza o julgamento perante o Tribunal do Júri é outra das hipóteses legais expressamente descritas que autorizam a declaração de nulidade. Nos julgamentos perante o Tribunal do Júri será possível o reconhecimento de nulidade por falta de observância das fórmulas ou dos termos, relativamente ao sorteio dos jurados que irão compor o Conselho de Sentença, em número legal, bem como pela inobservância da necessária incomunicabilidade entre os jurados. A elaboração dos quesitos e as respectivas respostas também poderão ser alvos de suscitação de nulidades, nas hipóteses em que não se observar as fórmulas ou os termos legalmente estabelecidos para esse fim.

O parágrafo único do art. 564 do CPP destaca que também ocorrerá nulidade por deficiência na formulação dos quesitos ou por contradição em razão das respostas que lhe forem dadas. A nulidade poderá ocorrer, ainda, na falta das fórmulas ou dos termos relativos à acusação e à defesa, na sessão de julgamento perante o Tribunal do Júri; e, de igual maneira, na prolação de sentença. Da mesma forma, a falta de recurso de ofício, nos casos de julgamento perante o Tribunal do Júri, em que a lei o tenha estabelecido, também determinará o reconhecimento de nulidade.

A falta de observância das fórmulas e dos termos para a realização das comunicações judiciais, isto é, conforme as condições estabelecidas legalmente para a intimação e para ciência das decisões judiciais – vale dizer, despachos e sentenças – das quais caibam recursos, também pode determinar o reconhecimento de nulidade dos atos procedimentais e processuais praticados. A falta de *quorum* legal para o julgamento nos tribunais e nos superiores tribunais também pode determinar a declaração de nulidade e de seus efeitos legais. A nulidade, de igual maneira, poderá ser declarada sempre que a omissão de formalidade legal constituir elemento essencial do ato procedimental ou processual a ser praticado.

A Lei n. 13.964/2019 (Lei Anticrime) acrescentou o inc. V ao art. 564 do CPP, estabelecendo, expressamente, que somente será reconhecida e, então, declarada a nulidade processual quando houver carência de fundamentação em decisão judicial, consagrando-se, portanto, normativamente, uma nova modalidade/espécie de nulidade absoluta, isto é, que independe da comprovação de eventual prejuízo concreto a qualquer das partes.

Dessa maneira, a legislação processual penal estabeleceu uma nova espécie de nulidade absoluta, uma vez que não se encontra vinculada aos ditames do art. 563 do CPP, haja vista que a nulidade é decorrente de ofensa ao comando constitucional expressa e especificamente consignado no inciso IX do art. 93, segundo o qual "todos os julgamentos dos órgãos do Poder Judiciário serão públicos, e fundamentadas todas as decisões, sob pena de nulidade" (Brasil, 1988).

O art. 565 do CPP, por sua vez, impede a arguição de nulidade à parte que tenha dado causa a vício do ato processual, bem como àquela parte que tenha, de alguma forma, concorrido para a nulidade; assim, nenhuma das partes poderá arguir a nulidade referente à formalidade cuja observância só à parte adversa possa interessar. A nulidade de ato processual também não será declarada quando não houver influído na apuração das circunstâncias em que se deu o crime (verdade substancial) ou na decisão judicial que se destina à resolução do caso legal (concreto), enfim, da causa.

Na hipótese de incompetência jurisdicional, o feito deverá ser remetido ao órgão julgador competente, impondo-se, no entanto, a anulação dos atos decisórios somente quando for declarada a nulidade em razão da incompetência do juízo de direito. A ilegitimidade do representante legal da parte poderá ser, a qualquer tempo, regularizada mediante a ratificação dos atos processuais até então realizados, sanando-se, assim, a eventual nulidade a ser declarada.

De igual maneira, será possível regularizar as omissões eventualmente existentes na denúncia, na queixa, na representação, nos processos das contravenções penais, na portaria ou no auto de prisão em flagrante delito, a qualquer tempo – contudo, antes da prolação da decisão judicial final, evitando-se, assim, a declaração de nulidade, haja vista que se constituem em vícios sanáveis. A comunicação judicial poderá ser realizada por meio de citação, intimação ou notificação, as quais deverão ser realizadas mediante a observância dos critérios legalmente estabelecidos. Contudo, as eventuais faltas ou nulidades que possam inquinar de vícios a citação, a intimação ou a notificação poderão ser sanadas caso a finalidade de cada um desses atos processuais seja alcançada, isto é, reste comunicado o agente e, em razão disso, compareça ao ato processual designado.

Dessa maneira, caso o agente, a testemunha ou qualquer outro interessado compareça perante o Sistema de Justiça Penal antes de o ato processual ser realizado, é possível compreender que a irregularidade ou a nulidade dessas formas de comunicação judicial estarão sanadas, ainda que apenas compareçam para arguir a nulidade processual do ato que esteja sendo realizado. Em tais casos, o órgão julgador deverá ordenar a suspensão ou o adiamento do ato processual somente nas hipóteses em que reconhecer que a irregularidade tem a potencialidade real (objetiva) de causar de prejuízo a direito da parte. Em relação à arguição da nulidade, o CPP estabelece que as nulidades relativas à instrução criminal dos processos da competência jurisdicional do Tribunal do Júri deverão ser suscitadas no prazo legal a que se refere o art. 406.

A título de instrução preliminar, o art. 406 do CPP estabelece que o órgão julgador, no momento em que receber a denúncia ou a queixa, deverá determinar a citação do acusado para que, caso queira, responda à acusação, por escrito, no prazo de 10 dias. Portanto, trata-se de prazo legal – 10 dias –, o qual deverá ser contado a partir do efetivo cumprimento do mandado de citação ou do comparecimento do acusado, em juízo, ou de seu defensor constituído, nas hipóteses em que a citação for levada a efeito por meio de edital ou, então, for judicialmente considerada inválida (§1º, art. 406, CPP).

As nulidades referentes à instrução criminal dos processos de competência do órgão julgador monocrático (singular) e dos processos especiais deverão ser arguidas nos prazos legais estabelecidos pelo CPP.

Já as nulidades do processo sumário devem ser arguidas no prazo a que se refere o art. 537 do CPP, sendo certo que as demais que forem verificadas depois do mencionado prazo legal, necessariamente, devem ser suscitadas logo depois de aberta a audiência e apregoadas as partes.

Por sua vez, as nulidades ocorridas posteriormente à decisão de pronúncia nos julgamentos realizados perante o Tribunal do Júri deverão ser suscitadas logo depois de anunciado o julgamento e apregoadas as partes. Nos casos em que as nulidades forem verificadas após a decisão judicial de primeira instância, a arguição deverá ser deduzida nas razões de recurso ou, então, logo depois de anunciado o julgamento do recurso e apregoadas as partes. As mencionadas nulidades, de igual maneira, serão consideradas sanadas na hipótese em que o ato processual atingir a finalidade a que se destinava, ainda que tenha sido realizado de forma diversa daquela prevista na lei – conforme expressamente dispõe o inciso II do art. 572 do CPP. Além disso, a processualística penal expressamente prevê que as já mencionadas nulidades serão normativamente consideradas sanadas nos casos em que a parte, apesar de prejudicada, tiver aceitado, ainda que tacitamente, os efeitos decorrentes de tais irregularidades (inciso III, art. 572).

Os atos processuais que forem declarados anuláveis poderão ter sua validade restaurada, desde que possam ser sanados, conforme determina expressamente o CPP. Do contrário, os atos processuais deverão ser novamente praticados, ou seja, renovados, senão retificados, para que possam ser validados e, assim, produzir os efeitos jurídico-legais a que se destinam (art. 573, CPP).

A nulidade declarada impedirá a validade do ato jurídico-processual atacado e, consequentemente, a eventual produção de seus efeitos jurídicos, como também causará idênticas consequências aos demais atos que, direta ou indiretamente, dependam ou sejam decorrentes do ato nulificado (§1º, art. 573, CPP). O órgão julgador, quando declarar a nulidade, deverá necessariamente fixar os efeitos jurídicos decorrentes dessa decisão judicial, bem como os atos processuais que serão alcançados e, assim, considerados nulos (§2º, art. 573). Dessa maneira, observa-se que os

> *efeitos da decretação de nulidade são regidos pelo princípio da causalidade. Os atos processuais não existem isoladamente, existindo entre eles uma cadeia, com nexos de causalidade entre os sucessivos atos [...] haverá casos em que a nulidade de uma prova contaminará todo o processo, se todas as outras provas dela derivarem.*
> (Nicolitt, 2010, p. 512)

Ademais, tem-se afirmado que, mesmo se tratando de nulidade absoluta, impõe-se sua suscitação, pois não se pode perder de vista que os atos processuais se desdobram em sequência organizada pela processualística penal, com o objetivo de que se alcance a resolução cada vez mais adequada do caso concreto posto em discussão. Assim, intenta-se impedir inovações, por vezes artificiosas, que se destinam apenas a protelar a prestação da devida tutela jurisdicional, mas que, séria e sinceramente, em nada contribuem para a efetiva garantia das liberdades públicas.

6.13.1 Espécies

As nulidades podem ser classificadas segundo inúmeros critérios doutrinariamente estabelecidos conforme o aspecto do ato processual que se analisa; contudo, em regra, as nulidades podem ser identificadas como **absolutas** ou **relativas** em razão da possibilidade jurídica de os atos processuais – que foram praticados sem a observância das regras estabelecidas para a tramitação regular e a validade da relação jurídica processual penal – serem sanados ou não.

▮ Nulidade absoluta

A nulidade absoluta pode ser descrita como aquela que ocorre quando o vício ou defeito do ato processual o torna total ou parcialmente imprestável à finalidade a que se destina, impedindo-o, assim, de produzir seus efeitos legais; não sendo, portanto, sanável.

Entre as nulidades absolutas previstas no art. 564 do CPP – cujo rol não é exaustivo, podendo ser identificadas outras –, encontram-se:

» aquelas referentes à incompetência absoluta, suspeição ou suborno do juiz (inciso I);
» ilegitimidade de parte (inciso II);
» falta das fórmulas ou dos termos da denúncia, queixa, representação, portaria e auto de prisão em flagrante (alínea "a", inciso III);
» falta do exame do corpo de delito (alínea "b", inciso III);
» falta da nomeação de defensor e de curador (alínea "c", inciso III);
» falta de intervenção do Ministério Público (alínea "d", inciso III);
» falta de citação do acusado e ou concessão de prazos legais à defesa e à acusação (alínea "e", inciso III);
» falta da sentença de pronúncia e de libelo crime acusatório (alínea "f", inciso III);

- » falta de intimação do acusado (alínea "g", inciso III);
- » falta da presença de pelo menos 15 jurados para a constituição do Conselho de Sentença (alínea "i", inciso III);
- » falta do sorteio dos jurados do Conselho de Sentença e sua incomunicabilidade (alínea "j", inciso III);
- » falta de quesitos indispensáveis e de suas respectivas respostas (alínea "k", inciso III);
- » falta da acusação e da defesa, na sessão de julgamento (alínea "l", inciso III);
- » falta de prolação de sentença (alínea "m", inciso III);
- » falta de adoção do recurso de ofício (alínea "n", inciso III);
- » falta de intimação para ciência de sentenças e despachos (alínea "o", inciso III);
- » falta de *quorum* legal para julgamento nos tribunais (alínea "p", inciso III);
- » falta de fundamentação na decisão judicial (inc. V, acrescentado pela Lei n. 13.964/2019).

▪ Nulidade relativa

Nulidade relativa pode ser compreendida como aquela que ocorre quando o vício ou o defeito de forma do ato processual pode ser sanado e, assim, produzir os efeitos legais, atingindo, enfim, a finalidade a que se destinava a realização de cada um daqueles atos processuais, que passam, assim, a ser convalidados.

As nulidades relativas podem ser apontadas nos casos de incompetência territorial do juízo de direito (*racione loci*), nos termos do art. 70 do CPP; assim como aquela firmada por distribuição, conforme o art. 75 do CPP; falta de concessão de oportunidade processual à defesa e à acusação para fins de manifestação de questões meramente procedimentais (alínea "e", inciso III, art. 564); falta de intimação do acusado, quando a lei permitir o julgamento à revelia (alínea "g", inciso III, art. 564); falta de intimação das testemunhas (alínea "h", inciso III, art. 564); omissão de outras formalidades que constituam elementos essenciais do ato processual (inciso IV, art. 564).

6.13.2 Outras irregularidades processuais

Há, ainda, outras irregularidades que podem ser arguidas em processos penais. Lopes Júnior (2014, p. 753) apresenta quatro categorias: além das nulidades (absoluta e relativa), o autor acrescenta as meras **irregularidades** e a **inexistência**. As **irregularidades** simples são defeitos que têm pouca relevância no processo e não invalidam o ato, pois não comprometem os princípios constitucionais ou processuais tutelados pelo ato. São, portanto, meras irregularidades sem consequências relevantes dentro do processo. Ocorrem, por exemplo, com erros de grafia no nome do réu, juízes que não cumprem prazos e situações similares que não invalidam todo o ato processual.

O segundo tipo de defeito processual a ser citado é a **inexistência**, que se configura como a falta de elemento essencial para o ato, o que impede que ele sequer ingresse no mundo jurídico, ou a carência de suporte nos fatos para que eles ingressem no mundo jurídico. Esses são considerados *não fatos* ou *fatos inexistentes*. Lopes Júnior (2014, p. 754) exemplifica:

> Quando alguém viu uma "sentença" firmada por uma pessoa que não é juiz? Ou uma sentença sem dispositivo? Trata-se de situações que habitam apenas o ambiente manualístico, sem qualquer dado de realidade. Mas, se for esse o caso, estamos diante de um ato inexistente... E, mais, é óbvio que o ato inexistente somente será assim considerado quando houver uma manifestação judicial que o declare. Imagine alguém preso em decorrência

de uma sentença juridicamente "inexistente", mas com "existência" suficiente para levá-lo ao cárcere, que resolve, por si só, sair da cadeia; afinal, o ato é inexistente...

Desse modo, essas são as possíveis causas de defeitos nos processos penais.

Síntese

Neste capítulo, vimos como se perfaz o processo penal, por exemplo, no rito comum, no rito específico do Tribunal do Júri, bem como outras formas de se desenvolver o processo em casos de crime contra a honra, de responsabilidade, entre outros crimes previstos em legislação especial. Ademais, foi observado que as coisas apreendidas em razão de investigação ou por ordem judicial não podem ser restituídas enquanto forem úteis para a causa; mas, se não tiverem outro fim, serão devolvidas quando findar o processo criminal.

A respeito dos Juizados Especiais Criminais, concluímos que a competência jurisdicional compreende as atribuições de conciliação, processo, julgamento e execução das infrações penais de menor potencial ofensivo. De suas decisões também cabe recurso de apelação; no entanto, ele não irá para o Tribunal de Justiça, e sim para uma turma recursal, que deverá funcionar dentro do próprio juizado especial.

Vimos, ainda, que a nulidade de um ato é sua imprestabilidade, ou seja, considerá-lo como se nunca tivesse existido por ter algum defeito. A nulidade absoluta advém de um defeito do ato processual que o torna imprestável à finalidade a que se destina. Quando ocorre nulidade absoluta, o vício não pode ser sanado e, portanto, não pode produzir seus efeitos legais. Os casos foram descritos em lei de forma exemplificativa (pode haver outros) e ocorrem quando a lei considera o defeito grave, como aqueles que dificultam a plena defesa do acusado – por exemplo, falta de intimação do acusado, falta de citação do acusado e concessão de prazos legais à defesa e à acusação.

A nulidade relativa, por outro lado, é a que ocorre quando o defeito pode ser sanado. Dá-se normalmente quando as falhas são menos graves, por exemplo, pela omissão de formalidades que não sejam elementos essenciais ao ato processual, que podem ser supridas antes da decisão judicial.

Questões para revisão

1) O processo penal consiste em:
   a. um instrumento de controle social – os indivíduos perigosos para a ordem social devem sofrer processos e ser isolados da sociedade.
   b. uma das cláusulas do contrato social de Rousseau – para viver em sociedade, o homem deve aceitar o processo penal como legítimo e sempre submeter-se à avaliação dos juízes e tribunais.
   c. um instrumento pelo qual a jurisdição se manifesta – o processo tem o objetivo de finalizar uma questão, provendo uma solução ao seu fim, solucionando a controvérsia inicial entre acusado e ofendido, concretizando o direito e promovendo a pacificação social.
   d. um instrumento que nossa escola de direito penal inquisitória encontrou para conduzir a investigação e a punição aos que quebram as cláusulas do contrato social, investigando-os e levando-os às penas requeridas pela sociedade afrontada.
   e. uma das formas de manter o homem obrigado a viver dentro da comunidade na qual nasceu – se ele se curva ao processo penal, pode manter-se na sociedade.

2) Quais as diferenças entre *processo* e *procedimento*?
   a. *Processo* é uma manifestação do juiz, configurada pelos atos e decisões proferidos em audiência. *Procedimento* é uma sequência de processos sob jurisdição de um só juiz.
   b. *Processo* é uma manifestação de jurisdição, configurada pelos atos e decisões proferidos pelos órgãos responsáveis. *Procedimento* é uma sequência de atos encadeados, no curso do processo, organizando sua sucessão lógica.
   c. *Processo* é uma manifestação do Ministério Público em que pede o inquérito ao policial. *Procedimento* é uma sucessão de fatos que leva à condenação, no curso do processo.
   d. *Processo* é um dos recursos da sociedade contra os bandidos. *Procedimento* é uma sequência de ações que visam dar seguimento a processos penais, sendo que os cíveis se dão sem procedimento.
   e. *Processo* é uma manifestação fora da jurisdição, configurada pelos atos e decisões proferidos pelos Tribunais Superiores. *Procedimento* é uma forma de dar seguimento a processos ilegais, no curso do processo.

3) Um procedimento pode ser regido por três ritos. Quais são eles?
   a. Normal, especial e super-especial.
   b. Ordinário, extraordinário e excepcional.
   c. Ordenatório, supraordenatório e sumaríssimo.
   d. Ordinário, sumário e sumaríssimo.
   e. Ordinal, cardinal ou fracionário.

Questão para reflexão

O processo penal no Brasil é atual? Se não, o que se pode fazer para atualizá-lo: criar um novo Código de Processo ou realizar reformas no já existente?

VII

Conteúdos do capítulo:

- » Modalidades de prisão.
- » Medidas cautelares.
- » Liberdade provisória.
- » Prisão em flagrante.
- » Prisão preventiva.
- » Prisão domiciliar.
- » Medidas cautelares diversas da prisão.

Em regra, as medidas cautelares estabelecidas no Código de Processo Penal (CPP) – Decreto-Lei n. 3.689, de 3 de outubro de 1941 (Brasil, 1941) – somente poderão ser aplicadas quando houver necessidade para aplicação da lei penal, para a investigação ou a instrução criminal e, em casos expressamente previstos, para evitar a prática de infrações penais; deverão ainda ser adequadas à gravidade do crime, às circunstâncias do fato e às condições pessoais do indiciado ou acusado.

Prisão, medidas cautelares e liberdade provisória

As medidas cautelares legalmente previstas poderão ser judicialmente adotadas, de forma isolada ou cumulativa, cuja decretação não poderá mais ser de ofício, a requerimento das partes ou, quando no curso da investigação criminal, pois passou a depender de requerimento das partes ou, quando no curso da investigação criminal, por representação da autoridade policial ou mediante requerimento do Ministério Público (MP), haja vista a recente alteração legislativa determinada pela Lei n. 13.964, de 24 de dezembro de 2019 (Brasil, 2019a), conhecida como *Lei Anticrime*.

Portanto, a Lei n. 13.964/2019 (Lei Anticrime) alterou o parágrafo 2º ao art. 282 do CPP, definindo que a autoridade judiciária não pode mais decretar medidas cautelares, de ofício, impondo-se, assim, o requerimento das partes ou então a representação da autoridade policial ao longo da investigação criminal, na qual, inclusive, poderá haver requerimento ministerial para tanto.

Não se tratando de um caso urgente ou de perigo de ineficácia da medida, o órgão julgador, ao receber o pedido de medida cautelar, determinará a intimação da parte contrária para se manifestar, no prazo legal de 5 dias, acompanhada de cópia do requerimento e das peças necessárias, permanecendo os autos em juízo, de acordo com a alteração do parágrafo 3º do art. 282 do CPP determinada pela Lei n. 13.964/2019 (Lei Anticrime).

Ademais, em decorrência da supramencionada alteração legislativa, nos casos de urgência ou de perigo, impõe-se o oferecimento de justificação e de fundamentação adequada em decisão judicial que contenha os elementos suficientes e necessários acerca do caso concreto, de modo a autorizar e, assim, legitimar a adoção da medida cautelar de caráter excepcional.

No caso de descumprimento reiterado e injustificado de qualquer das obrigações impostas, com o advento da Lei n. 13.964/2019 (Lei Anticrime), o órgão julgador não poderá mais substituir a medida cautelar anteriormente decretada de ofício, somente por requerimento do

MP, de seu assistente ou do querelante, podendo cumulativamente, portanto, inclusive impor outra medida e, em último caso, decretar a prisão preventiva, com fulcro no parágrafo 1º do art. 312 do CPP.

No mais, apesar da recente alteração legislativa, constou equivocadamente no parágrafo 4º do art. 282 do CPP remissão ao *parágrafo único do art. 312*, o qual foi expressamente revogado para dar lugar aos parágrafos 1º e 2º incluídos no art. 312 do CPP pela Lei n. 13.964/2019. (Lei Anticrime).

No caso de descumprimento reiterado e injustificado de qualquer das obrigações impostas, o órgão julgador, de ofício ou mediante requerimento do MP, de seu assistente ou do querelante, poderá substituir a medida cautelar anteriormente decretada e, cumulativamente, impor outra, ou, em último caso, decretar a prisão preventiva, com fulcro no parágrafo único do art. 312 do CPP.

O órgão julgador também poderá revogar a medida cautelar ou substituí-la quando verificar a falta de motivo para que subsista, ou, então, voltar a decretá-la, quando sobrevierem razões que a justifiquem, fundamentando, sempre, o decreto judicial, nos termos do inciso IX do art. 93 da Constituição Federal (CF) de 1988 (Brasil, 1988).

Contudo, nos termos do atual parágrafo 5º do art. 282 do CPP, considerando-se a supramencionada alteração legislativa, órgão julgador competente "poderá, de ofício ou a pedido das partes, revogar a medida cautelar ou substituí-la quando verificar a falta de motivo para que subsista, bem como voltar a decretá-la, se sobrevierem razões que a justifiquem" (Brasil, 1941), desde que seja regular e validamente provocado para isso, caso surjam novos motivos de fato e razões de direito que autorizem a adoção da medida.

Observa-se que a prisão preventiva somente poderá ser judicialmente decretada quando não for cabível sua substituição por qualquer outra medida cautelar – "medidas cautelares diversas da prisão" (art. 319, CPP) –, conforme restou expressamente consignado no parágrafo 6º do art. 282 do CPP.

No entanto, com a nova redação do parágrafo 6º do art. 282 do CPP determinada pela Lei Anticrime, foi acrescentada a exigência legal que se destina à evitar a utilização de argumentos genéricos, abstratos e presunções, de modo a assegurar ao agente a quem se atribui a prática delitiva a garantia fundamental de que o eventual não cabimento da substituição da prisão preventiva por outra medida cautelar deve ser obrigatoriamente justificado de forma adequadamente motivada, levando-se em conta os elementos de convicção presentes no caso concreto, de maneira individualizada.

Não se pode olvidar que as medidas cautelares previstas no CPP não se aplicam ao crime a que não for, cumulativa ou alternativamente, cominada pena privativa de liberdade.

A antiga redação do art. 283 do CPP consignava garantia fundamental ao agente a quem se atribuía a prática delitiva:

> Art. 283. Ninguém poderá ser preso senão em flagrante delito ou por ordem escrita e fundamentada da autoridade judiciária competente, em decorrência de sentença condenatória transitada em julgado ou, no curso da investigação ou do processo, em virtude de prisão temporária ou prisão preventiva. (Brasil, 1941)

Essa determinação está de acordo com o que dispõe o inciso LXI do art. 5º da CF, segundo o qual:

> LXI – ninguém será preso senão em flagrante delito ou por ordem escrita e fundamentada de autoridade judiciária competente, salvo nos casos de transgressão militar ou crime propriamente militar, definidos em lei. (Brasil, 1988)

Contudo, também alinhada com o disposto na CF, a Lei n. 13.964/2019 alterou o teor do art. 283 do CPP, consignando regulamentação idêntica ao texto constitucional, ressalvando também a possibilidade da decretação de prisão cautelar ou então em decorrência do trânsito em julgado da sentença penal condenatória:

> Art. 283. Ninguém poderá ser preso senão em flagrante delito ou por ordem escrita e fundamentada da autoridade judiciária competente, em decorrência de prisão cautelar ou em virtude de condenação criminal transitada em julgado.
> (Brasil, 1941)

No entanto, a prisão do agente a quem se atribui a prática de conduta considerada delitiva poderá ser efetuada em qualquer dia e a qualquer hora, respeitadas as restrições relativas à inviolabilidade do domicílio. Nesses tipos de ação não é permitido o emprego de força, ressalvando-se, contudo, a que for indispensável no caso de resistência ou de tentativa de fuga da pessoa apreendida.

Dentre outras garantias processuais, tem-se que a expedição do respectivo mandado de prisão pela autoridade que tem legitimidade para ordenar a prisão, no exercício regular de suas atribuições legais, é também uma forma de limitação da intervenção estatal de cunho repressivo-punitiva, ainda que a título de coerção.

Em razão disso, o mandado de prisão, para que seja considerado legalmente válido, deverá ser lavrado pelo escrivão e assinado pela autoridade, assim como designará a pessoa que tiver de ser presa por seu nome, alcunha ou sinais característicos inclusive, mencionando o crime que motivou a prisão. Quando for afiançável o crime, deverá estabelecer precisamente o valor da fiança arbitrada e, também, o mandado deverá ser dirigido a quem tiver qualidade para dar-lhe execução.

Uma cópia do mandado de prisão deverá ser entregue à pessoa detida, pelo executor, logo depois da prisão, com declaração do dia, da hora e do lugar da diligência; e a pessoa detida deverá passar recibo no mandado de prisão original. Quando houver recusa, não souber ou não puder escrever, o fato será mencionado em declaração, assinada por duas testemunhas.

Ademais, observa-se que a falta de exibição do mandado não obstará à prisão quando o crime for inafiançável, impondo-se, contudo, em tal caso, que a pessoa detida seja imediatamente apresentada ao órgão julgador competente que tiver expedido a ordem de prisão. Portanto, é certo que ninguém deverá ser recolhido à prisão sem que seja exibido o mandado ao respectivo diretor ou carcereiro, a quem será entregue cópia assinada pelo executor ou apresentada a guia expedida pela autoridade competente, devendo ser passado recibo da entrega do preso, com declaração de dia e hora.

O mandado de prisão também poderá ser cumprido mediante precatória, em todo o território nacional, quando a pessoa a ser detida estiver fora da jurisdição do órgão julgador processante ou que lhe tenha determinado a prisão. O órgão julgador competente, entretanto, deverá imediatamente providenciar o registro do mandado de prisão em banco de dados mantido pelo Conselho Nacional de Justiça (CNJ), para a detenção de pessoa que se encontra fora de sua jurisdição, haja vista que somente assim qualquer agente policial poderá efetuar a prisão, precisamente por se encontrar determinada no mandado de prisão devidamente registrado.

Contudo, é excepcionalmente admitido que qualquer agente policial efetue a prisão judicialmente decretada, ainda que sem registro no CNJ, mediante a adoção de todas as precauções necessárias para averiguar a autenticidade do mandado. Deverá ser comunicada ao órgão julgador que a decretou, para que assim possa ser providenciado, logo em seguida, o registro do mandado de prisão.

De igual maneira, o órgão julgador do local em que se cumpriu o mandado de prisão deverá ser imediatamente comunicado, quando, então, deverá providenciar a certidão extraída do registro do CNJ e, assim, informar ao juízo de direito que decretou a prisão.

Na hipótese de o acusado ser perseguido e, assim, passar ao território de outro município ou comarca, o executor do mandado de prisão poderá efetuar a detenção no lugar onde alcançar a pessoa que está sendo perseguida, apresentando-a imediatamente à autoridade local, que, depois de lavrar o auto de prisão em flagrante delito, deverá providenciar a remoção do preso.

Normativamente, entende-se que o executor vai em perseguição do acusado quando, tendo-o avistado, for perseguindo-o sem interrupção, embora depois o tenha perdido de vista; ou, então, quando souber, por indícios ou informações fidedignas, que o acusado tenha passado, há pouco tempo, em tal ou qual direção, pelo lugar em que o procure, for no seu encalço.

Entretanto, nos expressos termos do parágrafo único do art. 292 do CPP, cuja redação fora dada pela Lei n. 13.434/2017, é proibido "o uso de algemas em mulheres grávidas durante os atos médico-hospitalares preparatórios para a realização do parto e durante o trabalho de parto, bem como em mulheres durante o período de puerpério imediato" (Brasil, 1941).

No caso de o acusado entrar ou se encontrar em alguma casa, o executor do mandado de prisão deverá intimar o morador para que o entregue, à vista da ordem de prisão. Contudo, quando não for obedecido imediatamente, o executor deverá convocar duas testemunhas e, sendo dia, entrará à força na casa, arrombando as portas, se isso for preciso; sendo noite, o executor, depois da intimação ao morador, quando não for atendido, permanecerá em vigilância no local, cuidando de todas as saídas, tornando a casa incomunicável, e, logo que amanheça, arrombará as portas e efetuará a prisão.

O morador que se recusar a entregar o acusado que se esconder em sua casa deverá ser levado à presença da autoridade, com o intuito de que sejam adotadas as medidas legais necessárias para sua responsabilização penal.

É judicialmente possível determinar que sejam recolhidos a quartéis ou a prisão especial, à disposição da autoridade competente, quando sujeitos a prisão e antes de condenação definitiva, os ministros de estado, os governadores de estados ou do Distrito Federal e seus respectivos secretários, os prefeitos municipais, os vereadores e os chefes de polícia, os membros do Congresso Nacional, do Conselho de Economia Nacional e das assembleias legislativas dos estados, os cidadãos inscritos no "Livro de Mérito", os oficiais das forças armadas, os militares dos estados e do Distrito Federal, os magistrados, os diplomados em cursos de graduação, os ministros de confissão religiosa, os ministros do Tribunal de Contas, os cidadãos que já tiverem exercido efetivamente a função de jurado, além dos delegados de polícia e policiais civis e municipais, ativos e inativos.

Normativamente, a **prisão especial** é descrita como aquela em que a privação da liberdade deva consistir exclusivamente no recolhimento do agente em local distinto daquele destinado à prisão comum; e, assim, no caso de inexistir estabelecimento específico para o preso especial, este deverá ser recolhido em cela distinta do mesmo estabelecimento (comum).

A cela especial também poderá consistir em alojamento coletivo, atendidos os requisitos de salubridade do ambiente, – ou seja, quando houver concorrência dos fatores de aeração, de insolação e de condicionamento térmico adequados à existência humana digna. Em que pese os direitos e deveres do preso especial serem idênticos do preso comum, observa-se que o preso especial não poderá ser transportado juntamente com o preso comum.

É obrigatória a separação das pessoas que se encontram provisoriamente presas daquelas que já se encontram definitivamente condenadas e que, portanto, devem ser encaminhadas ao Sistema Penitenciário, conforme determina a Lei de Execução Penal – Lei n. 7.210, de 11 de julho de 1984 (Brasil, 1984).

Na prática, é isso que acontece? Não! Todos os dias, as misérias e as degradações a que as pessoas presas são submetidas, são decorrentes da não separação dos presos provisórios daqueles que já se encontram em cumprimento de pena (definitivos), mas principalmente da superlotação dos presídios. Veja, por exemplo, o que ressalta o texto a seguir:

Cidadania nos presídios

O Projeto "Cidadania nos Presídios" é muito mais que uma proposta de atualização de processos. É uma iniciativa do Conselho Nacional de Justiça (CNJ) pelo reconhecimento e pela valorização de direitos, em sentido amplo. Discutir-se nova dinâmica e metodologia para o sistema de execução e fiscalização das penas, revendo o funcionamento das varas de execução penal e a superocupação dos presídios, com o reforço da interlocução e interação de todos aqueles que intervêm no processo e nas rotinas da execução penal, têm aptidão para tornar o sistema de justiça "mais humano, aproximando o juiz e a sociedade do jurisdicionado".

Atualmente, os mais de 700.000 presos que se encontram cumprindo penas no país em regime de encarceramento mais ou menos rígido fazem do Brasil o país com a terceira maior população prisional, em termos absolutos. E o modelo de encarceramento que praticamos, infelizmente, alimenta um ciclo de violências que se projeta para toda a sociedade, reforçado por uma ambiência degradante em estabelecimentos que pouco ou minimamente estimulam qualquer proposta de transformação daqueles que ali estão. O tratamento digno e com respeito de presos é indício da civilização de uma sociedade e o primeiro passo que se dá na tentativa de regenerar a vida daqueles que um dia haverão de estar entre nós.

Contexto – Dados de 2014 do Ministério da Justiça mostram que o número de pessoas presas no Brasil aumentou mais de 400% em 20 anos. De acordo com o Centro Internacional de Estudos Penitenciários, ligado à Universidade de Essex, no Reino Unido, a média mundial de encarceramento é 144 presos para cada 100 mil habitantes. No Brasil, o número de presos sobe para 300.

Em junho de 2014, o Departamento de Monitoramento e Fiscalização do Sistema Carcerário e do Sistema de Execução de Medidas Socioeducativas (DMF), do CNJ, fez um levantamento inédito ao incluir nesta estatística as pessoas em prisão domiciliar. Os dados apresentados revelam que a população carcerária brasileira é de 711.463 presos, o que coloca o Brasil na terceira posição mundial de maior população de presos. Ao mesmo tempo há um déficit de 354 mil vagas no sistema carcerário. Se se considerarem os mandados de prisão em aberto – 373.991 – a população carcerária saltaria para mais 1 milhão de pessoas.

Relatório divulgado pela Anistia Internacional em fevereiro de 2015 coloca o Brasil no topo dos países mais violentos do mundo. São pelo menos 130 homicídios por dia. O relatório aponta que a sensação de impunidade é um incentivador, já que 85% dos homicídios não são solucionados no Brasil, e cita como os principais fatores para a crise no Brasil a violência policial, registros de tortura e a falência do sistema prisional. A reincidência e as condições desumanas das unidades prisionais são também fatores preocupantes. Segundo a Anistia, sete em cada 10 presos voltam a praticar crimes.

> Dentro dos presídios tornou-se rotineiro encontrar condições precárias e sub-humanas. Falta de espaço, de higiene, doenças em série, profissionais mal treinados e corrupção são constantes no sistema prisional brasileiro. A violência é, sobretudo, um dos grandes desafios dos gestores do setor. Os relatórios dos mutirões carcerários do CNJ são provas das condições indignas de sobrevivência nesses ambientes.

Fonte: CNJ, 2017.

Ao preso são assegurados todos os direitos não afetados pela sentença penal condenatória: tudo a que ele não for legitimamente condenado não pode piorar sua situação. Seus direitos só podem ser limitados excepcionalmente nos casos expressamente previstos em lei, e condições degradantes não são admissíveis em hipótese alguma no direito brasileiro.

Quanto a militar preso em flagrante delito, após a lavratura dos procedimentos legais, deverá ser encaminhado e, assim, recolhido no quartel da instituição a que pertencer, onde ficará preso à disposição das autoridades competentes.

7.1 Prisão em flagrante

A prisão em flagrante delito é uma categoria jurídica elementar prevista na processualística penal brasileira, a qual autoriza a contenção e, consequentemente, a privação da liberdade de quem quer que seja encontrado em estado de flagrância (art. 302 do CPP), por qualquer do povo ou pelas autoridades policiais. É legalmente considerado em flagrante delito quem está cometendo a conduta considerada delituosa (crime); quem acaba de cometer um crime; quem é perseguido por autoridade, por ofendido ou por qualquer pessoa, em situação que faça presumir ser autor do crime; ou, então, quem é encontrado com instrumentos, armas, objetos ou papéis que façam presumir ser ele autor do crime.

Ademais, entende-se que se encontra em flagrante delito o agente que praticar crime que, em razão de suas circunstâncias e modo de execução, é classificado como crime permanente, enquanto não cessar a permanência. A pessoa que for presa em flagrante delito deverá ser apresentada à autoridade competente, a qual tem o dever legal de ouvir o condutor e colherá, desde logo, sua assinatura, entregando-lhe cópia do termo e recibo de entrega do preso.

Em seguida, a autoridade competente deverá proceder à oitiva das testemunhas e ao interrogatório do acusado sobre a imputação que lhe é feita, colhendo, após cada oitiva, suas respectivas assinaturas, no auto de prisão em flagrante a ser devidamente lavrado. Caso resulte das respostas a fundada suspeita contra a pessoa que foi conduzida em flagrante delito, a autoridade mandará recolhê-lo à prisão, exceto no caso de livrar-se, solto ou de prestar fiança, e prosseguirá nos atos do inquérito policial ou processo, quando para isso for competente. Caso a autoridade não possua competência para esse fim, deverá enviar os respectivos autos à autoridade que o seja.

É certo que a inexistência de testemunhas da prática delitiva não impedirá a elaboração do auto de prisão em flagrante; mas, nesse caso, com o condutor, deverão assiná-lo pelo menos duas pessoas que hajam testemunhado a apresentação da pessoa detida à autoridade. No caso de o acusado se recusar a assinar, não souber ou não puder fazê-lo, o auto de prisão em flagrante delito deverá ser assinado por duas testemunhas que tenham ouvido a sua leitura.

É possível observar ainda que, nos termos do parágrafo 4º do art. 304 do CPP, na "lavratura do auto de prisão em flagrante deverá constar a informação sobre a existência de filhos, respectivas idades e se possuem alguma deficiência e o nome e o contato de eventual responsável pelos cuidados dos filhos, indicado pela pessoa presa" (Brasil, 1941); pois o intuito é a proteção integral da criança, do adolescente e da pessoa com deficiência – bem como da pessoa idosa – o que por certo pode levar e, condignamente, fundamentar a adoção de medidas cautelares distintas da privação da liberdade.

O auto de prisão em flagrante delito poderá ser lavrado por qualquer pessoa que for designada pela autoridade, depois de prestado o compromisso legal, quando o escrivão estiver impedido ou ausente.

A prisão de qualquer pessoa e o local onde se encontre deverão ser imediatamente comunicados ao juízo de direito competente, ao MP e à família do preso ou à pessoa por ele indicada; e, em até 24 horas após a realização da prisão, também deverá ser encaminhado ao juízo de direito competente o auto de prisão em flagrante delito. Caso o autuado não informe o nome de seu advogado, uma cópia integral do procedimento policial deverá ser encaminhada para a Defensoria Pública.

De igual maneira, em até 24 horas após a realização da prisão, deverá ser entregue à pessoa detida que ainda se encontrar privada de liberdade, mediante recibo, a nota de culpa, assinada pela autoridade, em que deverá constar o motivo da prisão, os nomes do condutor e das testemunhas.

Anota-se que já se tem entendido como expediente processual orientado pela constitucionalidade das garantias fundamentais reconhecidas à pessoa privada de liberdade a denominada *audiência de custódia*, isto é, o encaminhamento imediato da pessoa detida à presença do órgão julgador competente, com o intuito de que possa verificar o atendimento dos requisitos e pressupostos legais autorizativos da medida de coerção, para, assim, decidir sobre a manutenção ou não da prisão, com base nos princípios da legalidade e da necessidade.

Nesse sentido, o Tribunal de Justiça do Estado do Paraná (TJPR) tem entendido que,

> *deste modo, a jurisdição constitucional funciona como instrumento potencializador da efetividade dos direitos humanos, na medida em que, a partir da compreensão crítica da realidade, sob o prisma direitos humanos, aplica este consenso no âmbito interno, operando, assim, como ferramenta de transformação social".* (Paraná, 2015, p. 2)

Ainda de acordo com o TJPR, esse procedimento constitui evolução:

> *uma das principais vantagens da implementação da audiência de custódia no Brasil, importa na missão de reduzir o encarceramento em massa no país, porquanto através dela se promove um encontro do juiz com o preso.*
>
> *Desta feita, a audiência de custódia servirá para que o juiz analise a necessidade da prisão, momento em que o juiz, de acordo com o princípio da legalidade, poderá: i) relaxar a prisão em flagrante ilegal; ii) decretar a prisão preventiva ou outra medida cautelar alternativa à prisão; iii) manter solta a pessoa suspeita da prática de determinado delito, se verificar ausentes os pressupostos da cautelaridade previstos no artigo 312 do CPP.*
>
> *[...]*
>
> *Contudo, tal situação vem sofrendo alteração, pois uma série de medidas estão sendo tomadas, no âmbito nacional, a fim de concretizar, cada vez mais, o respeito ao direito de audiência de custódia no momento da prisão em flagrante, apontando para a inevitável implantação dessa audiência no Brasil.*

A primeira delas, consiste no Projeto Audiência de Custódia, desenvolvido pelo CNJ em parceria com o TJSP e o Ministério da Justiça, e consiste na criação de estrutura multidisciplinar nos Tribunais de Justiça para receber presos em flagrante, visando a uma primeira análise sobre o cabimento e a necessidade de manutenção dessa prisão ou a imposição de medidas alternativas ao cárcere.

Aliás, em 10 de abril de 2015, em notícia vinculada no site do Supremo Tribunal Federal, consta que o Presidente do STF e do Conselho Nacional de Justiça, ministro Ricardo Lewandowski, o ministro da Justiça, José Eduardo Cardozo, e o presidente do Instituto de Defesa do Direito de Defesa (IDDD), Augusto Arruda Botelho, assinaram na quinta-feira (9), três acordos de cooperação técnica para facilitar a implementação do projeto "Audiência de Custódia" em todo o Brasil e para viabilizar a aplicação de medidas alternativas cautelares, como o uso de tornozeleiras eletrônicas [...].

Assim, não se pode ignorar a inevitável alteração do comportamento do Judiciário Brasileiro em relação à necessidade de realização das audiências de custódia, previstas em normas de direito internacional, que já integram o ordenamento jurídico nacional.

Contudo, a ausência da referida audiência de custódia, não conduz, necessariamente, a anulação da decisão, eis que viável a aplicação de medida cautelar diversa da prisão, diante da adequação e necessidade, em razão das circunstâncias do caso concreto. (Paraná, 2015, p. 11-13)

Na hipótese de o fato ter sido praticado na presença da autoridade, ou contra esta, no exercício de suas funções, deverão constar do auto de prisão em flagrante delito a narração desse fato, a voz de prisão, as declarações que fizer a pessoa detida e os depoimentos das testemunhas, colhendo-se, ao final, a assinatura de todos e, em seguida, remetendo-se imediatamente o auto para o órgão julgador competente para que tome conhecimento do fato delituoso, quando não o for a autoridade que houver presidido o referido auto.

O órgão julgador competente, ao receber o auto de prisão em flagrante delito, tem o dever legal de decidir entre as seguintes possibilidades: relaxamento da prisão que for considerada ilegal; conversão da prisão em flagrante em preventiva, quando presentes os requisitos legais (art. 312 do CPP) e, assim, revelarem-se inadequadas ou insuficientes as medidas cautelares diversas da prisão; ou, então, conceder liberdade provisória, com ou sem fiança.

No entanto, quando a pessoa detida "se livrar solta", deverá ser posta em liberdade, depois de ter sido lavrado o devido auto de prisão em flagrante delito. Na hipótese de o órgão julgador verificar, pelo auto de prisão em flagrante delito, que o agente praticou o fato sob a égide de qualquer uma das causas de justificação previstas nos incisos I a III do art. 23 do Código Penal (CP) – Decreto-Lei n. 2.848, de 7 de dezembro de 1940 (Brasil, 1940) –, isto é, em estado de necessidade, legítima defesa, estrito cumprimento do dever legal ou em regular exercício de direito, poderá conceder ao acusado liberdade provisória, mediante termo de comparecimento a todos os atos processuais, sob pena de revogação.

7.2 Prisão preventiva

Ao longo da investigação policial e da própria instrução criminal, será possível a decretação judicial da prisão preventiva do agente a quem se atribui a prática de conduta considerada delituosa, em virtude de representação da autoridade policial ou de requerimento do MP, do querelante ou do assistente de acusação, sempre que presentes as condições, os requisitos e os processos expressamente previstos nos arts. 311 a 316 do CPP. Contudo, a autoridade judiciária não poderá mais decretar a prisão preventiva do indiciado ou do acusado, de ofício, haja vista as alterações legislativas trazidas pela Lei n. 13.964/2019 (Lei Anticrime), a qual, expressa e especificamente, alterou o art. 311 do CPP, que, até então, admitia a decretação de ofício.

Portanto, agora não é mais admissível a decretação de prisão preventiva, de ofício, pelo órgão julgador competente. Não fosse isso, é possível observar que, conforme dispõe o atual art. 312 do CPP – recentemente modificado pela Lei Anticrime –, para além da prisão preventiva poder se cabível nos casos em que se impunha "como garantia da ordem pública, da ordem econômica, por conveniência da instrução criminal ou para assegurar a aplicação da lei penal, quando houver prova da existência do crime e indício suficiente de autoria", agora também é possível sua decretação com base no "perigo gerado pelo estado de liberdade do imputado" (Brasil, 1941).

Nesse sentido, o Superior Tribunal de Justiça (STJ) tem entendido que a:

> *prisão preventiva se trata propriamente de uma prisão provisória; dela se exige venha sempre fundamentada, vez que ninguém será preso senão por ordem escrita e* **fundamentada** *de autoridade judiciária competente (Constituição da República, art. 5º, inciso LXI). Mormente porque a fundamentação das decisões do Poder Judiciário é condição absoluta de sua validade [...].* (Brasil, 2015c)

Também poderá ser judicialmente decretada a prisão preventiva em caso de descumprimento injustificado "de qualquer das obrigações impostas por força de outras medidas cautelares" (Brasil, 1941), nos termos do atual § 1º do art. 312 – modificado pela Lei n. 13.964/2019 –, o qual se reporta, expressamente, ao disposto no § 4º do art. 282, ambos do CPP.

Vale dizer que, nas hipóteses de descumprimento injustificado de qualquer das obrigações judicialmente impostas, ante requerimento ministerial, do assistente de acusação ou do querelante, o órgão julgador competente poderá substituir a medida cautelar, impor outra cumulativamente ou, por derradeiro, decretar a prisão preventiva.

Ainda, para a decretação da prisão preventiva, de acordo com o que atualmente dispõe o § 2º do art. 312 do CPP – acrescentado pela Lei n. 13.964/2019 –, é necessário que a decisão judicial esteja devidamente "motivada e fundamentada em receio de perigo e existência concreta de fatos novos ou contemporâneos que justifiquem a aplicação [...] [dessa] medida" (Brasil, 1941).

O STJ, reiteradamente, tem entendido:

> *A privação antecipada da liberdade do cidadão acusado de crime reveste-se de caráter excepcional em nosso ordenamento jurídico (art. 5º, LXI, LXV e LXVI, da CF). Assim, a medida, embora possível, deve estar embasada em decisão judicial fundamentada (art. 93, IX, da CF), que demonstre a existência da prova da materialidade do crime e a presença de indícios suficientes da autoria, bem como a ocorrência de um ou mais pressupostos do artigo 312 do Código de Processo Penal. Exige-se, ainda, na linha perfilhada pela jurisprudência dominante deste Superior Tribunal de Justiça e do Supremo Tribunal Federal, que a decisão esteja pautada em motivação concreta, vedadas considerações abstratas sobre a gravidade do crime.* (Brasil, 2019b)

A decretação judicial da prisão preventiva somente será admitida nos casos expressamente previstos na legislação processual penal, quais sejam: nos crimes dolosos punidos com pena privativa de liberdade máxima superior a 4 anos; quando o agente já tiver sido condenado por outro crime doloso, em sentença transitada em julgado, ressalvando-se, pois, a não prevalência dos efeitos da reincidência, quando já decorrido tempo superior a 5 anos entre o cumprimento ou extinção da pena e a infração posterior, computado o período de prova da suspensão ou do livramento condicional, caso não tenha ocorrido revogação; e quando o crime envolver violência doméstica e familiar contra a mulher, criança, adolescente, pessoa idosa, enfermo ou pessoa com deficiência, para garantir a execução das medidas protetivas de urgência.

De igual maneira, é legalmente admitida a prisão preventiva quando houver dúvida sobre a identidade civil da pessoa ou quando esta não fornecer elementos suficientes para esclarecê-la, devendo a pessoa detida ser colocada imediatamente em liberdade após a identificação, salvo quando existir outro motivo que autorize ou, cautelarmente, recomende a manutenção da sua custódia.

Entretanto, com o advento da Lei n. 13.964/2019, que acrescentou o § 2º ao art. 313 do CPP, não é mais possível a prisão preventiva ser judicialmente decretada para fins de antecipação do cumprimento de pena ou mesmo como decorrência imediata tanto da investigação criminal (policial, ministerial ou parlamentar) quanto do oferecimento ou do recebimento de denúncia.

O órgão julgador não poderá decretar a prisão preventiva quando verificar, pelos meios de prova admitidos que já constem do procedimento investigatório ou da ação penal, que o agente teria praticado a conduta considerada delituosa sob a égide de qualquer uma das causas de justificação – isto é, em estado de necessidade, legítima defesa, estrito cumprimento do dever legal ou no regular exercício de direito (art. 23, CP). A decisão judicial que decretar, substituir ou denegar a prisão preventiva do agente a quem se atribui a prática de conduta considerada delituosa deverá ser sempre devidamente motivada e fundamentada pelos aspectos fáticos – e, segundo, por suas circunstâncias – e jurídico-legais, conforme expressamente determina o atual *caput* do art. 315 do CPP – alterado pela Lei n. 13.964/2019 (Lei Anticrime) – em linha com o disposto no inciso IX do art. 93 da CF.

Portanto, na motivação da decisão judicial que decretar a prisão preventiva ou mesmo de qualquer outra medida cautelar, o órgão julgador competente está obrigado a indicar concretamente a existência de fatos novos ou contemporâneos que justifiquem e autorizem a aplicação da medida extrema de privação da liberdade do agente a quem se atribuiu a prática do crime.

Neste sentido, verifica-se que a Lei n. 13.964/2019 (Lei Anticrime) alterou o art. 315 do CPP e, assim, acrescentou dispositivos que objetivamente conceituam o que deve ser entendido *por falta ou carência de fundamentação da decisão judicial que decretar prisão preventiva.*

Dessa maneira, não poderá ser legal e legitimamente considerada como fundamentada a decisão judicial (interlocutória, sentença ou acórdão) que apenas indicar, reproduzir ou parafrasear ato normativo, sem devidamente explicar sua relação com a causa ou a matéria decidida; bem como utilizar conceitos jurídicos considerados indeterminados, precisamente por estarem afastados das circunstâncias concretas do caso legal; ou quando utilizar motivação genérica que, na verdade, poderia servir de razão para qualquer outra decisão judicial.

Ainda, normativamente, considera-se infundada a decisão judicial que minimamente não enfrentar os argumentos deduzidos no processo, que, fidedignamente, seriam capazes, ainda que em tese, de desautorizar a (re)solução adotada pelo órgão julgador; bem como seria infundada a decisão judicial que apenas se limita a invocar precedentes jurisprudenciais e/ou enunciados sumulados sem mencionar qualquer de seus fundamentos determinantes para a adequação e o acertamento do provimento judicial, ante mesmo à necessidade de evidenciar a pertinência em relação ao caso concreto levado a julgamento.

Ainda, igualmente não se afigura devidamente fundamentada a decisão judicial que decretar, substituir ou denegar a prisão preventiva que imotivadamente não seguir reiterada orientação jurisprudencial, por vezes, consolidada em súmula ou precedente invocado por qualquer das partes, inclusive, sem fazer a distinção necessária, isto é, evidenciar a existência de distinção no caso concreto levado à apreciação judicial ou mesmo à superação do entendimento jurisprudencial.

Por outro lado, é certo que a autoridade judicial poderá, de ofício ou a pedido das partes, a qualquer momento (tanto na fase procedimental destinada à investigação criminal quanto ao longo do trâmite processual), revogar a prisão preventiva anteriormente decretada quando verificar a falta de qualquer um dos motivos para que possa legitimamente subsistir como instrumento de preservação da ordem pública e econômica, ou, então, por cautela da instrução criminal ou da lei penal; e, de igual maneira, poderá ser judicialmente decretada de novo caso sobrevenham outras razões que a justifiquem, conforme termos do atual *caput* do art. 316 do CPP, alterado pela Lei n. 13.964/2019 (Lei Anticrime).

Para o mais, uma vez decretada judicialmente a prisão preventiva, o órgão emissor tem o dever legal de revisar a necessidade ou não da manutenção dessa medida a cada 90 dias, mediante provimento judicial devidamente motivado e fundamentado, de ofício, sob pena de tornar a prisão preventiva ilegal.

7.3 Prisão domiciliar

A prisão domiciliar é normativamente descrita como o recolhimento do indiciado ou acusado em sua residência, da qual apenas poderá se ausentar mediante expressa e específica autorização judicial.

A prisão domiciliar poderá ser judicialmente determinada em substituição à prisão preventiva quando o agente: for maior de 80 anos; estiver extremamente debilitado por motivo de doença grave; for imprescindível aos cuidados especiais de pessoa com idade inferior a 6 anos ou com deficiência; for gestante (independentemente da fase em que se encontre a gravidez); mulher com filho de até 12 anos de idade incompletos; e homem, caso seja o único responsável pelos cuidados do filho de até 12 anos de idade incompletos, consoante com a nova redação dada aos incisos IV, V e VI do art. 318 do CPP pela Lei n. 13.257/2016. Para que seja deferida a substituição, o órgão julgador deverá exigir a comprovação de cada um desses requisitos legalmente estabelecidos, mediante a utilização de todos os meios de prova admitidos.

A Lei n. 13.769/2018 estabeleceu a possibilidade processual de substituição da prisão preventiva por prisão domiciliar da mulher que se encontre em gestação ou que esteja na condição de mãe ou responsável por crianças – pessoa com idade de 0 a 12 anos incompletos, de acordo com o art. 2º da Lei n. 8.069/1990 (Estatuto da Criança e do Adolescente) – ou por pessoa com deficiência – "aquela que tem impedimento de longo prazo de natureza física, mental, intelectual ou sensorial, o qual, em interação com uma ou mais barreiras, pode obstruir sua participação plena e efetiva na sociedade em igualdade de condições com as demais pessoas" (Brasil, 2015b, art. 2º), bem como disciplinou o regime de cumprimento de pena privativa de liberdade de mulheres condenadas que se encontrem em qualquer daquelas situações.

Em virtude disso, acrescentou-se ao Capítulo IV do Título IX do Livro I do CPP os arts. 318-A e 318-B, segundo os quais a prisão preventiva imposta à mulher gestante ou que for mãe ou responsável por crianças ou pessoas com deficiência poderá ser substituída por prisão domiciliar, desde que cumulativamente não tenha cometido crime com violência ou grave ameaça à pessoa e não tenha cometido o crime contra seu filho ou dependente; caso contrário, a eventual substituição também poderá contemplar aplicação concomitante de medidas alternativas dispostas no art. 319 daquele Codex.

7.4 Suspensão condicional da pena (*sursis*) e suspensão condicional do processo

Dois outros incidentes podem ocorrer durante o processo: a suspensão condicional da pena, ou *sursis* (na fase de execução da pena, após ter decorrido todo o processo), e a suspensão condicional do processo (ainda na fase processual).

A suspensão condicional da pena (*sursis*), prevista no CP (arts. 77 a 82) e no CPP (arts. 696 a 709) exige, para sua concessão, o atendimento dos seguintes requisitos legais:

» sentença penal condenatória a pena privativa de liberdade não superior a 2 anos;
» impossibilidade de substituição da pena privativa de liberdade por uma ou mais penas restritivas de direitos;
» não ser o agente reincidente na prática de crime doloso;
» as circunstâncias judiciais previstas no art. 59 do CP poderem ser, em prognóstico, consideradas favoráveis ao agente (art. 77 do CP).

As mencionadas condições judiciais previstas no art. 59 do CP são a culpabilidade, os antecedentes, a conduta social, a personalidade do agente, os motivos, as circunstâncias e as consequências do crime e o comportamento da vítima.

As condições legais para a suspensão condicional da pena (*sursis*) estão expressamente dispostas no art. 78 do CP:

> Art. 78. [...]
> § 1º No primeiro ano do prazo, deverá o condenado prestar serviços à comunidade (art. 46) ou submeter-se à limitação de fim de semana (art. 48).
> § 2º Se o condenado houver reparado o dano, salvo impossibilidade de fazê-lo, e se as circunstâncias do art. 59 deste Código lhe forem inteiramente favoráveis, o juiz poderá substituir a exigência do parágrafo anterior pelas seguintes condições, aplicadas cumulativamente:
> a) proibição de frequentar determinados lugares;
> b) proibição de ausentar-se da comarca onde reside, sem autorização do juiz;
> c) comparecimento pessoal e obrigatório a juízo, mensalmente, para informar e justificar suas atividades. (Brasil, 1940)

Além disso, observa-se que também é admissível o estabelecimento de outras condições para a suspensão condicional do processo, assim como é possível especificar para a suspensão condicional da pena (*sursis*), desde que sejam adequadas às circunstâncias do fato e à situação pessoal, aqui, do acusado. No âmbito do Juizado Especial Criminal, uma vez aceita a proposta de suspensão condicional do processo formulado pelo MP, tanto pelo acusado quanto pelo seu defensor, na presença do juiz de direito, impõe-se o recebimento da denúncia e, em seguida, o órgão julgador poderá suspender o processo, quando, então, submeterá o acusado a período de prova, sob determinadas condições.

Em regra, para a suspensão condicional do processo, exige-se do acusado que atenda às seguintes condições: reparação do dano, salvo impossibilidade de fazê-lo; proibição de frequentar determinados lugares; proibição de ausentar-se da comarca onde reside sem autorização judicial; e comparecimento pessoal e obrigatório a juízo, mensalmente, para informar e justificar suas atividades. A própria legislação especial prevê a possibilidade de especificação judicial de outras condições a que deverá ficar subordinada a suspensão condicional do processo, desde que adequadas ao fato e à situação pessoal do acusado – (§2º do art. 89 da Lei n. 9.099, de 26 de setembro de 1995 (Brasil, 1995).

A suspensão condicional do processo deverá ser revogada quando, no curso do prazo judicialmente estabelecido para o período de prova, o acusado que foi beneficiado com essa medida legal (procedimental) vier a ser processado por outro crime ou, então, não efetuar, sem motivo justificado, a reparação do dano (§ 3º, art. 89, Lei n. 9.099/1995). Por outro lado, observa-se que a suspensão condicional do processo poderá ser revogada quando o acusado que foi beneficiado vier a ser processado, no curso do período de prova, pela prática de infração penal classificada como contravenção penal, ou, então, no caso de ele descumprir qualquer outra condição que lhe fora imposta em sentença judicial (§4º, art. 89, Lei n. 9.099/1995).

Do contrário, caso a suspensão condicional do processo não tenha sido judicialmente revogada, é certo que se caracteriza uma causa de extinção da punibilidade do agente, conforme dispõe o parágrafo 5º do art. 89 da já citada lei. Ao longo do período de prova, isto é, em que permanecer suspensa a tramitação regular e válida do processo (relação jurídica processual penal), não será contado o lapso temporal necessário para o reconhecimento da prescrição, ou seja, segundo o parágrafo 6º do art. 89, "não correrá a prescrição durante o prazo de suspensão do processo" (Brasil, 1995).

No entanto, na hipótese de que o acusado, por qualquer motivo, não aceite a proposta de suspensão condicional do processo – independentemente do juízo de direito em que se desenvolver o julgamento da infração penal que lhe for atribuída –, o processo criminal continuará a tramitar, de forma regular e válida, prosseguindo, assim, em seus ulteriores termos (§7º, art. 89, Lei n. 9.099/1995).

7.5 Livramento condicional

O livramento condicional se destina ao réu-condenado que se encontra cumprindo sanção penal judicialmente determinada, o qual poderá ser colocado em liberdade mediante o atendimento de requisitos e pressupostos legais e de condições a serem observadas para esse fim. Portanto, o livramento condicional poderá ser concedido ao réu condenado a pena privativa da liberdade igual ou superior a 2 anos, desde que se verifiquem as condições expressamente previstas no art. 710 do CPP, ou seja, que o condenado já tenha cumprido mais da metade da pena, ou mais de três quartos, se for reincidente.

De igual maneira, deverá ser comprovado que o sentenciado não apresenta sinais objetivos (concretos) de periculosidade, uma vez que a cessação da ameaça só pode ser aferida em relação a determinado dado concreto, enquanto a ausência de periculosidade pode ser considerada apenas em contexto situacional ideal e, portanto, impossível de ser realisticamente verificado ou mesmo atingível.

O bom comportamento do sentenciado ao longo do cumprimento das sanções penais que lhe foram judicialmente determinadas (vida carcerária) deverá ser pautado em critérios civilizatórios e humanitários, tendo-se em conta as condições pessoais e existenciais experimentadas na convivência com os servidores e os demais detentos.

O livramento condicional estabelece como critério para sua concessão judicial a aptidão do sentenciado para prover sua própria subsistência – isto é, o atendimento de suas necessidades vitais básicas – por meio de atividade laboral honesta, formal ou informal, podendo ser atividade autônoma, artesanal, cultural, artística, esportiva, entre outras.

A reparação do dano causado pela infração também constitui-se como condição para o livramento condicional do réu condenado que se encontra em cumprimento de pena, salvo se houver impossibilidade de fazê-lo. Entre outros requisitos legais, observa-se que as sanções penais judicialmente determinadas ao sentenciado para efetivo e integral cumprimento também poderão ser somadas para fins de concessão do livramento condicional.

A legitimidade para agir, no caso de dedução judicial da pretensão (requerimento) acerca do livramento condicional, é legalmente reconhecida ao sentenciado, ao seu cônjuge ou ao parente em linha reta, por meio de proposta do diretor do estabelecimento penal, ou, então, por iniciativa do Conselho Penitenciário. Em qualquer dessas hipóteses, a concessão do livramento condicional é da competência jurisdicional do órgão julgador em exercício de suas atribuições na Vara de Execução Penal em que o réu condenado estiver cumprindo pena.

Apesar de as condições de admissibilidade, conveniência e oportunidade da concessão do livramento condicional ao sentenciado em cumprimento de pena serem verificadas pelo Conselho Penitenciário, o órgão julgador competente não ficará adstrito ao teor ou à conclusão constante do parecer a ser necessariamente exarado por aquele colegiado.

O diretor do estabelecimento penal que se destina ao acompanhamento do cumprimento das sanções penais judicialmente determinadas ao réu, em razão de condenação criminal, tem por atribuição legal o dever de remeter ao Conselho Penitenciário um relatório minucioso sobre o caráter do sentenciado. Esse relatório deverá estar baseado nos antecedentes do réu condenado e em sua conduta na prisão; no procedimento do liberando na prisão, em sua aplicação ao trabalho e em seu trato com os companheiros e funcionários do estabelecimento; em suas relações, quer com a família, quer com estranhos; em seu grau de instrução e aptidão profissional, com a indicação dos serviços em que tenha sido empregado e da especialização anterior ou adquirida na prisão; em sua situação financeira e em seus propósitos quanto ao seu futuro meio de vida.

Junto ao relatório deverá constar promessa escrita de colocação do liberando, quando dada por pessoa idônea, com indicação do serviço e do salário. Além disso, tal relatório deverá ser remetido ao Conselho Penitenciário, no prazo legal de até 15 dias, com o prontuário do sentenciado. Caso não seja entregue, o referido conselho poderá opinar livremente, comunicando à autoridade competente a omissão do diretor do estabelecimento penal.

O livramento não poderá ser concedido sem que se verifique, mediante exame técnico, as condições do sentenciado, quando tiver sido imposta medida de segurança detentiva, tendo-se em conta a demonstração da eventual cessação de sua periculosidade; consistindo a medida de segurança na internação em casa de custódia e tratamento do sentenciado, este necessariamente deverá ser submetido a exame mental.

A petição ou a proposta de livramento deverá ser remetida ao órgão julgador competente – juiz de direito ou tribunal – por meio de ofício expedido pela presidência do Conselho Penitenciário, instruído com a cópia do respectivo parecer técnico e do relatório do diretor da entidade prisional. Em seguida, deverá ser facultada oportunidade processual, ao MP, para oferecer pronunciamento sobre a matéria vertida, quando, então, deverá ser proferida decisão judicial sobre a questão prejudicial.

O requerimento de livramento condicional deverá ser liminarmente indeferido quando o sentenciado ainda não tiver cumprido mais da metade da pena, ou mais de três quartos, se for reincidente (art. 717, CPP). Do contrário, caso seja deferido o pedido de concessão do livramento condicional, o órgão julgador, ao especificar as condições a que ficará subordinado o livramento, deverá estabelecer aquelas que se afigurem adequadas ao delito, à personalidade do réu condenado e às suas necessidades vitais básicas, conforme seu contexto situacional, familiar e social.

A lei processual penal também admite a imposição de normas de conduta e obrigações, a título de condições, como a frequência obrigatória a curso de habilitação profissional ou de instrução escolar; a prestação de serviços em favor da comunidade; o atendimento aos encargos familiares; ou a realização de tratamento de desintoxicação. Além disso, a pessoa beneficiada com o livramento condicional deverá comparecer periodicamente à entidade fiscalizadora, para comprovar a observância das condições a que está sujeito, comunicando, também, sua ocupação, sua remuneração, as economias que conseguiu realizar e as dificuldades materiais ou sociais que enfrenta (art. 718, CPP).

É permitido à pessoa liberada residir fora da jurisdição pertinente ao juízo de direito da execução, impondo-se, nesse caso, a remessa de cópia da sentença do livramento à autoridade judiciária do lugar para onde o beneficiário tenha sido transferido e à entidade de observação cautelar e proteção. O liberado deverá ser advertido acerca da obrigação de ter que imediatamente se apresentar à autoridade judiciária e à entidade de observação cautelar e proteção que lhe tenha sido judicialmente determinada.

O livramento condicional deverá também ficar subordinado à obrigação de pagamento das custas do processo e da taxa penitenciária, ressalvando-se, contudo, a hipótese em que o beneficiário comprova não possuir capacidade econômico-financeira para esse fim, isto é, comprove sua insolvência. No entanto, o órgão julgador competente também poderá fixar prazo (judicial) para a realização do pagamento integral ou em prestações, levando em consideração as condições econômicas, financeiras, patrimoniais e laborativas do liberado.

O livramento condicional deverá ser precedido de cerimônia solene, em data a ser determinada pela autoridade que presidirá o ato material, na qual a pessoa a ser liberada será esclarecida acerca da necessidade do cumprimento integral das condições judicialmente estabelecidas, colhendo-se a sua concordância por meio de termo a ser lavrado e subscrito pela autoridade e pelo liberando.

A todo aquele que for legalmente liberado para sair da prisão, deverá ser entregue, além do saldo de seu pecúlio e do que lhe pertencer, uma caderneta, na qual deverão constar as condições que lhe foram judicialmente impostas; por sua vez, o liberado deverá exibir esse documento à autoridade judiciária ou administrativa sempre que lhe for exigido. Na falta dessa caderneta, deverá ser entregue ao liberado um salvo-conduto, em que constem as condições do livramento e a pena acessória, reservando espaço para consignar o cumprimento das condições legais que lhe forem judicialmente impostas.

A supramencionada observação cautelar e de proteção – a ser realizada por serviço social penitenciário, patronato, conselho de comunidade ou entidades similares – tem por finalidade tanto o acompanhamento do cumprimento da pena acessória e das condições especificadas na sentença concessiva do livramento condicional quanto a proteção do beneficiário, orientando-o na execução de suas obrigações e auxiliando-o na obtenção de atividade laborativa. As entidades que estiverem legalmente obrigadas ao acompanhamento do cumprimento da pena e à orientação do beneficiário – ou seja, que estiverem encarregadas de observação cautelar e proteção do liberado – deverão, obrigatoriamente, apresentar relatório ao Conselho Penitenciário.

Os arts. 726 e 727 do CPP estabelecem casos em que o livramento condicional será revogado:

> Art. 726. Revogar-se-á o livramento condicional, se o liberado vier, por crime ou contravenção, a ser condenado por sentença irrecorrível a pena privativa de liberdade.
> Art. 727. O juiz pode, também, revogar o livramento, se o liberado deixar de cumprir qualquer das obrigações constantes da sentença, de observar proibições inerentes à pena acessória ou for irrecorrivelmente condenado, por crime, à pena que não seja privativa da liberdade.
> Parágrafo único. Se o juiz não revogar o livramento, deverá advertir o liberado ou exacerbar as condições. (Brasil, 1941)

A revogação do livramento condicional, assim como a modificação das suas condições, poderá ser judicialmente decretada mediante representação do Conselho Penitenciário, requerimento do MP ou por meio de ofício, pelo órgão julgador, o qual deverá previamente ouvir o liberado, podendo ordenar diligências e permitir a produção de prova, no prazo legal de 5 dias.

A prática de um novo crime pelo beneficiário do livramento condicional não autoriza a automática e imediata revogação judicial do benefício, o qual, entretanto, poderá ser revogado quando houver decisão judicial (final) no processo penal relativo a essa nova prática delitiva. Nesse caso, o órgão julgador – juiz de direito ou tribunal – poderá ordenar a prisão do beneficiário do livramento condicional, desde que ouvido o Conselho Penitenciário, ou determinar a suspensão do curso do livramento condicional, cuja revogação dependerá da decisão final no novo processo.

Uma vez expirado o prazo legal ou judicialmente estabelecido para o livramento condicional sem que esse tenha sido revogado ou, então, no caso de absolvição do beneficiário por meio de sentença penal irrecorrível, impõe-se a extinção da pena privativa de liberdade, de ofício, a requerimento do interessado, do MP, ou do Conselho Penitenciário.

7.6 Medidas cautelares

O CPP prevê a possibilidade legal de adoção de outras medidas cautelares diversas da privação da liberdade do agente a quem se atribui a prática de conduta considerada delituosa. As medidas cautelares e diversas da prisão encontram-se elencadas no art. 319 do CPP, entre as quais consta a obrigatoriedade do comparecimento periódico em juízo, no prazo e nas condições judicialmente estabelecidos, com o intuito de que o agente beneficiado preste informações e justificação de suas atividades. A proibição de acesso ou frequência a determinados lugares também constitui um expediente cautelar diverso da privação da liberdade, cujo objetivo é evitar a ampliação do risco de o agente se envolver ou praticar outras condutas consideradas delituosas, em razão das circunstâncias relacionadas ao crime anterior, impondo-se, assim, que o indiciado ou acusado deva permanecer distante desses locais.

A proibição judicial de manter contato com determinada pessoa também se constitui uma das medidas cautelares diversas da prisão, precisamente quando, por circunstâncias relacionadas ao fato delitivo, seja impositivo que o indiciado ou acusado permaneça distante. A proibição de o agente se ausentar da comarca é uma outra hipótese de medida cautelar a ser judicialmente adotada como alternativa à privação da liberdade, tendo-se em conta a conveniência ou a necessidade de sua permanência para investigação ou instrução criminal.

Além disso, nessa medida, o indiciado ou acusado também fica proibido de ausentar-se do país, sendo necessário que o órgão julgador comunique as autoridades públicas encarregadas de fiscalizar as saídas do território nacional, ou o indiciado ou acusado será judicialmente intimado para entregar o passaporte no prazo legal de 24 horas.

Nos casos em que o indiciado ou acusado possua residência certa e atividade laboral fixa, afigura-se plausível a adoção judicial da medida cautelar diversa da prisão, em que o agente deverá se recolher em seu domicílio durante todo o período noturno e nos dias de folga do serviço.

A suspensão do exercício de função pública ou de atividade de natureza econômica ou financeira é uma medida cautelar diversa da prisão que pode ser judicialmente determinada somente quando houver justo receio de que o agente possa se valer de suas atribuições legais ou atividades técnicas para a prática de outros crimes.

A internação provisória do acusado é também uma medida cautelar distinta da privação da liberdade, e é utilizável nas hipóteses de crimes praticados com violência ou grave ameaça quando os peritos concluírem que o acusado é inimputável ou semi-imputável (art. 26, CP) e, também, houver risco de reiteração do envolvimento ou da prática dos crimes mencionados.

A fiança também é legalmente descrita como uma das medidas cautelares diversas da prisão, utilizável nas hipóteses legais que a admitem, precisamente, para assegurar que o acusado compareça a atos do processo, bem como para evitar a obstrução do andamento regular processual ou, então, em caso de resistência injustificada à ordem judicial. A fiança será judicialmente aplicada de acordo com as regras processuais e procedimentais próprias estabelecidas no CPP, inclusive cumulada com outras medidas cautelares diversas da privação da liberdade do agente.

Finalmente, o monitoramento eletrônico do acusado também passou a ser considerado uma modalidade de medida cautelar diversa da prisão, cujo objetivo é evitar os efeitos deletérios do cárcere, principalmente quando a privação da liberdade é determinada por breve período. Essa medida rompe com a lógica da carcerização, com a superlotação e com as demais mazelas estruturais decorrentes da (anti)cultura do penitenciarismo.

7.7 Liberdade provisória

O CPP regulamenta a concessão judicial da liberdade provisória, com ou sem fiança, da pessoa que se encontrar privada de liberdade em razão de decisão judicial ou de detenção em flagrante delito. A liberdade provisória deverá ser judicialmente concedida sempre que estiverem ausentes os requisitos e pressupostos legais que autorizam a decretação judicial da prisão preventiva do indiciado ou acusado, ainda que seja possível, se for o caso, a imposição de medidas cautelares diversas da prisão. É preciso entender que a regra é a liberdade, e não a privação dela, haja vista que se constitui como um direito individual de cunho fundamental, mesmo para quem tenha contra si a imputação de culpa.

De acordo com Oliveira (2007, p. 154),

> não é possível a revogação dos regimes de liberdade e o restabelecimento da prisão em flagrante, quando se tratar de infrações penais para as quais não seja cabível a prisão preventiva – arts. 313 (contravenções e crimes culposos) e 314 (existência de causa excludente da ilicitude ou, por analogia in bonam parte, da culpabilidade), ambos do CPP – diante do juízo, abstratamente feito pelo legislador, de improbabilidade de aplicação final de sanção privativa da liberdade.

Portanto, a liberdade provisória deve ser concebida como um instituto jurídico-legal (processual) que serve de anteparo à imposição judicial de medidas legais que se destinem à coerção do agente a quem se atribui a prática de conduta considerada delituosa, confirmando, assim, que estas últimas devem ser sempre exceções num Estado que se entenda democrático (constitucional) e de direito, para salvaguarda da plenitude das liberdades públicas. Nesse sentir, conclui-se que os "regimes de liberdade, embora tenham sua aplicabilidade condicionada à existência de uma anterior prisão em flagrante, estão conectados às causas de decretação da preventiva, como único requisito para a imposição do estado de coercibilidade que os caracteriza" (Oliveira, 2007, p. 154).

A concessão da liberdade provisória também pode ser condicionada à prestação de fiança (inciso III, art. 310), consoante o regime jurídico-legal estabelecido detalhadamente nos arts. 321 a 350 do CPP. A autoridade policial também poderá conceder fiança, mas somente nos casos de crime cuja pena privativa de liberdade máxima não seja superior a 4 anos; nos demais casos, a fiança apenas poderá ser requerida ao órgão julgador competente, o qual deverá decidir em até 48 horas.

Contudo, não deverá ser concedida fiança nos casos de crimes de racismo, tortura, tráfico ilícito de entorpecentes e de drogas afins, terrorismo; ou nos crimes definidos como *hediondos* e naqueles cometidos por grupos armados, civis ou militares, contra a ordem constitucional e o Estado democrático. A legislação processual penal ainda estende a impossibilidade de concessão de fiança aos que, no mesmo processo, tiverem quebrado fiança anteriormente concedida ou infringido, sem motivo justo, qualquer das obrigações legalmente estabelecidas; também em caso de prisão civil ou militar; e, ainda, quando presentes os motivos que autorizam a decretação da prisão preventiva.

O valor da fiança, para fins de concessão da liberdade provisória, poderá ser fixado pela autoridade que a estabelecer, tendo-se em conta os limites legal e expressamente estabelecidos no CPP, bem como a natureza jurídica em razão da gravidade o crime e a capacidade econômico-financeira do agente, a qual poderá determinar, inclusive, a redução ou a dispensa da fiança.

Portanto, a autoridade policial ou o órgão julgador poderá determinar o valor da fiança, levando em consideração a natureza do crime, as condições pessoais de fortuna e vida pregressa do acusado, as circunstâncias indicativas de sua periculosidade, bem como a importância provável das custas do processo até o final do julgamento.

A fiança deverá ser tomada por termo, em que se estabelecerá a obrigação do afiançado de comparecer perante a autoridade todas as vezes que for intimado para atos do inquérito, para a instrução criminal ou para o julgamento. O reforço de fiança será exigido quando a autoridade tomar, por engano, fiança em valor insuficiente; quando houver depreciação material ou perecimento dos bens hipotecados ou caucionados, ou depreciação dos metais ou pedras preciosas; e quando for inovada a classificação do delito. Caso não seja devidamente realizado o reforço de fiança determinado, o agente será recolhido à prisão e a fiança ficará sem efeito.

A fiança será normativamente considerada quebrada quando o acusado, regular e validamente intimado para ato do processo, deixar de comparecer, sem motivo justo; ou então, deliberadamente, praticar ato de obstrução ao andamento do processo, descumprir medida cautelar imposta cumulativamente com a fiança, resistir injustificadamente a ordem judicial ou praticar novo crime doloso.

Em razão do quebramento injustificado da fiança, ocorrerá a perda de metade do seu valor, cabendo ao órgão julgador decidir sobre a imposição de outras medidas cautelares, ou, quando for o caso, ocorrerá decretação da prisão preventiva do agente. Além disso, o valor da fiança será considerado totalmente perdido quando o acusado for condenado e, no entanto, deixar de se apresentar para o início do cumprimento da pena definitivamente imposta. Em casos de perda da fiança, o valor perdido, deduzidas as custas e os encargos a que o acusado estiver obrigado, deverá ser recolhido ao fundo penitenciário.

Ao longo da audiência de custódia, contemplada pela reforma legislativa determinada pela Lei n. 13.964/2019 (Lei Anticrime), caso o órgão julgador verificar que se encontra presente qualquer uma das causas de justificação que se constitui em uma excludente da antijuridicidade (ilicitude) – vale dizer, estado de necessidade, legítima defesa, estrito cumprimento do dever legal ou regular exercício de direito –, poderá conceder ao detido o benefício processual da liberdade provisória, mediante prolação de decisão judicial devidamente motivada, conforme dispõe o inc. IX do art. 93 da Constituição da República de 1988, na qual, inclusive, deverá advertir e orientar o beneficiário sobre a necessidade de comparecer a todos os demais atos pertinentes à persecução penal sempre que for regular e validamente notificado para tanto, sob pena de ser judicialmente revogado o benefício (§ 1º do art. 310 do CPP).

Entretanto, com as alterações legislativas determinadas pela Lei n. 13.964/2019 (Lei Anticrime), caso o agente privado de liberdade, em virtude de prisão em flagrante delito, for reincidente, integrar organização criminosa armada ou milícia ou portar arma de fogo de uso restrito, o órgão julgador competente não poderá conceder liberdade provisória, independentemente da eventual estipulação de medidas cautelares, uma vez que o § 2º do art. 310 do CPP, agora, expressamente, determine sua denegação.

Portanto, é possível dizer que não se trata mais de uma faculdade processual do órgão julgador, mas sim de uma restrição legislativa do âmbito de sua discricionariedade devidamente fundamentada, haja vista que lhe impõe a denegação do supramencionado benefício (liberdade provisória) ao agente que se encontre em qualquer uma daquelas situações, condições e/ou circunstâncias legalmente descritas.

7.8 Audiência de custódia

Com o advento da Lei n. 13.964/2019 (Lei Anticrime) a audiência de custódia passou a ser normativamente regulamentada e, assim, consignou-se no art. 287 do CPP que sua realização é obrigatória nos casos em que a privação da liberdade seja em decorrência de flagrante delito e em decorrência de ordem judicial, inclusive destacando-se que, caso seja inafiançável a infração penal, independentemente da exibição ou não do mandado judicial, será possível a detenção do agente, quem deverá ser imediatamente apresentado ao órgão julgador que tiver expedido a ordem de prisão para fins de realização da audiência de custódia.

De igual maneira, a Lei n. 13.964/2019 (Lei Anticrime) também modificou o art. 310 do CPP, determinando a realização da audiência de custódia da pessoa que se encontrar privada de liberdade dentro do prazo de até 24 horas, em virtude de prisão em flagrante delito, quando, então, o órgão julgador competente deverá promover a audiência de custódia com a presença do detido, bem como de seu advogado constituído, dativo ou nomeado, ou, então, de membro da Defensoria Pública e membro do MP.

De outro lado, é certo que a autoridade – policial, judicial, ministerial, parlamentar – que injustificadamente der causa à não realização da audiência de custódia dentro do prazo de 24 horas deverá responder administrativa, civil e criminalmente pela omissão imotivada, nos termos do que determina o § 3º do art. 310 do CPP.

Não fosse isso, ainda é possível verificar que a não realização injustificada da audiência de custódia no prazo legalmente estipulado para tal desiderato também tornará ilegal a privação da liberdade do agente, restando, assim, à autoridade competente a possibilidade de relaxamento da prisão; senão, a representação e/ou, por conseguinte, a decretação da prisão preventiva, conforme expressamente prevê o § 4º do art. 310 do CPP.

Para além das expressas previsões legislativas processuais penais anteriormente descritas, não é possível esquecer que a denominada *audiência de custódia* também é um projeto do Conselho Nacional de Justiça (CNJ), que tem por objetivo a imediata apresentação de pessoa detida em flagrante delito ao órgão julgador competente, em matéria penal. Esse novel ato processual deve contar não só com a presença do órgão julgador, mas também com os demais atores processuais penais, ou seja, com o órgão de execução ministerial, o defensor público, constituído ou nomeado, e a pessoa detida.

No entanto, observa-se que o projeto mencionado ainda depende de uma sensível reorganização estrutural e funcional – material e pessoal – para o efetivo cumprimento das novas atribuições legais a serem desenvolvidas pelos atores processuais penais antes, durante e depois da realização da audiência de custódia.

O projeto audiência de custódia está sendo, aos poucos, implementado nos juízos de direito com competência criminal, em todo o país; porém, ainda é preciso estabelecer parâmetros procedimentais para que sejam asseguradas as liberdades públicas, isto é, os direitos individuais e as garantias fundamentais a serem efetivados durante a realização desse novo ato procedimental. Somente dessa forma será possível evitar a burocratização e os demais desvios de poder dessa estratégia processual penal, que, para o mais, tem o objetivo de evitar, a médio prazo, o encarceramento em massa – destacadamente, a título de prisão provisória.

A audiência de custódia se destina ao asseguramento da efetivação dos direitos e garantias fundamentais, ainda que, minimamente, da pessoa que se encontra privada de liberdade, seja em decorrência de prisão em flagrante delito, seja por cumprimento de ordem judicial.

Portanto, a audiência de custódia é uma expressão da garantia fundamental do acesso à Justiça, uma vez que determina a apresentação, em até 24 horas, do agente a quem se atribui a prática de uma conduta – ou envolvimento em um acontecimento – normativamente classificada como delituosa, à presença – física ou mesmo à distância, por exemplo, em virtude de pandemias (covid-19) – da autoridade judicial competente.

Em razão das problemáticas referentes à presente estruturação jurídica brasileira e da necessidade de uma rápida adaptação para tornar possível a implementação das audiências de custódia previstas na Resolução CNJ n. 213, de 15 de dezembro de 2015 (CNJ, 2016), vê-se necessária a aplicação de medidas alternativa (Ramidoff; Ramidoff, 2019).

Destarte, como já se cogitou, afigura-se plausível excepcionalmente, para resguardar direitos individuais, de cunho fundamental, a realização de audiência de custódia por meio de videoconferência, como já adotado em alguns estados americanos, de modo que tornaria mais viável a adaptação de locais para que se procedam tais audiências sem a necessidade da presença física da autoridade judicial competente, bem como do membro do MP e da Defensoria Pública ou defensor da pessoa apreendida em flagrante delito (Ramidoff; Ramidoff, 2019).

Nesse sentido, Eugênio Pacelli de Oliveira (2014, p. 407-408) afirma que a videoconferência se constitui em um importante instrumento processual penal, mas tece algumas considerações críticas acerca de sua operacionalidade, *in verbis*:

> *Seria inconstitucional o interrogatório por videoconferência? A nosso aviso, semelhante modalidade de inquirição do acusado – ou mesmo de testemunhas – não viola o direito individual constitucional (Pacto de San José da Costa Rica – tratado internacional) a ser ouvido pelo juiz da causa. Nem a produção legislativa do Direito e nem a sua interpretação podem ser feitas de modo linear, como se tudo coubesse em uma mesma forma normativa. Certamente que inquirição feita por videoconferência não é a mesma que aquela feita pessoal e diretamente, não só em tempo real, mas também em espaço real. Certamente. Mas a distinção de tratamento poderá, eventual e excepcionalmente, encontrar justificativas.*

Pois, como se sabe, os direitos individuais e as garantias fundamentais – na condição de expressão da evolução teórico-pragmática do saber penal (direito penal, processo penal, execução penal, segurança pública, dentre outros), então efetivados pela realização da audiência de custódia – certamente não podem ser relativizados a título de repressão-punição operacionalizada por atividades policiais de "enfrentamento" (de "combato") imediato à violência social urbana (crimes).

Os estudos e as pesquisas acerca da eventual causalidade entre a audiência de custódia (causa) e o aumento dos índices de violência social urbana (efeito) ainda estão por ser realizados por meio de metodologias interdisciplinares que permitam uma visão mais completa possível acerca dessa nova atuação estatal, seja no âmbito cultural (racionalidade pública), seja no padrão de conduta profissional, seja na institucionalização das novas atribuições legais (MP, Defensoria Pública, Magistratura, Polícias etc.), seja na procedimentalização dessa nova categoria jurídico-legal.

Acerca da audiência de custódia, ainda, permanece a questão relativa à persecução penal, que, na verdade, não deverá ser necessariamente reduzida pela só realização desse ato procedimental; deve-se perquirir quais seriam as eventuais vantagens dessa medida – por exemplo, evitar a superpopulação carcerária.

Não fosse isso, observa-se que a audiência de custódia também não pode se constituir em um mero ato procedimental penal de apresentação da pessoa privada de liberdade à presença do juiz de direito competente, como advertem Klayton Augusto Martins Tópor e Andréia Ribeiro Nunes (2015, p. 35), *in verbis*: "deve ser submetido, imediatamente, ao encontro com o magistrado, através da audiência de custódia, com o intuito de serem tomadas maiores informações sobre o agente, a conduta praticada e suas razões".

Uma outra coisa é a suposta frouxidão das atividades caracteristicamente policiais no âmbito da repressão ostensiva e imediata à prática delitiva, em virtude da realização da audiência de custódia; pois não guarda relação direta com o referido ato procedimental, ante à possibilidade de manutenção da privação da liberdade do agente a quem se atribui a prática de uma conduta delituosa.

Ainda, é possível dizer que a realização da audiência de custódia é um ato procedimental (penal) que também tem relação com a segurança pública, uma vez que se destina à verificação da legalidade e da legitimidade da atuação das forças de segurança pública – destacadamente das atividades policiais típicas – que se destinam à repressão ostensiva e imediata a crimes.

Isso ocorre, precisamente, em virtude da necessidade de verificação da legalidade e da legitimidade da privação da liberdade, uma vez que a audiência de custódia se constitui em uma garantia fundamental do agente privado de liberdade, em decorrência de prisão seja em flagrante delito, seja de ordem judicial.

Contudo, ainda não se pode fundamentadamente afirmar que a audiência de custódia é um fator (causa) do aumente da violência social urbana ou mesmo dos índices estatísticos da prática de crimes (desvio/criminalidade).

De igual maneira, não se pode esquecer que, efetivamente, a audiência de custódia importou significativa alteração na persecução penal, destacadamente em relação à sua legalidade e à sua legitimidade – por exemplo, acerca da validade formal e material da execução dos atos de polícia.

Por fim, não se pode olvidar que a audiência de custódia também se constitui em mais uma medida legal que se insere – ainda que indiretamente – no âmbito da segurança pública, haja vista que se destina à verificação objetiva e pronta da privação da liberdade do agente a quem se atribui a prática de conduta normativamente classificada como delituosa.

Para além da realização da audiência de custódia, é preciso superar a sua implementação inicial por meio da Resolução CNJ n. 213/2015, com o objetivo de, permanentemente, otimizar não só sua efetivação procedimental (penal), mas também suas repercussões normativas (persecução penal, segurança pública, etc.) e criminológica (redução da violência do controle da violência social), aperfeiçoando a verificação da legalidade (formalidade) e da legitimidade (autorização e justificação) de toda e qualquer intervenção estatal de cunho repressivo-punitivo.

Neste sentido, sobre o procedimento da audiência de custódia implementada pela Resolução CNJ n. 213/2015, em vista de novas dificuldades a serem enfrentadas, Aury Lopes Junior e Alexandre Morais da Rosa (2015, p. 26) advertem que:

> Essa modalidade encontra ainda certa desconfiança dadas as condições de pressão que podem ocasionar no estabelecimento penal. Existe a possibilidade de um defensor permanecer no local de custódia e participar conjuntamente do ato ou mesmo de estar com o conduzido e outro na sala de audiências. Não podemos dizer que sempre será possível. Entretanto, com as devidas garantias, parece-nos viável não como regra, mas exceção. Assim, cai por terra a histeria de que muitos policiais serão obrigados a se deslocar no transporte do conduzido ao juízo.

A realização da audiência de custódia, por outro lado, demanda a (re)organização estrutural e funcional não só procedimentalmente do Sistema de Justiça (Penal), mas também das demais agências de controle social que desenvolvem atividades de persecução penal (MP, Polícia Civil, Polícia Militar, Magistratura etc.); destacadamente acerca da operacionalização de cada uma das atribuições legalmente destinadas a essas instituições, e, assim, serem desenvolvidas por seus respectivos órgãos de execução.

Por isso mesmo que a operacionalização da audiência de custódia foi padronizada pela Resolução CNJ n. 213/2015, ainda que se respeite as condições, as circunstâncias e as situações concretas de cada instância (local, comunitária, municipal, estadual, regional etc.).

Em decorrência disso, a audiência de custódia, assim como qualquer outra categoria ou instituto jurídico (processual penal), sempre determinará efeitos colaterais que não foram previsíveis ou mesmo desejáveis na perspectiva inicial que serviu para sua constituição normativa.

Contudo, não há um determinismo lógico e inevitável de que necessariamente ensejará o aumento da violência social urbana.

A ampliação do controle da intervenção estatal de cunho repressivo-punitivo – aqui, destacadamente, o da privação da liberdade, então decorrente do exercício da atividade policial (ostensiva e imediata), por meio da verificação da legalidade e da legitimidade – levada a cabo na audiência de custódia não importa na desvalorização da atividade policial ou mesmo no "afrouxamento" da persecução penal ou menos ainda no aumento da violência social urbana.

Logo, é preciso dizer que a audiência de custódia não repercute tais consequências – (de)efeitos colaterais – comumente denominadas *negativas* no âmbito da persecução penal e da segurança pública.

Síntese

A prisão, as medidas cautelares e a liberdade provisória foram objeto de estudo neste capítulo. Em regra, as medidas cautelares, qualquer delas, somente poderão ser judicialmente decretadas quando houver essa necessidade para aplicação da lei penal, para a investigação ou a instrução criminal e para evitar a prática de infrações penais, sempre de forma excepcional.

As medidas diversas da prisão estão previstas no art. 319 do CPP, quais sejam: comparecimento periódico em juízo; proibição de acesso ou frequência a determinados lugares; proibição de manter contato com pessoa determinada; proibição de ausentar-se da comarca; recolhimento domiciliar; suspensão do exercício de função pública ou de atividade de natureza econômica ou financeira; internação provisória do acusado inimputável ou semi-imputável; fiança; e monitoração eletrônica.

Não necessariamente será aplicada apenas uma dessas medidas; pelo contrário, elas podem ser cumuladas e, na prática, costuma ser aplicada mais de uma, conjuntamente (por exemplo, fiança e monitoração por meio de tornozeleira ou pulseira eletrônica). Note-se que essas medidas são menos severas e, portanto, legalmente, preferenciais em relação à prisão preventiva, que só deve ser decretada em última hipótese, caso nenhuma das citadas medidas seja adequada.

De outro lado, com o advento da Lei n. 13.964/2019 (Lei Anticrime), a possibilidade de concessão da liberdade provisória passou a ser muito mais restrita, podendo agora apenas ser judicialmente outorgada à pessoa detida que seja primária, isto é, não tenha sido condenada criminalmente ou encontre-se sob alguma causa de justificação excludente da antijuridicidade (ilicitude).

Questões para revisão

1) Assinale a alternativa em que consta a garantia legal que se tem para não ser preso sem motivo:
   a. Ninguém poderá ser preso em flagrante delito, mesmo com ordem escrita e fundamentada da autoridade judiciária competente, nunca em decorrência de sentença condenatória transitada em julgado; apenas no curso da investigação ou do processo, em virtude de prisão definitiva.
   b. Ninguém poderá ser preso, senão em flagrante, pela autoridade policial. Não haverá prisão durante os processos, apenas ao fim deles.
   c. Ninguém poderá ser preso, senão em flagrante delito ou por ordem escrita e fundamentada da autoridade judiciária competente, em decorrência de sentença condenatória transitada em julgado, ou, no curso da investigação ou do processo, em virtude de prisão temporária ou prisão preventiva.

d. Todos podem ser presos em flagrante delito, desde que por ordem escrita e fundamentada da autoridade judiciária decorrente de sentença condenatória transitada em julgado. No curso da investigação ou do processo não haverá prisão temporária ou prisão preventiva.

e. Só se poderá ser preso em flagrante delito, nunca por ordem escrita e fundamentada da autoridade judiciária competente, em decorrência de sentença condenatória transitada em julgado, nem em qualquer circunstância no curso da investigação ou do processo, em virtude de prisão temporária ou prisão preventiva.

2) A prisão preventiva é possível:

a. para agente a quem se atribui a prática de conduta considerada delituosa, em virtude de representação da autoridade policial ou de requerimento do Ministério Público, do querelante ou do assistente de acusação.

b. a pedido das partes de um processo, se houver ameaça mútua.

c. a pedido do Ministério Público, sem que o juiz tenha conhecimento e direcionada a acusado.

d. a pedido do juiz, em todo o território nacional, se o acusado tiver periculosidade.

e. contra membro do Ministério Público que cometer crime comum.

3) As medidas cautelares diversas de prisão são:

a. aquelas previstas no art. 319 do CPP, que incluem comparecimento periódico ao juízo e proibição de acesso e frequência a determinados lugares.

b. aquelas previstas no art. 234 do CP, que incluem a prisão domiciliar, o albergamento e o regime semiaberto.

c. os regimes semiaberto, aberto e domiciliar.

d. a concessão de livramento condicional em datas históricas e feriados nacionais.

e. as medidas em que o juiz pode determinar qualquer comportamento ao apenado.

Questão para reflexão

Pense um pouco sobre as medidas cautelares. Existe algum estudo sobre sua eficácia? Pode ser uma solução para a superlotação penitenciária?

VIII

Conteúdos do capítulo:

» Recursos admitidos no processo penal.
» Pressupostos e requisitos legais dos recursos.

Os recursos são impugnações contra decisão judicial (sentença penal) que as partes, no processo penal, podem interpor quando forem sucumbentes e não concordarem com a resolução final prolatada pelo órgão julgador. Cada recurso tem seu próprio procedimento, seus prazos e seu momento processual adequado para interposição. Com base nisso, serão estudados aqui: o recurso em sentido estrito, o de apelação, os embargos de declaração, o recurso especial e o extraordinário, a carta testemunhável e os embargos infringentes.

Recursos e ações autônomas de impugnação

8.1 Noções gerais

A revisão de uma decisão judicial, depois de esgotada a jurisdição – isto é, o exercício da atribuição (competência) legalmente destinada ao órgão julgador –, deverá ser realizada por instância jurisdicional superior. A revisão da decisão judicial pode ser provocada tanto pelo próprio órgão julgador, nas hipóteses em que a lei assim o determinar – isto é, de ofício, pelo julgador (*ex officio*) –, quanto voluntariamente, nos casos em que as partes, órgãos intervenientes ou terceiro legitimamente interessado o fizerem por meio da interposição de recurso. As hipóteses de revisão de decisão judicial em que se operam por iniciativa do próprio órgão julgador, isto é, de ofício, encontram-se taxativamente previstas nos incisos I e II do art. 574 do Código de Processo Penal (CPP) – Decreto-Lei n. 3.689, de 3 de outubro de 1941 (Brasil, 1941) –, quais sejam: nos casos da sentença que concede *habeas corpus* e da sentença que absolver, desde logo, o acusado com fundamento na existência de circunstância que exclua o crime ou isente o acusado do cumprimento de sanção penal, nos termos do art. 411 daquele *códex*.

Por outro lado, é certo que o erro, a falta ou a omissão dos servidores do Poder Judiciário não poderão, de qualquer forma, prejudicar a interposição, a tramitação ou o julgamento dos recursos, conforme dispõe o art. 575 do CPP. Portanto, os recursos que não tiverem seguimento ou não forem apresentados dentro do prazo legal ou judicial que lhes for determinado, em decorrência de erro, falta ou omissão dos servidores, mencionados não serão alcançados por qualquer prejuízo ou nulidade processual. Ainda, a título de disposições gerais, é importante destacar que o Ministério Público (MP) não poderá desistir de recurso interposto de forma regular e válida (art. 575, CPP), em que a autonomia e a independência funcional permitam ao órgão de execução ministerial a adoção de entendimento diverso daquele que foi sustentado para a proposição da pretensão recursal.

A interposição de recurso pelo órgão ministerial deverá ser considerada como regular e válida sempre que atender os requisitos explícitos e implícitos descritos pela atual processualística penal. O MP, o querelante e o acusado, respectivamente, por seus representantes legais – isto é, órgão ministerial, procurador e defensor –, têm legitimidade processual para a interposição de recurso que se destine à revisão de decisão judicial.

Portanto, a legitimidade para a interposição de recurso pelas partes processuais citadas vincula-se, fundamentalmente, ao interesse na reforma ou na modificação de decisão judicial, sem a qual certamente o recurso não será admitido (parágrafo único, art. 577, CPP).

O interesse na reforma ou na modificação de decisão judicial, portanto, constitui-se um dos requisitos explícitos para interposição de recurso e também pode restar intuído pela sucumbência da pretensão penal deduzida ou da defesa (resistência) que lhe se opõe.

A interposição de recurso que se destina à revisão (reforma ou modificação) de decisão judicial pode ser realizada tanto por meio de petição a ser protocolizada no juízo de direito quanto por termo nos autos decorrente de manifestação da parte legitimamente interessada, sendo certo que, em ambos os casos, o recorrente ou o representante legal deverá colocar sua assinatura – inclusive, por meio de via computacional-eletrônica (digital).

Na hipótese de o acusado não saber ou não poder assinar o seu nome, deverá ser lavrado termo nos próprios autos a respeito de seu interesse em recorrer da decisão judicial, o qual deverá ser assinado por outra pessoa, a seu rogo, na presença de 2 testemunhas, conforme determina o parágrafo 1º do art. 578 do CPP. A assinatura a rogo, isto é, em auxílio à pessoa que não sabe ou não pode assinar o nome, deverá ser realizada por outra pessoa, a qual, por sua vez, assinará o seu próprio nome no termo e, não o nome daquela pessoa a quem presta esse auxílio.

A petição de interposição de recurso judicialmente já despachada pelo órgão julgador deverá ser entregue ao escrivão até o dia seguinte ao último do prazo, certificando-se no termo da juntada a data da entrega. Quando o recurso for interposto por termo, o escrivão, sob pena de suspensão de 10 a 30 dias, fará conclusos os autos ao órgão julgador, até o dia seguinte ao último do prazo.

8.1.1 Princípios envolvidos nos recursos

A existência dos recursos é aplicada desde sua base na Constituição Federal (CF) de 1988 (Brasil, 1988), quando organiza o Poder Judiciário nos graus de jurisdição (Título IV, Capítulo III, arts. 92 e 93, inciso III, e 125, parágrafo 3º) ou quando estabelece os tribunais como locais recursais (arts. 102, incisos II e III; 105, incisos II e III; e 108, inciso II). Os recursos são ali estabelecidos como possibilidade à disposição das partes envolvidas no processo.

Alguns pressupostos são envolvidos na apresentação ou possibilidade dos recursos. São eles o cabimento, a adequação, a tempestividade, a regularidade e a inexistência de fato impeditivo ou de fato extintivo. O **cabimento** implica que o recurso seja previsto em lei; o segundo é a **adequação**, pois o recurso deve ser o previsto para a situação da decisão contra a qual é interposto; porém, devido ao princípio da fungibilidade dos recursos (ou teoria do recurso indiferente), a interposição, por equívoco, de um recurso diferente do adequado não pode impedir seu conhecimento, sendo oferecido de boa-fé e em prazo correto. Nesse caso, também se aplica o princípio da unirrecorribilidade das decisões (art. 809, CPP), que prevê que não se interponha mais de um recurso para uma decisão. Porém, esse princípio não é geral, sendo previstas algumas situações em que há cabimento de dois recursos. Ocorre aqui também a variabilidade dos recursos, que determina que se pode desistir de um recurso para interpor outro, desde que se sigam os prazos. A **tempestividade** é característica dos processos. A regra geral é de cinco dias para o recurso, embora haja variações, como para embargos infringentes ou de nulidade, em que o prazo é de 10 dias, ou embargos declaratórios, em que o prazo é de 2 dias. A **regularidade** diz respeito às formalidades legais para a recepção de um recurso. A regra geral para a forma é a do art. 578 do CPP, podendo ser pedido por petição ou termo nos autos, com motivação (razões sem as quais há nulidade). Os **fatos impeditivos** são os que impedem os recursos ou o seu recebimento – e a vontade do réu é imperiosa sobre a do defensor quando se trata de recorrer. Aqui, ocorre também o princípio da vedação da *reformatio in pejus*, que impede que se reforme uma sentença para piorar a situação do réu. E os **fatos extintivos** são aqueles que, supervenientes à interposição do recurso, impedem que este seja reconhecido e incluem apenas a desistência e a deserção em relação ao recurso; a primeira é expressa manifestamente pelo recorrente, e a segunda é o abandono, por exemplo, por falta de preparo (pagamento das custas).

8.2 Instrumentalidade

A noção de *instrumentalidade* dos recursos criminais certamente perpassa a previsão do art. 579 do CPP, que, expressamente, admite a utilização de uma modalidade recursal por outra, ressalvando, no entanto, os casos de má-fé. É o que se denomina ***instrumentalidade das formas***, em matéria processual penal, ou seja, os atos processuais e procedimentais – e, de igual maneira, em relação aos meios de prova admitidos –, ainda que realizados sem observância do que legalmente se encontra estabelecido, podem ser convalidados, no caso de as finalidades a que cada um se dirigia terem sido alcançadas, impedindo-se, assim, a declaração de eventual nulidade.

Portanto, a instrumentalidade das formas como diretriz orientativa (principiológica) assegura a higidez do ato processual ou procedimental praticado, ainda que em inobservância aos rigores legais, desde que tenha alcançado a finalidade a que se dirigia. Além disso, condiciona a demonstração concreta (efetiva) de prejuízo causado, para que só então possa ser judicialmente declarada nulidade, levando, assim, o órgão julgador a inquinar a invalidade e a ineficácia daqueles atos questionados acerca de sua formalidade.

A instrumentalidade das formas, de igual maneira, permite que, sendo verificada a impropriedade da via recursal eleita, o próprio órgão julgador determine o processamento adequado – e, portanto, pertinente ao rito processual – e o procedimento cabível à tramitação do recurso correto, aquele que deveria ter sido interposto. Ainda é possível identificar como uma das expressões da instrumentalidade das formas a extensão dos efeitos legais decorrentes da decisão do recurso interposto por um dos réus, no caso de concurso de agentes – eventual ou necessário –, quando fundado em motivos que não sejam de caráter exclusivamente pessoal. Assim, o recurso interposto por um dos réus é válido para os demais se a matéria questionada se aplicar ao caso.

8.3 Espécies de recursos

Os recursos que podem ser apresentados são de várias espécies, porém, em sentido amplo, é cabível recurso contra toda decisão jurisdicional, o que é previsto levando-se em conta a falibilidade humana. Por isso, trataremos a seguir dos recursos cabíveis em ações penais.

8.3.1 Recurso em sentido estrito

Cada uma das hipóteses em que é possível a interposição de recurso em sentido estrito para revisão (reforma ou modificação) de uma decisão judicial, despacho ou sentença, encontra-se expressamente prevista no art. 581 do CPP. Logo, é possível dizer que se trata de *numerus clausus* (rol taxativo) as hipóteses em que seja possível interpor recurso, em sentido estrito, não existindo qualquer outra possibilidade juridicamente admitida, sequer a plausibilidade de interpretação extensiva para qualquer um daqueles casos legais.

Portanto, é possível a interposição de recurso, em sentido estrito, em relação à decisão judicial que não receber a denúncia (ação penal de iniciativa pública) ou a queixa (ação penal de iniciativa privada); assim como relativamente à decisão judicial que concluir pela incompetência do juízo ou àquela que julgar procedentes as exceções suscitadas pelas partes, ressalvando-se, expressamente, a exceção relativa à suspeição do juiz (incisos I, II e III, art. 581, CPP).

A interposição do recurso, em sentido estrito, poderá ser realizada para reforma ou modificação da decisão judicial que pronunciar o acusado para julgamento perante o Tribunal do Júri; e de igual maneira, em relação àquela que conceder, negar, arbitrar, cassar ou julgar inidônea a fiança, indeferir requerimento de prisão preventiva ou revogá-la, conceder liberdade provisória ou relaxar a prisão em flagrante; e, também, acerca daquela que julgar quebrada a fiança ou perdido o seu valor, conforme dispõem os incisos IV, V e VII do art. 581 do CPP.

De igual maneira, caberá recurso em sentido estrito da decisão judicial que decretar a prescrição ou julgar extinta, por qualquer outro modo, a punibilidade do agente a quem se atribui a prática delitiva; também daquela que indeferir o pedido de reconhecimento da prescrição ou de outra causa extintiva da punibilidade.

O recurso em sentido estrito também poderá ser manejado em relação às decisões judiciais, que, respectivamente, conceder ou negar a ordem de *habeas corpus*; conceder, negar ou revogar a suspensão condicional da pena (*sursis*); conceder, negar ou revogar o livramento condicional.

Em relação às questões processuais e procedimentais, também é cabível a interposição de recurso em sentido estrito quando a decisão judicial anular o processo da instrução criminal, no todo ou em parte; incluir jurado na lista geral ou desta excluí-lo; denegar a apelação ou a julgar deserta; ordenar a suspensão do processo em virtude de questão prejudicial; ou decidir o incidente de falsidade.

O recurso em sentido estrito também poderá ser manejado com base em questões relativas à fixação e ao cumprimento das sanções penais judicialmente determinadas ao agente a quem for imputada a prática de crimes. Assim, será cabível nas hipóteses em que a decisão judicial unificar penas; decretar medida de segurança, depois de transitar a sentença em julgado; impuser medida de segurança por transgressão de outra; mantiver ou substituir a medida de segurança, nos casos do art. 774 do CPP; revogar a medida de segurança; deixar de revogar a medida de segurança, nos casos em que a lei admita a revogação; converter a multa em detenção ou em prisão simples.

O recurso em sentido estrito terá efeito suspensivo nos casos de perda da fiança; de concessão de livramento condicional, quando for denegada a apelação ou então julgada deserta; e de decisão judicial sobre unificação de penas, haja vista que não se admite mais conversão da multa em detenção ou em prisão simples. Ao recurso em sentido estrito interposto de sentença de impronúncia ou daquela que decretar a prescrição ou julgar, por outro modo, extinta a punibilidade, impõe-se a imediata colocação do acusado em liberdade, até porque não lhe será cabível a aplicação de efeito suspensivo.

O recurso em sentido estrito interposto em relação à decisão judicial de pronúncia apenas tem o condão de suspender o julgamento em sessão a ser realizada perante o Tribunal do Júri; já aquele em relação a despacho que determinou e judicialmente reconheceu a quebra da fiança suspenderá unicamente o efeito legal que determina a perda da metade do seu valor.

Atualmente, entende-se, tanto na doutrina quanto na jurisprudência, que não se coaduna com a nova ordem constitucional o que se encontra no art. 585 do CPP, precisamente por estabelecer como requisito obrigatório para o conhecimento do recurso em sentido estrito interposto em relação à decisão de pronúncia a necessidade de o acusado se recolher preso.

Nesse sentido, *mutatis mutandis*, é o que dispõe a Súmula n. 347 do Superior Tribunal de Justiça (STJ), segundo a qual o "conhecimento de recurso de apelação do réu independe de sua prisão" (Brasil, 2020, p. 458).

A Lei n. 13.964/2019 (Lei Anticrime) acrescentou o inc. XXV ao art. 581 do CPP para estabelecer uma nova hipótese de cabimento do recurso, no sentido estrito, da decisão judicial, do despacho ou da sentença que recusar a homologação da proposta de acordo de não persecução penal oferecida pelo MP, na condição de medida legal necessária e suficiente para a reprovação e a prevenção do crime, nas hipóteses em que não se requer o arquivamento e que o investigado tenha confessado formal e circunstancialmente a prática de infração penal sem violência ou grave ameaça, cuja pena mínima seja inferior a 4 anos.

8.3.2 Apelação

O recurso de apelação deverá ser interposto no prazo legal de 5 dias a partir da intimação da decisão judicial prolatada pelo órgão julgador, ainda que possa ser assinado prazo para o oferecimento das razões recursais ou, então, assegurada oportunidade processual para sua dedução perante o tribunal. O recurso de apelação, em tese, é cabível às sentenças definitivas de condenação ou de absolvição proferidas por órgão julgador singular (monocrático); bem como das decisões judiciais definitivas, ou com força de definitivas, proferidas por juiz de direito singular (juiz monocrático) nos casos em que não couber recurso em sentido estrito (caráter instrumental residual).

O recurso de apelação também poderá ser manejado em relação às decisões levadas a cabo no Tribunal do Júri, quando ocorrer nulidade posterior à decisão de pronúncia (juízo de prelibação); quando a sentença do juiz de direito presidente for contrária à expressa disposição legal ou à decisão adotada pelos jurados que compõem o Conselho de Sentença; quando houver erro ou injustiça no tocante à aplicação judicial da pena ou da medida de segurança; quando for a decisão adotada pelos jurados que compõem o Conselho de Sentença manifestamente contrária aos meios de prova admitidos, coligidos aos autos e, assim, utilizados para a comprovação do que foi alegado.

No caso em que a sentença do juiz de direito presidente for contrária à expressa disposição legal ou à decisão adotada pelos jurados que compõem o Conselho de Sentença, caberá ao tribunal *ad quem* (a quem é dirigido o recurso) realizar a devida retificação do *decisum*. Das decisões adotadas nas sessões de julgamento realizadas perante o Tribunal do Júri, caberá o recurso de apelação, no prazo legal de 5 dias, quando houver erro ou injustiça no tocante à aplicação da pena ou da medida de segurança, restando, assim, ao tribunal *ad quem*, no caso de provimento da pretensão recursal, retificar a dosimetria da sanção penal ou da medida de segurança.

Das decisões adotadas nas sessões de julgamento realizadas perante o Tribunal do Júri, também caberá o recurso de apelação, no prazo legal de 5 dias, quando a decisão dos jurados for manifestamente contrária à prova dos autos, impondo-se, então, ao tribunal *ad quem*, ao dar provimento ao recurso, sujeitar o acusado a novo julgamento. No entanto, não será admitido eventual recurso de apelação interposto com base em idêntico motivo, por se entender que a decisão dos jurados é manifestamente contrária à prova dos autos.

Além disso, não poderá ser utilizado o recurso em sentido estrito, ainda que somente se recorra de parte da decisão judicial (sentença penal), quando legalmente cabível o recurso de apelação. Ainda que seja interposto recurso de apelação em relação à decisão judicial (sentença) absolutória, é certo que isso não se configura em impedimento para que o acusado seja imediatamente posto em liberdade. Por outro lado, a interposição desse recurso de apelação não tem o condão de suspender a determinação de cumprimento da medida de segurança aplicada provisoriamente ao acusado. Em regra, o recurso de apelação da sentença penal condenatória terá efeito suspensivo, ressalvando-se as hipóteses de aplicação provisória de interdições de direitos e de medidas de segurança, bem como os casos em que se admite a suspensão condicional de pena (*sursis*).

Nos crimes cujo julgamento é de competência jurisdicional do Tribunal do Júri, ou do juiz de direito singular (monocrático), se da sentença penal não for interposto recurso de apelação pelo MP, no prazo legal estabelecido para esse fim, a vítima ou o seu cônjuge, ascendente, descendente ou irmão, ainda que não se encontre regular e validamente habilitado como assistente, poderá interpor recurso de apelação, que não deverá ter, entretanto, efeito suspensivo.

O prazo legal para interposição de recurso de apelação pelo ofendido está expressamente previsto no CPP e, portanto, será de 15 dias, correndo a partir do dia em que terminar o prazo legal estabelecido para que o MP possa, caso queira, interpor recurso de apelação. Os recursos de apelação poderão ser interpostos tanto em relação a todo o julgado (sentença penal) quanto em relação a parte daquela decisão judicial.

Uma vez interposto o recurso de apelação e judicialmente recebido, deverá ser facultada oportunidade processual para o oferecimento das razões recursais pela parte que deduziu a pretensão recursal, pelo prazo legal de 8 dias, e, sucessivamente, pela parte contrária, para o oferecimento das denominadas *contrarrazões* por igual prazo legal. O assistente de acusação poderá arrazoar o recurso de apelação, interposto no prazo legal de 3 dias, após a intervenção ministerial. Nos casos de ação penal de iniciativa privada, o MP terá vista dos autos, no prazo legal de 3 dias, para oferecer o seu pronunciamento acerca da pretensão recursal deduzida.

Ademais, observe-se que, na hipótese de existirem dois ou mais apelantes ou apelados, os prazos legais para o oferecimento das respectivas razões e das contrarrazões serão comuns. É facultado à parte que deduzir pretensão recursal declarar, na petição ou no termo de interposição do recurso, que prefere oferecer as razões recursais perante a instância superior, quando os respectivos autos deverão ser remetidos ao tribunal *ad quem*, no qual deverá ser facultada oportunidade processual às partes, mediante vista, para esse fim, observando-se, contudo, os prazos legais e a notificação por publicação oficial.

Do contrário, encerrados os prazos legalmente previstos para o oferecimento das razões recursais, os respectivos autos deverão ser remetidos à instância superior, independentemente da apresentação ou não dessas razões, no prazo de 5 dias.

No mais, observa-se que o recurso de apelação também poderá ser interposto em relação às decisões judiciais proferidas nos Juizados Especiais Criminais, no prazo legal de 10 dias, por escrito, em cuja peça processual deverão constar os motivos que fundamentam a pretensão recursal – parágrafo 1º do art. 82 da Lei n. 9.099, de 26 de setembro de 1995 (Brasil, 1995), tendo-se em conta o critério da celeridade, empreendido no rito sumaríssimo.

Nesse sentido, observa-se que os julgadores

> *compõem o órgão colegiado dos juizados especiais criminais para que examinem o mérito do recurso de apelação, quando tal medida se faça imprescindível e não*

se deixem enganar pelo anseio de redução do acervo do órgão colegiado, buscando, muitas vezes, a saída, aparentemente mais fácil, do não conhecimento do recurso por desrespeito à forma. (Cruz, 2012, p. 298)

8.3.3 Procedimentalização

Os recursos, as apelações e os embargos deverão ser recebidos, autuados para tramitação e julgamento pelas câmaras ou turmas dos Tribunais de Justiça, de acordo com a competência jurisdicional estabelecida na respectiva Lei de Organização Judiciária que, por exemplo, no Paraná é a Lei 14.277, de 30 de dezembro de 2003 – Código de Organização e Divisão Judiciárias do Estado do Paraná (Paraná, 2003). O processamento e o julgamento dos recursos, em sentido estrito, e de apelação, naqueles juízos de direito *ad quem*, portanto, deverão observar rigorosamente o que se encontra na regulamentação organizacional judiciária respectiva, sob pena de nulidade, conforme dispõe o art. 609 do CPP.

Nesse sentido, destaca-se que a decisão judicial prolatada pelo órgão julgador colegiado, em segunda instância, é denominada *acórdão*. Em relação ao acórdão desfavorável ao acusado que não for uma decisão unânime da câmara ou da turma criminal, é possível interpor embargos infringentes e de nulidade, no prazo legal de 10 dias, a contar da publicação do acórdão, nos termos do que dispõe o art. 613 do CPP.

Nos recursos em sentido estrito – com exceção do referente a *habeas corpus* – e nas apelações interpostas das sentenças em processo de contravenção ou de crime a que a lei comine pena de detenção, os respectivos autos deverão ser encaminhados imediatamente com vista ao procurador-geral de justiça pelo prazo legal de 5 dias; em seguida, deverão ser encaminhados, em igual prazo, ao relator, o qual deverá pedir designação de data para o julgamento.

Assim, uma vez anunciado o julgamento e apregoadas as partes, com a presença destas ou à sua revelia, o relator deverá fazer a exposição do feito e, em seguida, pelo prazo legal de 10 minutos, será concedida a palavra aos advogados ou às partes que a solicitarem e, por igual prazo legal, quando assim o requerer, ao procurador-geral de justiça.

Em se tratando de recursos de *habeas corpus*, uma vez designado o relator, aqueles deverão ser julgados na primeira sessão. Os recursos de apelação que forem interpostos em relação às decisões judiciais (sentenças) proferidas em processos por crime a que a lei comine pena de reclusão, deverão ser processados e julgados pela forma estabelecida no art. 610 do CPP.

Nesses casos, uma vez conhecido o recurso de apelação e exarado e juntado o relatório, os autos deverão ser encaminhados ao revisor, que terá igual prazo legal para o exame do processo, quando só então solicitará designação de data para o julgamento da causa. Observe que existe previsão legal determinando que os prazos sejam ampliados para o dobro, bem como que o tempo para os debates seja pelo período correspondente a 15 minutos.

Entretanto, observe-se que, no caso de impossibilidade de observância de qualquer dos prazos legais expressamente fixados nos arts. 610 e 613 do CPP, os motivos da demora deverão ser declarados nos respectivos autos de processo, com o intuito de que se verifique a validade jurídica ou não das justificativas apresentadas.

Em regra, o Tribunal deverá proceder ao julgamento da pretensão recursal deduzida mediante decisão adotada pela maioria de votos; havendo empate na votação que se destina ao julgamento de recursos e caso o presidente do tribunal, câmara ou turma não tenha tomado parte na votação, deverá, então, proferir o voto de desempate; do contrário, deverá prevalecer a decisão mais favorável ao acusado ou réu condenado em decisão recorrível.

No mais, observa-se que o acórdão decorrente do julgamento do recurso deverá ser apresentado para conferência na primeira sessão seguinte àquela realizada para o julgamento da pretensão recursal, no prazo de 2 sessões sucessivas, pelo órgão julgador incumbido de lavrá-lo.

No julgamento de todo e qualquer recurso interposto, o Tribunal, a Câmara ou a Turma poderá realizar novo interrogatório do acusado, bem como poderá reinquirir testemunhas e, inclusive, determinar outras diligências que entender necessárias e indispensáveis para a resolução adequada do caso concreto – por meio de carta de ordem, por exemplo.

De acordo com o art. 617 do CPP, não é admissível que, no julgamento de recurso, o Tribunal possa agravar a condenação do próprio recorrente, sem que tenha se verificado a interposição de recurso também pela parte contrária com tal finalidade, isto é, de agravamento da decisão judicial que determinou a aplicação de sanção penal. É o que se denomina *reformatio in pejus*, ou seja, quando houver gravame da situação jurídica do acusado, ainda que somente exista recurso seu pendente de julgamento. A *reformatio in pejus*, vale dizer, o agravamento da condenação do acusado quando apenas ele tenha recorrido, por obviedade, é expressamente proibida pela atual processualística penal. Os respectivos regimentos internos dos Tribunais de Justiça e dos Tribunais Regionais Federais deverão estabelecer as normas processuais e procedimentais complementares que se destinem ao conhecimento, à instrução e ao julgamento dos recursos e apelações.

8.3.4 Embargos de declaração

Os embargos de declaração têm natureza jurídica de recurso, uma vez que pode não só ser utilizado para correções de eventuais equívocos materiais, mas também para a modificação da tutela jurisdicional, não se tratando, assim, de um mero incidente processual (procedimental), haja vista que, encontra-se topograficamente em capítulo próprio, no CPP brasileiro, então, destinado à regulamentação das diversas modalidades recursais. Portanto, dos acórdãos proferidos pelos Tribunais, Câmaras ou Turmas são cabíveis embargos de declaração, no prazo legal de 2 dias, contados a partir da data da publicação daquela decisão judicial, quando houver na sentença ambiguidade, obscuridade, contradição ou omissão.

Por **ambiguidade** é possível compreender a situação em que o acórdão proferido não consegue retratar com precisão a resolução de questão controvertida acerca da qual se deduziu pretensão recursal e, consequentemente, ser possível a identificação de locuções e frases que não apresentam unidades de sentido, admitindo entendimentos concorrentes sobre um mesmo contexto argumentativo ou decisório.

A **obscuridade**, por sua vez, pode ser caracterizada quando ocorrer falta de clareza suficientemente necessária na decisão judicial para que seus termos possam ser devidamente compreendidos, por assim dizer, para que se torne inteligível, evitando-se, com isso, eventuais confusões tanto em relação ao que serviu de fundamentação quanto à sua parte dispositiva.

O acórdão pode conter contradição tanto acerca do que serviu para fundamentação da parte dispositiva do que judicialmente restou decidido quanto da própria parte dispositiva da sentença. A **contradição**, assim, pode ser identificada pela falta de nexo entre razões, argumentos, deduções que serviram como forma de decidir, bem como pela pouca lógica guardada com as provas que serviram como elementos de cognição para formação do convencimento do órgão julgador no julgamento da causa.

A contradição do acórdão – como de toda e qualquer decisão judicial – pode ser identificada pela pouca aderência com as circunstâncias fáticas e os demais elementos de convicção trazidos aos respectivos autos do processo, transformando a tutela jurisdicional, em parte ou totalmente, num *decisum* incoerente com a própria racionalidade (pública, jurídica, legal) estabelecida para a construção da resolução final de uma causa, que, pelo menos, possa ser mais adequada aos ditames civilizatórios, humanitários, enfim, ao regime democrático, do que a questão inicial submetida ao acertamento judicializado. A decisão judicial que discrepar da racionalidade jurídica, das circunstâncias fáticas, dos argumentos e fundamentos legal e legitimamente aduzidos, dos meios de prova, enfim, de toda uma lógica democraticamente construída para a resolução de um determinado caso concreto, certamente pode ser havida como contraditória.

Já a omissão ocorre quando não tiver sido mencionado ou não existir qualquer referência expressa e diretamente sobre determinado ponto ou questão vertida pelas partes em suas alegações e pretensões recursais, deixando o órgão julgador de judicialmente dizer o que deveria ter sido consignado, determinado ou decidido. A omissão, assim, pode ser caracterizada quando não houver na decisão judicial, objetivamente, menção a algo ou a alguém que necessariamente deveria ter sido feita, em razão da importância resolutiva da intervenção estatal que, por isso mesmo, não poderia ser desprezada ou esquecida pelo órgão julgador.

Os embargos de declaração deverão ser deduzidos por meio de requerimento, no qual constem especificamente os pontos em que o acórdão possua ambiguidade, obscuridade, contradição ou omissão. Esses embargos deverão ser apresentados pelo relator e, assim, julgados independentemente de revisão, na primeira sessão. O relator poderá, ainda, indeferir desde logo os mencionados embargos quando não preenchidas as condições de embargabilidade legalmente estabelecidas no parágrafo 2º do art. 620 do CPP.

Portanto, quando não tiver sido razoavelmente demonstrada ambiguidade, obscuridade, contradição ou omissão em acórdão então questionado, com base nos meios de prova admitidos, entende-se que não se encontram presentes qualquer um dos pressupostos lógicos de embargabilidade, conforme expressamente dispõe o art. 619 do CPP. Para o mais, entende-se que os embargos de declaração também não devem ser manejados indevidamente como um substitutivo recursal para reexame de matéria vinculada a juízos fáticos, assim como a entendimentos teóricos que possam ter sido utilizados como forma de decidir no mérito.

8.3.5 Recurso extraordinário

O recurso extraordinário também foi contemplado, mas sua procedimentalização não se encontra especificamente regulamentada pelo CPP, motivo pelo qual as hipóteses legais de seu cabimento, isto é, em que pode ser interposto, encontram-se expressamente descritas nas alíneas "a", "b", "c" e "d" do inciso III do art. 102 da CF. Isto é, o Supremo Tribunal Federal (STF) é o órgão julgador competente, precipuamente, para a guarda da Constituição, cabendo-lhe julgar, mediante recurso extraordinário, as causas decididas em única ou última instância, quando a decisão judicial recorrida contrariar dispositivo constitucional ou declarar a inconstitucionalidade de tratado ou de lei federal; ou julgar válida lei ou ato de governo local contestado em face da Constituição; ou julgar válida lei local – municipal, estadual ou distrital – contestada em face de lei federal.

Portanto, o recurso extraordinário é uma via processual que possibilita o julgamento pelo STF das matérias descritas na CF após esgotadas as demais vias recursais, mediante o atendimento de requisitos e de pressupostos especificamente previstos para esse fim – por exemplo, o prequestionamento de questões de fato e de direito contraditórias às normas constitucionais. Em termos gerais, o CPP determina que o recurso extraordinário não terá efeito suspensivo (art. 637), uma vez que, arrazoados pela parte recorrida nos autos do traslado, os originais deverão ser encaminhados à primeira instância, para fins de execução da decisão judicial que for proferida. De igual maneira, o recurso extraordinário, em matéria penal, deverá ser conhecido, processado e julgado no STF de acordo com a forma procedimental estabelecida nos arts. 321 a 329 do respectivo regimento interno.

Para o mais, destacamos, aqui, o que restou consignado sobre a procedimentalização dos recursos extraordinário e especial, respectivamente, haja vista que a Lei n. 13.964/2019 (Lei Anticrime) acrescentou o art. 638 ao CPP, o qual, até então, não continha – e não contém – regras específicas que regulamentam os ritos procedimentais próprios àqueles recursos, motivo pelo qual, agora, encontra-se remetida, expressamente, a disciplina recursal às legislações especiais, à Lei n. 13.105/2015 (Código de Processo Civil) e à cada um dos regimentos internos do Supremo Tribunal Federal e do Superior Tribunal de Justiça, respectivamente.

8.3.6 Recurso especial

Diferentemente do recurso extraordinário, o recurso especial não tem qualquer referência dispositiva no CPP; senão, como já se disse acima, com o advento da Lei n. 13.964/2019 (Lei Anticrime) que acrescentou o art. 638 ao CPP, remetendo-se a processualização dele às supramencionadas, por assim dizer, leis de regência – "leis especiais, [...] lei processual civil e [...] respectivos regimentos internos" (Brasil, 1941, art. 638).

O art. 105 da CF estabelece que o STJ possui competência jurisdicional para o julgamento de recursos especiais cabíveis em relação às decisões judiciais adotadas em única ou última instância, pelos tribunais regionais federais ou pelos tribunais de justiça estaduais e do Distrito Federal e dos Territórios, quando a sentença recorrida contrariar tratado ou lei federal, ou negar-lhes vigência; julgar válido ato de governo local contestado em face de legislação federal;

ou der a lei federal interpretação divergente da que lhe haja atribuído outro tribunal.

De igual maneira, é cabível "recurso especial contra acórdão proferido no julgamento de agravo de instrumento" (Brasil, 2020, p. 99), nos termos da Súmula n. 86 do STJ. Assim, em sendo firmada constitucionalmente a competência jurisdicional para o julgamento do recurso especial pelo STJ, impõe-se a observância do respectivo regimento interno que dispõe sobre as regras processuais e procedimentais para conhecimento, instrução e julgamento.

Nesse sentido, não se pode olvidar que "a decisão que admite, ou não, o recurso especial deve ser fundamentada, com o exame dos seus pressupostos gerais e constitucionais" (Brasil, 2020, p. 146), conforme determina a Súmula n. 123 do STJ.

Por outro lado, a Súmula n. 216 do STJ determina que "a tempestividade de recurso interposto no Superior Tribunal de Justiça é aferida pelo registro no protocolo da secretaria e não pela data da entrega na agência do correio" (Brasil, 2020, p. 276), o que certamente se aplica ao recurso especial.

No caso em que a decisão judicial contrariar tratado ou lei federal, ou negar-lhes vigência, a Súmula n. 518 do STJ consigna que "para fins do art. 105, III, a, da Constituição Federal, não é cabível recurso especial fundado em alegada violação de enunciado de súmula" (Brasil, 2020, p. 687).

O recurso especial está previsto no âmbito constitucional e pode ser interposto em relação à decisão judicial que determina condenação criminal ao agente a quem se atribuiu a prática de conduta considerada delituosa.

Contudo, o recurso especial pela divergência não deverá ser conhecido "quando a orientação do Tribunal se firmou no mesmo sentido da decisão recorrida" (Brasil, 2020, p. 95), conforme determina a Súmula n. 83 do STJ. Até porque, a "divergência entre julgados do mesmo Tribunal não enseja recurso especial" (Brasil, 2020, p. 15), consoante dispõe a Súmula n. 13 do STJ.

O recurso especial deverá ser interposto perante o STJ em relação à sentença penal condenatória, então proferida pelos tribunais de justiça estaduais ou distrital ou pelos tribunais regionais federais, sob o fundamento de inobservância ou desrespeito de legislação federal infraconstitucional ou de uniformização da jurisprudência referente à interpretação jurídica acerca de lei federal.

Por outro lado, observa-se que "cabem embargos de divergência contra acórdão que, em agravo regimental, decide recurso especial" (Brasil, 2020, p. 415), nos termos do que dispõe a Súmula n. 316 do STJ, mas "não cabem embargos de divergência no âmbito do agravo de instrumento que não admite recurso especial" (Brasil, 2020, p. 414), segundo a Súmula n. 315 do STJ.

O recurso especial, no entanto, não é cabível em relação à decisão administrativa, somente quando for referente à decisão judicial de última ou única instância, depois que forem exauridos todos os recursos ordinários, proferida por tribunais de justiça ou por tribunais regionais federais.

Portanto, entende-se "inadmissível recurso especial quando cabíveis embargos infringentes contra o acórdão proferido no Tribunal de origem" (Brasil, 2020, p. 262), de acordo com o teor da Súmula 207 do STJ.

Nesse mesmo sentido, a Súmula n. 211 do STJ firmou entendimento de que é "inadmissível recurso especial quanto à questão que, a despeito da oposição de embargos declaratórios, não foi apreciada pelo Tribunal *a quo*" (Brasil, 2020, p. 268) – aquele cuja decisão foi questionada; bem como é de reconhecível pertinência o teor da Súmula n. 418 do STJ ao definir que "é inadmissível o recurso especial interposto antes da publicação do acórdão dos embargos de declaração, sem posterior ratificação" (Brasil, 2020, p. 556).

Não cabe recurso especial em relação à decisão judicial proferida por turma recursal do juizado especial, mas apenas em relação às decisões judiciais recorríveis de última ou única instância, proferidas por tribunais de justiça ou por tribunais regionais federais, independentemente de a pretensão recursal referir-se a questão de mérito ou, então, de matéria vertida em decisão interlocutória simples ou mista.

O STJ já havia consolidado entendimento de que não caberia "recurso especial contra decisão proferida por órgão de segundo grau dos Juizados Especiais" (Brasil, 2020, p. 254), conforme redação originária da Súmula n. 203, a qual teve o seu teor alterado para, assim, passar a ter o seguinte enunciado: "não cabe recurso especial contra decisão proferida, nos limites de sua competência, por órgão de segundo grau dos juizados especiais" (Brasil, 2020, p. 254). A Súmula n. 7 do mencionado tribunal restringe a interposição do recurso especial, pois "a pretensão de simples reexame de prova não enseja recurso especial" (Brasil, 2020, p. 8), reservando o seu cabimento a questões ou matérias exclusivamente de direito (jurídicas). A Súmula n. 126 do STJ, por sua vez, assevera:

> *É inadmissível recurso especial, quando o acórdão recorrido assenta em fundamentos constitucional e infraconstitucional, qualquer deles suficiente, por si só, para mantê-lo, e a parte vencida não manifesta recurso extraordinário.* (Brasil, 2020, p. 151)

Dentre os requisitos e os pressupostos indispensáveis para a interposição de recurso especial, por certo, é de destacada importância o prequestionamento da matéria relativa a ofensa de legislação federal (infraconstitucional), ainda na fase processual da dedução de pretensão recursal ordinária, isto é, quando interposto quaisquer dos recursos previstos no CPP. Ao recurso especial não se determina efeito suspensivo, contudo, é possível a concessão de *habeas corpus* para impedir a expedição – e mesmo para a cassação – de ordem ou mandado judicial de prisão enquanto estiver em trâmite o julgamento de recursos especial, impedindo-se, inclusive, com isso, que seja determinada a execução provisória de sanção penal.

8.3.7 Carta testemunhável

A carta testemunhável é considerada uma modalidade recursal utilizada instrumentalmente para que outro recurso interposto, em matéria penal, possa ser efetivamente processado e, assim, tenha prosseguimento regular, mediante tramitação e remessa para instância superior. A carta testemunhável da decisão judicial que denegar o recurso (inciso I, art. 639, CPP) deverá ser requerida ao escrivão ou ao secretário do tribunal *ad quem*, no prazo de 48 horas a partir da publicação, inclusive, cabendo ao requerente (recorrente) a indicação das peças processuais e procedimentais que deverão ser trasladadas (art. 640 do CPP), isto é, que deverão reproduzidas como maneira de copiar documentos, papéis, petições, com o intuito de demonstrar a não tramitação regular do recurso que foi interposto.

De igual maneira, a carta testemunhável poderá ser utilizada nos casos em que, embora a decisão judicial tenha admito o recurso, seja verificado que o órgão julgador não adotou as medidas legais que lhe cabiam para o encaminhamento, expedição e seguimento da pretensão recursal ao juízo de direito *ad quem* (inciso II, art. 639, CPP). Em razão da carta testemunhável proposta, o escrivão ou o secretário do tribunal deverá fornecer recibo da petição à parte, no caso de recurso no sentido estrito, deverá fornecê-la em até 5 dias, e em até 60 dias no caso de recurso extraordinário – quando deverá entregar a carta, devidamente conferida e concertada (art. 641).

O CPP prevê expressamente que a carta testemunhável não terá efeito suspensivo (art. 646); contudo, quando o escrivão, ou o secretário do tribunal, se negar a dar o recibo, ou deixar de entregar, sob qualquer pretexto, o instrumento, poderá ser suspenso por 30 dias.

Nesse caso, o juiz de direito, ou o presidente do Tribunal de Justiça, em face de representação da parte que propôs a carta testemunhável (testemunhante), imporá a suspensão supramencionada (sanção administrativa) e mandará que seja extraído o instrumento, sob a idêntica medida de coerção (suspensão), pelo substituto do escrivão ou do secretário do tribunal.

De igual maneira, caso o testemunhante também não for atendido pelo juiz de direito ou pelo presidente do Tribunal de Justiça, poderá reclamar ao presidente do STJ, a quem cabe avocar os autos pertinentes, para fins de julgamento do recurso e, inclusive, para imposição de medida administrativa, de caráter coercitivo, isto é, a suspensão dos desidiosos por 30 dias. O órgão julgador competente – tribunal, câmara ou turma – a quem for atribuído o julgamento da carta testemunhável, quando dela tiver conhecimento, mandará processar o recurso, ou, se estiver suficientemente instruída, deverá decidir as questões pertinentes ao mérito da causa.

8.3.8 Embargos infringentes

Os embargos infringentes são determinados em função dos interesses pertinentes à parte ré da relação jurídica processual penal, haja vista que lhe é exclusivamente reconhecida a possibilidade de interposição. Os embargos infringentes poderão ser interpostos em relação à decisão judicial desfavorável à parte ré e que não tenha sido adotada de forma unânime, nos julgamentos de recursos de apelação ou em sentido estrito, independentemente da matéria versada na pretensão recursal, vale dizer, tanto pode ser em razão de questões especificamente processuais (prejudiciais, preliminares e formais) quanto as relativas ao próprio mérito da causa (materiais).

Os embargos infringentes se destinam à prevalência do voto vencido, no julgamento do recurso, para fins de modificação da decisão judicial adotada pela instância superior, por maioria. O prazo legal estabelecido para a interposição dos embargos infringentes é de 10 (dez) dias; no entanto, deverão ser restringidos à matéria objeto da divergência quando o desacordo for parcial, nas decisões de segunda instância que não se deram pela unanimidade (parágrafo único, art. 609, CPP). Contudo, nos julgamentos perante o STF, o prazo legal para a interposição dos embargos infringentes é de 15 dias em relação às decisões judiciais que não forem adotadas por unanimidade em qualquer das suas turmas ou mesmo por seu plenário, quando houver sentença condenatória por crimes de sua competência originária; indeferir pretensão de revisão criminal; julgar improcedente pretensão recursal ordinária de crimes de sua competência originária.

8.4 Ações autônomas de impugnação: *habeas corpus*, revisão criminal e mandado de segurança

Na presente seção, apresentaremos as vias impugnativas que têm certa repercussão na processualidade – em processos e procedimentos – destinada à responsabilização criminal do agente a quem se atribui a prática de conduta considerada delituosa desde a investigação policial, ao longo da instrução criminal e, por vezes, posteriormente à sentença condenatória (final), nas hipóteses de revisão criminal. Observa-se, ainda, que o *habeas corpus* e a revisão criminal estão regulamentados pelo CPP – para além, é certo, de suas respectivas previsões constitucionais, e, portanto, seguem os ritos processuais e procedimentais pertinentes e determinantes acerca dos requisitos e dos pressupostos indispensáveis para seu regular e válido desenvolvimento.

O mandado de segurança em matéria penal, para além de sua previsão constitucional, também encontra normatização na Lei n. 12.016, de 7 de agosto de 2009 (Brasil, 2009a), a qual o descreve como uma ação de impugnação para proteger direito líquido e certo, não amparado pelo *habeas corpus* ou *habeas data*, sempre que, ilegalmente ou com abuso de poder, qualquer pessoa física ou jurídica sofrer violação ou houver justo receio de sofrê-la por parte de autoridade.

Essas vias impugnativas não se constituem como substitutivos dos recursos previstos em matéria penal e, por vezes, não dependem sequer do esgotamento da instância judicial para que as respectivas ações possam ser propostas, por mais que, na prática seja possível o reconhecimento de sobreposições prejudiciais de tais medidas.

A característica comum aos três institutos é que não se tratam propriamente de modalidades recursais, mas se constituem em ações de impugnação, apresentando, portanto, fundamentos, objetivos, requisitos, pressupostos e procedimentos próprios, distintos dos ritos processuais e procedimentais estabelecidos para interposição, instrução e julgamento dos recursos em matéria penal. Os entendimentos jurisprudenciais acerca ações impugnativas mencionadas têm como linha comum o asseguramento das liberdades públicas pelo balizamento estabelecido pela política criminal que se orienta pelos ditames do regime democrático.

8.4.1 *Habeas Corpus*

O *habeas corpus* é um instituto jurídico-processual penal que se destina a assegurar o direito de ir, vir, estar ou permanecer, conforme o que está regulamentado no art. 647 do CPP, encontrando, pois, o seu fundamento de validade no que dispõe o inciso LXVIII do art. 5º da CF, segundo o qual, "conceder-se-á *habeas corpus* sempre que alguém sofrer ou se achar ameaçado de sofrer violência ou coação em sua liberdade de locomoção, por ilegalidade ou abuso de poder" (Brasil, 1988).

Portanto, entende-se cabível a concessão de *habeas corpus* sempre que alguém sofrer ou se achar na iminência de sofrer violência ou coação ilegal na sua liberdade de ir vir ou permanecer, isto é, de estar nos logradouros públicos e espaços comunitários, ressalvadas as restrições legais.

No entanto, é importante ressaltar que o *habeas corpus* não se trata de uma modalidade de recurso, uma vez que se constitui em instituto jurídico distinto destinado à impugnação por meio de ação e de processamento específicos. Em razão de sua natureza jurídica, observa-se que não há prazo legalmente previsto para sua dedução judicial (impetração do *habeas corpus*, distinguindo-se também, por isso, dos recursos previstos no CPP.

Nesse sentido, o STJ tem entendido que o *"habeas corpus* é ação cuja impetração, além de prescindir de rigores, independe de qualquer prazo" (Brasil, 2012d).

Dessa maneira, apesar da regulamentação processual penal do *habeas corpus* encontrar-se em localização destinada aos recursos – conforme é possível verificar no CPP brasileiro –, entende-se que o *habeas corpus* é uma ação autônoma destinada à impugnação de uma coação ilegal, cuja natureza jurídica é mandamental.

O *habeas corpus*, doutrinariamente, pode ser considerado "uma ação de natureza mandamental com *status* constitucional, que cumpre com plena eficácia sua função de proteção da liberdade de locomoção dos cidadãos frente aos atos abusivos do Estado, em suas mais diversas formas, inclusive contra atos jurisdicionais e coisa julgada" (Lopes Júnior, 2014, p. 1366).

O *habeas corpus* – também denominado, na prática forense, *remédio heroico*; e a ordem judicial que o determina, *writ* – possui natureza jurídica própria e distinta dos recursos, constituindo, assim, um instituto jurídico-processual penal peculiar cujo regime jurídico é caracterizado pela forma mandamental (determinativa), cuja procedimentalidade é sumária, importando, numa instrução restrita, cuja cognição e dilação probatória são limitadas, mas não impeditivas do exercício regular da defesa e do contraditório enquanto consectários legais do devido processo legal. A objetividade legalmente atribuída ao *habeas corpus* é a de interromper todo e qualquer ato que atente contra a liberdade de locomoção da pessoa, vale dizer, de toda sorte de constrangimento que se caracterize em razão de ilegalidade ou de desvio de poder.

O denominado ***habeas corpus* preventivo** tem por objetivo evitar a efetivação da ameaça ou da violência contra o direito individual, de cunho fundamental, de ir e vir ou permanecer, bem como qualquer outro ato que se configure num constrangimento ilegal.

O ***habeas corpus* ordinário** (ou comum, liberatório), por sua vez, tem por objetivo a cessação do ato de ameaça ou violência que se concretiza como constrangimento ilegal à liberdade de locomoção.

O CPP expressamente descreve as hipóteses em que se configuram normativamente os atos de ilegalidade ou abuso de poder e, consequentemente, constrangimento ilegal à liberdade de locomoção.

Quando uma prisão é ilegal?

O art. 648 do CPP elenca as hipóteses em que a coação, isto é, a medida de restrição da liberdade, é considerada ilegal. São elas:

» Quando não houver justa causa para a restrição da liberdade, bem como para a propositura da ação penal, para a instauração de inquérito policial e para a ordem de prisão.

» Quando alguém estiver detido por mais tempo do que determina a lei.

» Quando quem ordenar a coação não tiver competência (atribuição legal) para fazê-lo.

» Quando houver cessado o motivo que autorizou a coação.

» Quando não for alguém admitido a prestar fiança, nos casos em que a lei a autoriza.

» Quando o processo for manifestamente nulo, haja vista que não pode validamente produzir qualquer efeito jurídico para vinculação do agente a qualquer uma sanção penal.
» Quando estiver extinta a punibilidade do agente.

A legitimidade processual para a propositura do *habeas corpus* é universal, vale dizer, qualquer pessoa poderá formular esse pedido, tanto em favor de seu interesse em ver sua liberdade assegurada quanto em prol do interesse de terceiro que se encontrar numa das hipóteses legais previstas no mencionado art. 648 do CPP.

Até porque encontra-se expressamente admitida a concessão de *habeas corpus* de ofício, isto é, a expedição, de ofício, de ordem de *habeas corpus*, por órgãos julgadores – vale dizer, juízes de direito e tribunais –, quando no curso de processo for verificado que alguém sofre ou está na iminência de sofrer coação ilegal, nos termos do parágrafo 2º do art. 654 do CPP. Logo, é possível perceber que não se exige legalmente qualquer qualidade ou condição pessoal para ser o postulante do *habeas corpus*, portanto, não há a necessidade de a pretensão ser judicialmente deduzida por advogado. O ofendido que é ilegalmente coagido (paciente) somente pode ser pessoa física, em nome de quem qualquer pessoa (impetrante) poderá judicialmente deduzir *habeas corpus*, com o intuito de que lhe assegure o exercício pleno do direito à liberdade de locomoção. O agente que pratica o ato ilegal ou o desvio (abuso) de poder – espécies de "ato coator" – pode ser respectivamente um particular (coator) ou um agente público (autoridade coatora). Enfim, é possível verificar que "com a amplitude que lhe foi dada, o *habeas corpus* pode ser manejado em todas as situações em que, por ilegalidade ou abuso de poder, o cidadão esteja sofrendo constrangimento em sua liberdade de ir, vir ou ficar, ou exista ameaça de que venha a sofrê-la" (Vargas, 2002, p. 355).

8.4.2 Revisão criminal

A revisão criminal está regulamentada nos arts. 621 a 631 do CPP, destinando-se à rescisão, por assim dizer, de processos findos, isto é, de relações jurídicas processuais encerradas por decisão judicial (sentença penal) condenatória transitada em julgado. Na verdade, é "um meio extraordinário de impugnação, não submetida a prazos, que se destina a rescindir uma sentença transitada em julgado, exercendo por vezes papel similar ao de uma ação de anulação, ou constitutiva negativa no léxico ponteano, sem se ver obstaculizada pela coisa julgada" (Lopes Júnior, 2014, p. 1344).

Assim como o *habeas corpus*, a revisão criminal não se constitui numa das modalidades recursais previstas no CPP, em que pese a sua regulamentação legal também se localizar no capítulo destinado aos recursos. A revisão criminal é uma ação própria, cujo regime jurídico determina-lhe natureza jurídica distinta, assim como para o seu processamento, impondo-lhe o atendimento de requisitos pressupostos legais diversos daqueles estabelecidos para os recursos na área (processual) penal.

A revisão criminal é admitida nas hipóteses expressamente elencadas no art. 621 do CPP:

> Art. 621. [...]
> I - quando a sentença condenatória for contrária ao texto expresso da lei penal ou à evidência dos autos;
> II - quando a sentença condenatória se fundar em depoimentos, exames ou documentos comprovadamente falsos;
> III - quando, após a sentença, se descobrirem novas provas de inocência do condenado ou de circunstância que determine ou autorize diminuição especial da pena. (Brasil, 1941)

Logo, é legitimamente possível afirmar que a revisão criminal apenas se destina a rescindir decisão judicial condenatória em favor do agente a quem se determinou o cumprimento de sanção penal a título de responsabilização criminal pela prática de conduta delituosa.

A objetividade jurídica da revisão criminal é a anulação de decisão judicial condenatória, a nulidade do processo (instrução e julgamento), a absolvição do agente ou, pelo menos, a diminuição da reprimenda penal que lhe fora judicialmente determinada (sanção penal). A revisão poderá ser requerida em qualquer tempo – logo, não apresenta prazo legal –, isto é, antes da extinção da pena ou mesmo após o seu integral cumprimento, em razão dos efeitos secundários que a sentença penal condenatória possa projetar sobre a vida futura do réu condenado egresso do Sistema de Justiça Penal. Contudo, não se admite a reiteração do pedido, isto é, a dedução judicial de outra ação revisional (criminal), caso tenha sido rejeitada a anterior, ressalvando-se, no entanto, a hipótese em que uma nova pretensão tenha por fundamento novas provas. A legitimidade para a interposição de ação revisional, na área criminal, é do próprio réu condenado, bem como de seu defensor constituído, público ou nomeado – "procurador legalmente habilitado". Na hipótese de falecimento do réu condenado, o seu cônjuge, ascendente, descendente ou irmão, *per se*, poderá propor a revisão criminal (art. 623, CPP).

8.4.3 Mandado de segurança

O fundamento de validade do mandado de segurança individual, em matéria criminal, é encontrado no inciso LXIX do art. 5º da CF, segundo o qual:

> Art. 5º [...]
> LXIX – conceder-se-á mandado de segurança para proteger direito líquido e certo, não amparado por *habeas corpus* ou *habeas data*, quando o responsável pela ilegalidade ou abuso de poder for autoridade pública ou agente de pessoa jurídica no exercício de atribuições do Poder Público". (Brasil, 1988)

O mandado de segurança em matéria penal obedece a uma regulamentação processual e procedimental específica atualmente ditada pela Lei n. 12.016/2009, a qual disciplina o mandado de segurança individual e coletivo.

O art. 1º da Lei n. 12.016/2009 traz idêntica formulação legislativa, inclusive, equiparando normativamente a autoridade pública, os representantes ou órgãos de partidos políticos e os administradores de entidades autárquicas, bem como os dirigentes de pessoas jurídicas ou as pessoas naturais no exercício de atribuições do Poder Público, exclusivamente no que disser respeito a essas atribuições. De igual maneira, a legislação específica descreve expressamente as hipóteses em que não será cabível o exercício do mandado de segurança, quais sejam: contra os atos de gestão comercial praticados pelos administradores de empresas públicas, de sociedade de economia mista e de concessionárias de serviço público.

A Lei n. 12.016/2009 também regulamenta a legitimidade processual para requerer o mandado de segurança, assegurando-o a qualquer pessoa que tiver seu direito ameaçado ou violado e, ainda que pertinente a várias pessoas, não amparado por *habeas corpus* ou *habeas data*. De igual maneira, o titular de direito decorrente de direito de terceiro poderá impetrar mandado de segurança em favor do direito originário, ante a inação de seu titular, no prazo legal de 30 dias, desde que tenha sido regular e validamente notificado para esse fim, a ser contado da data da notificação judicial.

A impetração do mandado de segurança, em caso de urgência, pode ser levada a cabo por qualquer via apta a comunicar, de forma fidedigna, a ilegalidade praticada por autoridade pública a direito líquido e certo, não amparado por *habeas corpus* ou *habeas data*, que se pretenda desfazer, admitindo-se assim, expressamente, o uso do telegrama, radiograma, fax ou outro meio eletrônico (computacional, informático etc.) de autenticidade comprovada.

Entretanto, o mandado de segurança não será concedido quando se tratar de ato do qual caiba recurso administrativo com efeito suspensivo, independentemente de caução; bem como de decisão judicial da qual caiba recurso com efeito suspensivo; e, também, de decisão judicial transitada em julgado. No entanto, observe-se que a Súmula n. 267 do STF – "não cabe mandado de segurança contra ato judicial passível de recurso ou correição" (Brasil, 1964) – admite a concessão de mandado de segurança contra ato judicial, ressalvando-se, contudo, a condição de que de tal determinação judicial não caiba qualquer espécie de recurso ou mesmo correição parcial.

Na verdade, o objetivo precípuo do mandado de segurança, na área criminal, é a suspensão dos efeitos jurídico-legais decorrentes de ato praticado por autoridade público que se reveste de ilegalidade ou abuso de poder que ofende direito líquido e certo. Nos termos do art. 23 da Lei n. 12.016/2009, o direito para o exercício da ação, isto é, de requerer mandado de segurança, também em matéria penal, extinguir-se-á decorridos 120 (cento e vinte) dias, contados da ciência, pelo interessado, do ato impugnado. A petição inicial do mandado de segurança criminal deve preencher os requisitos estabelecidos pela lei processual para o exercício do direito de ação, bem como deverá apresentar documentação pertinente e indispensável à comprovação da ilegalidade ou para a propositura da ação (art. 6º, Lei n. 12.016/2009), quando não deverá ser indicada ao órgão julgador competente para que seja requisitada a devida exibição.

Portanto, nos termos do art. 319 do Código de Processo Civil (CPC) – Lei n. 13.105, de 16 de março de 2015 (Brasil, 2015a) –, na impetração do mandado de segurança deverá ser indicado o órgão julgador a que se dirige; os nomes, prenomes, estado civil, profissão, domicílio e residência das partes; o fato e os fundamentos jurídicos da pretensão deduzida; a especificação do pedido; o valor da causa; os meios de prova admitidos; o requerimento para a citação da parte ré; a existência de união estável; o número de inscrição no Cadastro de Pessoa Física (CPF) ou no Cadastro Nacional de Pessoa Jurídica (CNPJ); o endereço eletrônico; a opção do autor pela realização ou não de audiência de conciliação ou de mediação.

A autoridade pública coatora para fins de mandado de segurança criminal é normativamente descrita como aquela que tenha praticado o ato impugnado ou da qual tenha sido emanada a ordem para a prática do ato considerado ilegal. O mandado de segurança criminal poderá ser denegado nos casos em que se admitir a extinção antecipada do processo, sem julgamento do mérito, conforme preveem os arts. 316, 317, 330, 332 e 356 do CPC – por exemplo, em razão do indeferimento da petição inicial; negligência das partes; abandono da causa; ausência de pressupostos de constituição e de desenvolvimento válido e regular do processo; perempção, litispendência ou coisa julgada; não concorrer qualquer das condições da ação; convenção de arbitragem; desistência da ação; entre outras hipóteses descritas na legislação processual.

É possível a renovação do pedido formulado por meio de mandado de segurança criminal desde que não tenha sido atingido o prazo decadencial nos casos de decisão denegatória que não tenha julgado o mérito, vale dizer, em quaisquer das hipóteses de extinção antecipada do processo, sem julgamento do mérito, conforme prevê a atual processualística pertinente. A autoridade pública indicada como coatora será notificada do conteúdo da petição inicial, em razão de determinação judicial, a fim de que, no prazo de 10 dias, preste as informações da suspensão ou não do ato impugnado por meio do mandado de segurança.

Além disso, é possível, ainda, a suspenção do ato impugnado que deu motivo ao pedido, em sede de mandado de segurança criminal, quando houver fundamento relevante e desse ato considerado ilegal puder resultar a ineficácia da medida judicial, caso seja finalmente deferida, inclusive, facultando-se a exigência de prestação de caução, fiança ou depósito, ao impetrante, com o objetivo de assegurar eventual ressarcimento.

O recurso cabível da decisão judicial monocrática, isto é, proferida em juízo de direito de primeiro grau que concedeu ou denegou a liminar em sede de mandado de segurança criminal, é o recurso de apelação (art. 14, Lei n. 12.016/2009). Nesse sentido, tem-se entendido que contra a

> *sentença que concede ou denega a segurança caberá apelação, sendo que, concedida a segurança, a sentença estará sujeita obrigatoriamente ao duplo grau de jurisdição (reexame necessário da matéria). [...] Sendo o mandado de segurança julgado em tribunal, desta decisão – se denegatória – caberá recurso ordinário (art. 105, II, 'a', da Constituição) para o STJ e, conforme o caso, recurso ordinário para o STF (art. 102, II, 'a', da Constituição).*
> (Lopes Júnior, 2014, p. 1399)

É o que se encontra no art. 18 da Lei n. 12.016/2009, ou seja, que, das decisões judiciais, em sede de mandado de segurança criminal, proferidas em única instância por Tribunais cabe recurso especial e extraordinário nos casos legalmente previstos, e recurso ordinário, quando a ordem for denegada.

É importante observar que efeitos jurídico-legais da medida liminar judicialmente concedida, salvo se revogada ou cassada, deverão persistir até a prolação da decisão judicial final, não se podendo olvidar, no entanto, que, uma vez deferida liminarmente a segurança, o processo deverá ter tramitação prioritária para julgamento.

A perempção ou caducidade da medida liminar judicialmente concedida poderá ser decretada, de ofício, pelo juiz de direito ou a requerimento do MP, quando o impetrante criar obstáculo ao normal andamento do processo ou deixar de promover, por mais de 3 dias úteis, os atos e as diligências que lhe cumprirem. É possível o indeferimento liminar da petição inicial, em sede de mandado de segurança criminal, por decisão judicial devidamente fundamentada, sempre que restar configurado que não é o caso dessa via impugnativa, bem como na hipótese de faltar algum dos requisitos legais ou quando decorrido o prazo legal para sua impetração.

As atuais regras processuais civis acerca do litisconsórcio e da assistência – arts. 113 a 124 do CPC – também devem ser observadas no mandado de segurança criminal, conforme expressa determinação do art. 24 da Lei n. 12.016/2009.

Desta maneira, o litisconsórcio é reconhecido nos casos em que duas ou mais pessoas podem litigar, no mesmo processo, em conjunto, ativa ou passivamente, quando entre elas houver comunhão de direitos ou de obrigações relativamente à lide; quando os direitos ou as obrigações derivarem do mesmo fundamento de fato ou de direito; quando entre as causas houver conexão pelo objeto ou pela causa de pedir; e, também, quando ocorrer afinidade de questões por um ponto comum de fato ou de direito.

O litisconsórcio é normativamente considerado necessário quando, por disposição de lei ou pela natureza da relação jurídica, o juiz de direito tiver que julgar o pedido de modo uniforme para todas as partes – caso em que a eficácia da decisão judicial dependerá da citação de todos os litisconsortes no processo (litisconsórcio passivo necessário), a ser promovida pela parte autora no prazo que lhe for judicialmente determinado, sob pena de extinção do feito.

Em que pese a possibilidade da interposição de recursos – apelação e ordinário – em sede procedimental do mandado de segurança criminal, a Lei n. 12.016/2009 veda expressamente a interposição de embargos infringentes e a condenação ao pagamento dos honorários advocatícios, ressalvando, contudo, a possibilidade de aplicação de sanções no caso de litigância de má-fé (art. 25).

O não cumprimento das decisões judiciais proferidas em sede de mandado de segurança constitui crime de desobediência, previsto no art. 330 do Código Penal (CP) – Decreto-Lei n. 2.848, de 7 de dezembro de 1940 (Brasil, 1940) –, conforme expressa referência normativo do art. 26 da Lei n. 12.016/2009, o qual também prevê a possibilidade da aplicação de sanções administrativas e da Lei n. 1.079/1950. As leis de organização judiciária e os regimentos dos Tribunais deverão ser adaptados às disposições da denominada *Lei do Mandado de Segurança*, isto é, da Lei n. 12.016/2009.

Síntese

São vários os recursos que podem ser utilizados no processo criminal. Por vezes, sua utilização abusiva leva o processo a se estender por longos anos – além de outros fatores que possam influenciar essa demora. Por outro lado, os recursos são um instrumento fundamental para a garantia da ampla defesa do acusado, de forma que, ainda que criticados pela mídia, podem até ser repensados, mas não devem ser excluídos do sistema penal. Estudamos, neste capítulo, cada um deles, com o momento processual em que são cabíveis, contra qual decisão e a qual órgão julgador são dirigidos, e é nesses pontos fundamentais que deve se concentrar sua atenção.

Questões para revisão

1) *Recursos* são:
   a. impugnações derivadas necessariamente da decisão judicial (sentença penal) em que as partes, em comum acordo, não concordarem com a resolução final prolatada pelo órgão julgador.
   b. impugnações contra decisão judicial (sentença penal) que as partes podem interpor, apenas em conjunto, se houver decisão de absolvição final prolatada pelo órgão julgador.
   c. impugnações contra decisão judicial (sentença penal) que as partes, no processo penal, podem interpor quando forem sucumbentes e não concordarem com a resolução final prolatada pelo órgão julgador.
   d. manifestações públicas contra decisão judicial (sentença penal) nas quais as partes, discordam da decisão do processo.
   e. impugnações contra uma parte do processo, podendo ser juiz ou promotor, desde que as partes, no processo penal, concordem com a resolução final prolatada pelo órgão julgador, sendo monocrático ou tribunal.

2) O recurso em sentido estrito é permitido:
   a. para revisão (reforma ou modificação) de uma decisão judicial, despacho ou sentença, nas hipóteses expressamente previstas no art. 581 do CPP.
   b. Não se encontram previstos esses tipos de recursos no Brasil.
   c. apenas na hipótese de condenação *in pejus* do acusado.
   d. apenas se o Ministério Público encontrar-se na posição de perder o processo.
   e. nas ações de iniciativa pública, privada e consensual.

3) Em relação aos recursos, qual o procedimento?
   a. Devem ser desconhecidos de pronto pelo escrivão.
   b. Devem ser remetidos à Câmara recursal para análise de mérito.
   c. Devem ser recebidos e autuados para tramitação e julgamento pelas Câmaras ou Turmas dos Tribunais de Justiça, de acordo com a competência jurisdicional estabelecida na respectiva Lei de Organização Judiciária.
   d. Devem ser devolvidos ao juízo para remodelação da sentença, se condenatória.
   e. Devem ser encaminhados, com recomendação de aceitação ou rejeição, ao órgão superior, Tribunal de Justiça ou Superior Tribunal responsável.

Questão para reflexão

A revisão criminal é instituto bastante usado no Brasil? Ela foi citada por réus da ação penal 470, o vulgo *Mensalão*. Quais os procedimentos para ser realizada naqueles casos?

BRASIL. Constituição (1988). **Diário Oficial da União**, Brasília, 5 out. 1988. Disponível em: <http://www.planalto.gov.br/ccivil_03/Constituicao/Constituicao.htm>. Acesso em: 11 abr. 2017.

O art. 5º da Constituição Federal (CF) de 1988 traz todo o rol das garantias e direitos individuais protegidos pelo ordenamento jurídico brasileiro. Especificamente sobre o processo penal, tratam o inciso I, que garante a isonomia de todos perante a lei, em direitos e obrigações; o inciso II, sobre o devido processo penal e o princípio da legalidade; o inciso III, que prevê a dignidade da pessoa humana, pela prescrição de que ninguém será submetido a tortura nem tratamento desumano ou degradante; o inciso XXXIX, que também se relaciona à legalidade, *nullum crimen, nulla poena sine lege* (não há crime sem lei anterior que o defina); o inciso XLIX, que cobre a integridade física e moral do preso; o inciso LIV, que traz o princípio do devido processo penal explicitamente; o inciso LIII, que garante o juiz natural; o inciso LV, que determina a necessidade do contraditório e da ampla defesa; o inciso LVII, que garante os recursos e o trânsito em julgado para a condenação. É recomendável a leitura completa do art. 5º da CF, pois o conhecimento sobre os direitos e garantias é segurança para o cidadão e necessidade para o estudioso de direito.

BRASIL. Decreto-Lei n. 3.689, de 3 de outubro de 1941. **Diário Oficial [da] República dos Estados Unidos do Brasil**, Rio de Janeiro, 13 out. 1941. Disponível em: <http://www.planalto.gov.br/ccivil_03/decreto-lei/Del3689.htm>. Acesso em: 11 abr. 2017.

É preciso ler detidamente, do Código Penal (CP), o art. 157, que trata das provas ilícitas, das derivadas delas e também da licitude de provas de fontes independentes de outras ilícitas; o art. 186, que trata do direito do réu ao silêncio, com suas consequências; e o inciso VI do art. 386 do Código de Processo Penal (CPP), que tematiza as causas de exclusão do crime e isenção de pena.

BRASIL. Lei n. 9.296, de 24 de julho de 1996. **Diário Oficial da União**, Poder Legislativo, Brasília, DF, 25 jul. 1996. Disponível em: <http://www.planalto.gov.br/ccivil_03/LEIS/L9296.htm>. Acesso em: 12 abr. 2017.

A Lei n. 9.296/1996 regulamenta o inciso XII do art. 5º da CF, em sua parte final, ao estabelecer regras a respeito do sigilo de comunicações telefônicas. Conhecida como *Lei das Interceptações Telefônicas*, é a formalização da garantia de sigilo das comunicações pessoais.

Na presente obra, apresentamos os institutos do direito processual penal brasileiro de forma panorâmica, em especial da forma como ele é delineado no Código de Processo Penal (CPP).

Vimos que as regras processuais penais têm por objetivo a regulamentação da relação jurídica processual e dos procedimentos pertinentes à investigação, à apuração, à instrução e ao julgamento de acontecimentos sociais considerados delituosos para fins de responsabilização penal do agente a quem se atribui a prática do crime.

No primeiro capítulo, tratamos dos princípios do processo penal, tanto os explícitos e positivamente expressos na Carta Magna e no CPP quanto os implícitos ou decorrentes do próprio regime democrático, deduzidos pela doutrina e aplicados pelos órgãos julgadores. São princípios abstratos e abertos que não apenas servem para interpretação das demais normas do ordenamento jurídico, mas que são aplicáveis por si só.

Ainda no primeiro capítulo, abordamos os sistemas processuais penais, isto é, a classificação da forma como se dá a persecução penal: o acusatório, o inquisitório e o misto – principais classificações adotadas. No Brasil, embora alguns autores considerem que se adote o modelo acusatório, nesta obra entende-se que não se trata de nenhum deles, devido às suas peculiaridades.

considerações finais

No Capítulo 2, retratamos o inquérito policial, procedimento administrativo cuja finalidade é investigar a ocorrência de determinado crime, evidenciando provas suficientes de autoria e materialidade deste. Apesar de não constituir parte efetiva do processo penal, normalmente é um elemento que dá origem a este. No Capítulo 3, abordamos a ação penal, forma pela qual a persecução penal se desenvolve. Pode se dar por iniciativa pública – por impulso do Ministério Público, mediante denúncia –, ou privada – por intermédio de queixa-crime, oferecida defesa da própria vítima.

O tema *jurisdição* foi abordado no Capítulo 4. Apresentamos, portanto, os critérios de fixação da competência do juízo, tais como tempo e lugar do crime, bem como o que ocorre quando há conflito de jurisdição. Temas pertinentes à temática, como foro por prerrogativa de função e a competência decorrente de conexão e continência, também foram tratados.

Foram objeto de análise do Capítulo 5 os meios de prova utilizados no processo penal. Além daqueles tipificados (provas testemunhal, documental ou pericial), a análise também trouxe a questão das provas lícitas e ilícitas, ponto fulcral para o que se pode aceitar ou não no processo penal, já que a autoria e a materialidade devem restar devidamente consubstanciadas nos princípios do devido processo legal – contraditório e ampla defesa –, bem como os demais direitos e garantias processuais penais, a fim de que o processo seja válido até o seu termo.

No Capítulo 6, analisamos como se inicia, se desenvolve e se encerra o processo, desde a persecução criminal, passando pela instrução e pelo julgamento, até a execução das eventuais sanções impostas. A abordagem utilizada trouxe procedimentos específicos de determinados delitos, os ritos processuais diferenciados, em especial o Tribunal do Júri.

Ainda nesse capítulo, apresentamos a temática das nulidades do processo penal, um tema notável, haja vista a ocorrência de determinados vícios no processo penal poderem torná-lo imprestável, inapto à produção de efeitos. Fizemos ainda, a distinção entre nulidades absolutas e nulidades relativas e suas consequências jurídicas.

No Capítulo 7 ("Prisão, medidas cautelares e liberdade provisória"), apresentamos as modalidades de prisão e de medidas cautelares, a liberdade provisória e a medida de política criminal chamada de *suspensão condicional da pena*, ou *sursis*, e da *suspensão condicional do processo*, cada qual com seus requisitos legais.

No Capítulo 8, apresentamos os instrumentos dos quais o acusado pode lançar mão frente à decisão de mérito, ou seja, os recursos. Uma vez proferida a decisão judicial em face da qual não haja concordância do réu, poderá este impugná-la, desde que pelo instrumento correto ao fim a que se destina. Para cada ato judicial, de acordo com as respectivas previsões legais, cabe uma espécie recursal específica.

Ainda nesse capítulo, foram abordadas as garantias constitucionais, o *habeas corpus*, peça que pode ser apresentada por qualquer pessoa – inclusive o próprio réu –, em qualquer meio, e o mandado de segurança, cuja finalidade é a proteção de direito líquido e certo, comprovado de plano, desde que não amparado por *habeas corpus* ou *habeas data* (caso no qual caberão estas medidas, e não mandado de segurança). Tratamos também, nesse capítulo, da revisão criminal, instituto que visa beneficiar o réu injustamente condenado sem que seja feito um recurso, mas um ato autônomo que não possui tem legal para impetração.

Assim, com esse tratamento pontual dos temas de processo penal, esta obra é material de apoio e de consulta aos estudiosos das áreas jurídicas e parajurídicas, bem como àqueles que atuam no Sistema de Justiça Penal.

ANDRADE, V. R. P. de. **A ilusão de segurança jurídica**: do controle da violência à violência do controle penal. Porto Alegre: Livraria do Advogado, 1997.

BADARÓ, G. **Processo penal**. 2. ed. Rio de Janeiro: Elsevier, 2014. (Série Universitária).

BADARÓ, G. **Processo penal**. 3. ed. São Paulo: Revista dos Tribunais, 2015.

BITENCOURT, C. R. **Tratado de direito penal**: parte geral. 17. ed. rev., ampl. e atual. São Paulo: Saraiva, 2012. v. 1.

BIZZOTTO, A. O juiz, suas escolhas e a dimensão constitucional da limitação penal. In: BONATO, G. (Org.). **Processo penal, Constituição e crítica**. Rio de Janeiro: Lumen Juris, 2011. p. 35-46.

BONATO, G. (Org.). **Processo penal, Constituição e crítica**. Rio de Janeiro: Lumen Juris, 2011.

BOSCHI, J. A. P. **Ação penal**: as fases administrativa e judicial da persecução penal. Porto Alegre: Livraria do Advogado, 2010.

BRASIL. Constituição (1988). **Diário Oficial da União**, Poder Legislativo, Brasília, DF, 5 out. 1988. Disponível em: <http://www.planalto.gov.br/ccivil_03/Constituicao/Constituicao.htm>. Acesso em: 7 out. 2020.

BRASIL. Decreto n. 678, de 6 de novembro de 1992. **Diário Oficial da União**, Poder Executivo, Brasília, DF, 9 nov. 1992. Disponível em: <http://www.planalto.gov.br/ccivil_03/decreto/d0678.htm>. Acesso em: 7 out. 2020.

BRASIL. Decreto-Lei n. 2.848, de 7 de dezembro de 1940. **Diário Oficial da União**, Poder Executivo, Brasília, DF, 31 dez. 1940. Disponível em: <http://www.planalto.gov.br/ccivil_03/decreto-lei/del2848.htm>. Acesso em: 7 out. 2020.

BRASIL. Decreto-Lei n. 3.689, de 3 de outubro de 1941. **Diário Oficial da União**, Poder Executivo, Brasília, DF, 13 out. 1941. Disponível em: <http://www.planalto.gov.br/ccivil_03/decreto-lei/Del3689.htm>. Acesso em: 7 out. 2020.

BRASIL. Lei n. 7.210, de 11 de julho de 1984. **Diário Oficial da União**, Poder Executivo, Brasília, DF, 13 jul. 1984. Disponível em: <http://www.planalto.gov.br/ccivil_03/leis/L7210.htm>. Acesso em: 7 out. 2020.

BRASIL. Lei n. 8.069, de 13 de julho de 1990. **Diário Oficial da União**, Poder Legislativo, Brasília, DF, 16 jul. 1990. Disponível em: <http://www.planalto.gov.br/ccivil_03/leis/l8069.htm>. Acesso em: 7 out. 2020.

BRASIL. Lei n. 8.906, de 4 de julho de 1994. **Diário Oficial da União**, Poder Legislativo, Brasília, DF, 5 jul. 1994. Disponível em: <http://www.planalto.gov.br/ccivil_03/leis/L8906.htm>. Acesso em: 7 out. 2020.

BRASIL. Lei n. 9.099, de 26 de setembro de 1995. **Diário Oficial da União**, Poder Legislativo, Brasília, DF, 27 set. 1995. Disponível em: <http://www.planalto.gov.br/ccivil_03/leis/L9099.htm>. Acesso em: 7 out. 2020.

BRASIL. Lei n. 9.296, de 24 de julho de 1996. **Diário Oficial da União**, Poder Executivo, Brasília, DF, 25 jul. 1996a. Disponível em: <http://www.planalto.gov.br/ccivil_03/leis/L9296.htm>. Acesso em: 7 out. 2020.

BRASIL. Lei n. 9.613, de 3 de março de 1998. **Diário Oficial da União**, Poder Legislativo, Brasília, DF, 4 mar. 1998. Disponível em: <http://www.planalto.gov.br/ccivil_03/leis/L9613.htm>. Acesso em: 7 out. 2020.

BRASIL. Lei n. 10.406, de 10 de janeiro de 2002. **Diário Oficial da União**, Poder Legislativo, Brasília, DF, 11 jan. 2002. Disponível em: <http://www.planalto.gov.br/ccivil_03/leis/2002/l10406.htm>. Acesso em: 7 out. 2020.

BRASIL. Lei n. 10.792, de 1º de dezembro de 2003. **Diário Oficial da União**, Poder Executivo, Brasília, DF, 2 dez. 2003a. Disponível em: <http://www.planalto.gov.br/ccivil_03/leis/2003/L10.792.htm>. Acesso em: 7 out. 2020.

BRASIL. Lei n. 11.343, de 23 de agosto de 2006. **Diário Oficial da União**, Poder Legislativo, Brasília, DF, 24 ago. 2006. Disponível em: <http://www.planalto.gov.br/ccivil_03/_ato2004-2006/2006/lei/l11343.htm>. Acesso em: 7 out. 2020.

BRASIL. Lei n. 11.690, de 9 de junho de 2008. **Diário Oficial da União**, Poder Executivo, Brasília, DF, 10 jun. 2008a. Disponível em: <http://www.planalto.gov.br/ccivil_03/_ato2007-2010/2008/lei/l11690.htm>. Acesso em: 7 out. 2020.

BRASIL. Lei n. 12.016, de 7 de agosto de 2009. **Diário Oficial da União**, Poder Executivo, Brasília, DF, 10 ago. 2009a. Disponível em: <http://www.planalto.gov.br/ccivil_03/_ato2007-2010/2009/lei/l12016.htm>. Acesso em: 7 out. 2020.

BRASIL. Lei n. 12.037, de 1º de outubro de 2009. **Diário Oficial da União**, Poder Legislativo, Brasília, DF, 2 out. 2009b. Disponível em: <http://www.planalto.gov.br/ccivil_03/_ato2007-2010/2009/lei/l12037.htm>. Acesso em: 7 out. 2020.

BRASIL. Lei n. 12.594, de 18 de janeiro de 2012. **Diário Oficial da União**, Poder Executivo, Brasília, DF, 19 jan. 2012a. Disponível em: <http://www.planalto.gov.br/ccivil_03/_ato2011-2014/2012/lei/l12594.htm>. Acesso em: 7 out. 2020.

BRASIL. Lei n. 12.681, de 4 de julho de 2012. **Diário Oficial da União**, Poder Legislativo, Brasília, DF, 5 jul. 2012b. Disponível em: <http://www.planalto.gov.br/ccivil_03/_ato2011-2014/2012/lei/l12681.htm>. Acesso em: 7 out. 2020.

BRASIL. Lei n. 13.105, de 16 de março de 2015. **Diário Oficial da União**, Poder Legislativo, Brasília, DF, 17 mar. 2015a. Disponível em: <http://www.planalto.gov.br/ccivil_03/_ato2015-2018/2015/lei/l13105.htm>. Acesso em: 7 out. 2020.

BRASIL. Lei n. 13.146, de 6 de julho de 2015. **Diário Oficial da União**, Poder Legislativo, Brasília, DF, 7 jul. 2015b. Disponível em: <http://www.planalto.gov.br/ccivil_03/_ato2015-2018/2015/lei/l13146.htm>. Acesso em: 7 out. 2020.

BRASIL. Lei n. 13.257, de 8 de março de 2016. **Diário Oficial da União**, Poder Legislativo, Brasília, DF, 9 mar. 2016a. Disponível em: <http://www.planalto.gov.br/ccivil_03/_Ato2015-2018/2016/Lei/L13257.htm>. Acesso em: 7 out. 2020.

BRASIL. Lei n. 13.285, de 10 de maio de 2016. **Diário Oficial da União**, Poder Legislativo, Brasília, DF, 11 maio 2016b. Disponível em: <http://www.planalto.gov.br/ccivil_03/_Ato2015-2018/2016/Lei/L13285.htm>. Acesso em: 7 out. 2020.

BRASIL. Lei n. 13.344, de 6 de outubro de 2016. **Diário Oficial da União**, Poder Legislativo, Brasília, DF, 7 out. 2016c. Disponível em: <http://www.planalto.gov.br/ccivil_03/_Ato2015-2018/2016/Lei/L13344.htm>. Acesso em: 7 out. 2020.

BRASIL. Lei n. 13.434, de 12 de abril de 2017. **Diário Oficial da União**, Poder Legislativo, Brasília, DF, 13 abr. 2017. Disponível em: <http://www.planalto.gov.br/ccivil_03/_Ato2015-2018/2017/Lei/L13434.htm>. Acesso em: 7 out. 2020.

BRASIL. Lei n. 13.721, de 2 de outubro de 2018. **Diário Oficial da União**, Poder Legislativo, Brasília, DF, 3 out. 2018a. Disponível em: <http://www.planalto.gov.br/ccivil_03/_Ato2015-2018/2018/Lei/L13721.htm>. Acesso em: 7 out. 2020.

BRASIL. Lei n. 13.769, de 19 de dezembro de 2018. **Diário Oficial da União**, Poder Legislativo, Brasília, DF, 20 dez. 2018b. Disponível em: <http://www.planalto.gov.br/ccivil_03/_Ato2015-2018/2018/Lei/L13769.htm>. Acesso em: 7 out. 2020.

BRASIL. Lei n. 13.964, de 24 de dezembro de 2019. **Diário Oficial da União**, Poder Legislativo, Brasília, DF, 24 dez. 2019a. Disponível em: <http://www.planalto.gov.br/ccivil_03/_ato2019-2022/2019/lei/L13964.htm>. Acesso em: 7 out. 2020.

BRASIL. Ministério da Justiça e Negócios Interiores. Exposição de motivos do Código Penal de 1940: Ministro Francisco Campos, de 4 de novembro de 1940. **Revista de Informação Legislativa**, Brasília, DF, out./dez. 1969, p. 120-153. Disponível em: <https://www2.senado.leg.br/bdsf/bitstream/handle/id/224132/000341193.pdf?sequence=1>. Acesso em: 7 out. 2020.

BRASIL. Superior Tribunal de Justiça. Conflito de competência n. 62.662-SP, julgado em 28 de março de 2008. Relatora: Minstra Maria Thereza de Assis Moura. **Revista Eletrônica da Jurisprudência do STJ**, Brasília, DF, 22 abr. 2008b. Disponível em: <https://ww2.stj.jus.br/processo/revista/documento/mediado/?componente=ITA&sequencial=767479&num_registro=200600810075&data=20080422&formato=PDF>. Acesso em: 7 out. 2020.

BRASIL. Superior Tribunal de Justiça. Habeas corpus n. 83.632-SP, julgado em 19 de agosto de 2010. Relator: Ministro Jorge Mussi. **Revista Eletrônica da Jurisprudência do STJ**, Brasília, DF, 20 set. 2010. Disponível em: <https://ww2.stj.jus.br/processo/revista/documento/mediado/?componente=ITA&sequencial=996036&num_registro=200701201332&data=20100920&formato=PDF>. Acesso em: 7 out. 2020.

BRASIL. Superior Tribunal de Justiça. Habeas corpus n. 98.623-BA, julgado em 7 de agosto de 2008. Relator: Ministro Arnaldo Esteves Lima. **Revista Eletrônica da Jurisprudência do STJ**, Brasília, DF, 20 out. 2008c. Disponível em: <https://ww2.stj.jus.br/processo/revista/documento/mediado/?componente=ITA&sequencial=803367&num_registro=200800081526&data=20081020&formato=PDF>. Acesso em: 7 out. 2020.

BRASIL. Superior Tribunal de Justiça. Habeas corpus n. 126.357-PA, julgado em 5 de agosto de 2014. Relator: Moura Ribeiro. **Revista Eletrônica da Jurisprudência do STJ**, Brasília, DF, 12 ago. 2014a. Disponível em: <https://ww2.stj.jus.br/processo/revista/documento/mediado/?componente=ITA&sequencial=1334894&num_registro=200900098698&data=20140812&formato=PDF>. Acesso em: 7 out. 2020.

BRASIL. Superior Tribunal de Justiça. Habeas corpus n. 176.181-MG, julgado em 4 agosto de 2011. Relator: Ministro Gilson Dipp. **Revista Eletrônica da Jurisprudência do STJ**, Brasília, DF, 17 ago. 2011a. Disponível em: <https://ww2.stj.jus.br/processo/revista/documento/mediado/?componente=ITA&sequencial=1077827&num_registro=201001084203&data=20110817&formato=PDF>. Acesso em: 7 out. 2020.

BRASIL. Superior Tribunal de Justiça. Habeas corpus n. 179.999-PA, julgado em 16 de dezembro de 2010. Relator: Ministro Celso Limongi. **Revista Eletrônica da Jurisprudência do STJ**, Brasília, DF, 1º fev. 2011b. Disponível em: <https://ww2.stj.jus.br/processo/revista/documento/mediado/?componente=ITA&sequencial=1032190&num_registro=201001337653&data=20110201&formato=PDF>. Acesso em: 7 out. 2020.

BRASIL. Superior Tribunal de Justiça. Habeas corpus n. 268.127-MG, julgado em 7 de outubro de 2014. Relatora: Ministra Maria Thereza de Assis Moura. **Revista Eletrônica da Jurisprudência do STJ**, Brasília, DF, 17 out. 2014b. Disponível em: <https://ww2.stj.jus.br/processo/revista/documento/mediado/?componente=ITA&sequencial=1355444&num_registro=201301008537&data=20141017&formato=PDF>. Acesso em: 7 out. 2020.

BRASIL. Superior Tribunal de Justiça. Habeas corpus n. 287.625-MG, julgado em 23 de junho de 2015. Relator Ministro Reynaldo Soares da Fonseca. **Revista Eletrônica da Jurisprudência do STJ**, Brasília, DF, 29 jun. 2015c. Disponível em: <https://ww2.stj.jus.br/processo/revista/documento/mediado/?componente=ITA&sequencial=1422234&num_registro=201400195040&data=20150629&formato=PDF>. Acesso em: 7 out. 2020.

BRASIL. Superior Tribunal de Justiça. Habeas corpus n. 291.817-SC, julgado em 5 de fevereiro de 2015. Relatora: Ministra Maria Thereza de Assis Moura. **Revista Eletrônica da Jurisprudência do STJ**, Brasília, DF, 20 fev. 2015d. Disponível em: <https://ww2.stj.jus.br/processo/revista/documento/mediado/?componente=ITA&sequencial=1381030&num_registro=201400722192&data=20150220&formato=PDF>. Acesso em: 7 out. 2020.

BRASIL. Superior Tribunal de Justiça. Habeas corpus n. 318.362-SP, julgado em 26 de maio de 2015. Relator: Ministro Sebastião Reis Júnior. **Revista Eletrônica da Jurisprudência do STJ**, Brasília, DF, 11 jun. 2015e. Disponível em: <https://ww2.stj.jus.br/processo/revista/documento/mediado/?componente=ITA&sequencial=1410763&num_registro=201500504676&data=20150611&formato=PDF>. Acesso em: 7 out. 2020.

BRASIL. Superior Tribunal de Justiça. Habeas corpus n. 318.564-RS, julgado em 18 de junho de 2015. Relator: Ministro Reynaldo Soares da Fonseca. **Revista Eletrônica da Jurisprudência do STJ**, Brasília, DF, 25 jun. 2015f. Disponível em: <https://ww2.stj.jus.br/processo/revista/documento/mediado/?componente=ITA&sequencial=1419744&num_registro=201500530740&data=20150625&formato=PDF>. Acesso em: 7 out. 2020.

BRASIL. Superior Tribunal de Justiça. Informativo de Jurisprudência n. 547, de 8 de outubro de 2014. **Secretaria de Jurisprudência do STJ**, 8 out. 2014c. Disponível em: <https://scon.stj.jus.br/SCON/SearchBRS?b=INFJ&tipo=informativo&livre=@COD=%270547%27>. Acesso em: 7 out. 2020.

BRASIL. Superior Tribunal de Justiça. Recurso em habeas corpus n. 51.601-MS, julgado em 18 de junho de 2015. Relator: Ministro Felix Fischer. **Revista Eletrônica da Jurisprudência do STJ**, Brasília, DF, 25 jun. 2015g. Disponível em: <https://ww2.stj.jus.br/processo/revista/documento/mediado/?componente=ITA&sequencial=1419673&num_registro=201402323060&data=20150625&formato=PDF>. Acesso em: 7 out. 2020.

BRASIL. Superior Tribunal de Justiça. Recurso em habeas corpus n. 51.631-SP, julgado em 17 de março de 2015. Relator: Ministro Felix Fischer. **Revista Eletrônica da Jurisprudência do STJ**, Brasília, DF, 7 abr. 2015h. Disponível em: <https://ww2.stj.jus.br/processo/revista/documento/mediado/?componente=ITA&sequencial=1391648&num_registro=201402333360&data=20150407&formato=PDF>. Acesso em: 7 out. 2020.

BRASIL. Superior Tribunal de Justiça. Recurso em habeas corpus n. 108.923-SC, julgado em 11 de abril de 2019. Relator: Ministro Reynaldo Soares da Fonseca. **Revista Eletrônica da Jurisprudência do STJ**, Brasília, DF, 10 maio 2019b. Disponível em: <https://ww2.stj.jus.br/processo/revista/documento/mediado/?componente=ITA&sequencial=1815971&num_registro=201900584679&data=20190510&formato=PDF>. Acesso em: 7 out. 2020.

BRASIL. Superior Tribunal de Justiça. Recurso especial n. 1.134.460-SC, julgado em 23 de outubro de 2012. Relator: Ministro Marco Aurélio Bellizze. **Revista Eletrônica da Jurisprudência do STJ**, Brasília, DF, 30 out. 2012c. Disponível em: <https://ww2.stj.jus.br/processo/revista/documento/mediado/?componente=ITA&sequencial=1190030&num_registro=200901438052&data=20121030&formato=PDF>. Acesso em: 7 out. 2020.

BRASIL. Superior Tribunal de Justiça. Recurso especial n. 1.440.165-DF, julgado em 21 de maio de 2015. Relatora: Ministra Maria Thereza de Assis Moura. **Revista Eletrônica da Jurisprudência do STJ**, Brasília, DF, 29 maio 2015i. Disponível em: <https://ww2.stj.jus.br/processo/revista/documento/mediado/?componente=ITA&sequencial=1410088&num_registro=201400502235&data=20150529&formato=PDF>. Acesso em: 7 out. 2020.

BRASIL. Superior Tribunal de Justiça. Recurso em mandado de segurança n. 5.195-1-SP, julgado em 17 de outubro de 1995. Relator: Ministro Luiz Vicente Cernicchiaro. **Diário da Justiça**, Brasília, DF, 6 maio 1996b. Disponível em: <https://ww2.stj.jus.br/processo/ita/documento/mediado/?num_registro=199400396937&dt_publicacao=06-05-1996&cod_tipo_documento=>. Acesso em: 7 out. 2020.

BRASIL. Superior Tribunal de Justiça. Recurso em mandado de Segurança n. 32.918-MS, julgado em 17 de abril de 2012. Relatora: Ministra Laurita Vaz. **Revista Eletrônica da Jurisprudência do STJ**, Brasília, DF, 27 abr. 2012d. Disponível em: <https://ww2.stj.jus.br/processo/revista/documento/mediado/?componente=ITA&sequencial=1139142&num_registro=201001680461&data=20120427&formato=PDF>. Acesso em: 7 out. 2020.

BRASIL. Superior Tribunal de Justiça. **Súmulas do Superior Tribunal de Justiça**. Disponível em: <http://www.stj.jus.br/docs_internet/SumulasSTJ.pdf>. Acesso em: 7 out. 2020.

BRASIL. Supremo Tribunal Federal. Ação direta de inconstitucionalidade n. 1.719 – DF, julgada em 18 de junho de 2007. Relator: Ministro Joaquim Barbosa. **Diário da Justiça**, Brasília, DF, 3 ago. 2007. Disponível em: <http://portal.stf.jus.br/processos/detalhe.asp?incidente=1689521>. Acesso em: 7 out. 2020.

BRASIL. Supremo Tribunal Federal. Súmula n. 267, de 13 de dezembro de 1963. **Súmula da Jurisprudência Predominante do Supremo Tribunal Federal** – Anexo ao Regimento Interno, Imprensa Nacional, Brasília, DF, 1964. Disponível em: <http://www.stf.jus.br/portal/jurisprudencia/menuSumarioSumulas.asp?sumula=2464>. Acesso em: 7 out. 2020.

BRASIL. Supremo Tribunal Federal. Súmula n. 711, de 24 de setembro de 2003. **Diário da Justiça**, Brasília, DF, 13 out. 2003b. Disponível em: <http://www.stf.jus.br/portal/jurisprudencia/menuSumarioSumulas.asp?sumula=2551>. Acesso em: 7 out. 2020.

BRASIL. Supremo Tribunal Federal. Súmula vinculante n. 11, de 13 de agosto de 2008. **Diário da Justiça eletrônico**, Brasília, DF, 22 ago. 2008d. Disponível em: <http://www.stf.jus.br/portal/jurisprudencia/menuSumario.asp?sumula=1220>. Acesso em: 7 out. 2020.

CÂMARA, L. A. **Medidas cautelares pessoais**: prisão e liberdade provisória. 2. ed. rev. e atual. Curitiba: Juruá, 2011.

CAPEZ, F. **Curso de processo penal**. 21. ed. São Paulo: Saraiva, 2014.

CIDH – Comissão Interamericana de Direitos Humanos. **Convenção Americana sobre Direitos Humanos**. San José, Costa Rica, 22 nov. 1969. Disponível em: <https://www.cidh.oas.org/basicos/portugues/c.convencao_americana.htm>. Acesso em: 7 out. 2020.

CNJ – Conselho Nacional da Justiça. Cidadania nos Presídios. **Conselho Nacional da Justiça.** Sistema carcerário, execução penal e medidas socioeducativas. 2017. Disponível em: <http://www.cnj.jus.br/sistema-carcerario-e-execucao-penal/cidadania-nos-presidios>. Acesso em: 17 jul. 2017.

CNJ – Conselho Nacional da Justiça. Resolução n. 213, de 15 de dezembro de 2015. **Diário da Justiça eletrônico**, Poder Judiciário, Brasília, DF, 8 jan. 2016. Disponível em: <https://atos.cnj.jus.br/files/resolucao_213_15122015_22032019145102.pdf>. Acesso em: 21 out. 2020.

COUTINHO, J. N. de M. Introdução aos princípios gerais do direito processual penal brasileiro. **Revista da Faculdade de Direito da UFPR**, Curitiba, v. 30, n. 30, p. 163-198, 1998. Disponível em: <http://revistas.ufpr.br/direito/article/view/1892/1587>. Acesso em: 7 out. 2020.

CRUZ, É. M. **Recurso de apelação**: a visão constitucional dos juízos de admissibilidade e de mérito nos juizados especiais criminais. Birigui: Boreal, 2012.

DIAS, J. de F. Breve consideração de um tema recorrente: a "independência judicial". In: BONATO, G. (Org.). **Processo penal, Constituição e crítica**. Rio de Janeiro: Lumen Juris, 2011. p. 397-406.

DIDIER JÚNIOR, F. **Editorial 45**. 12 ago. 2008. Disponível em: <http://www.frediedidier.com.br/editorial/editorial-45>. Acesso em: 3 jul. 2017.

DIMOULIS, D. **Manual de introdução ao estudo do direito**. 2. ed. rev., atual. e ampl. São Paulo: Revista dos Tribunais, 2007.

DOTTI, R. A. **Curso de direito penal**. 3. ed. rev. e ampl. São Paulo: Revista dos Tribunais, 2010.

GOMES, L. F.; BIANCHINI, A. **Curso de direito penal**: parte geral – arts. 1º a 120. Salvador: JusPodivm, 2015. v. 1.

GONÇALVES, A. P. Técnica processual e teoria do processo. Rio de Janeiro: Aide, 1992.

JARDIM, A. S.; AMORIM, P. S. M. C. de. **Direito processual penal**: estudos e pareceres. 11. ed. rev. e atual. Rio de Janeiro: Forense, 2007.

JUNQUEIRA, G. O. D. **Direito penal**. 10. ed. rev. e atual. São Paulo: Revista dos Tribunais, 2010. (Coleção Elementos do Direito, v. 7).

LOPES JÚNIOR, A. **Direito processual penal**. 11. ed. São Paulo: Saraiva, 2014.

LOPES JÚNIOR, A. **Sistemas de investigação preliminar no processo penal**. Rio de Janeiro: Lumen Juris, 2001.

LOPES JÚNIOR, A.; ROSA, A. M. da. **Processo penal no limite**. Florianópolis: Empório do Direito, 2015.

MACHADO, A. A. **Curso de processo penal**. 2. ed. São Paulo: Atlas, 2009.

MANZINI, V. **Trattato di diritto processuale penale italiano secondo il nuovo Codice**. Torino: Utet, 1932. 2 v.

MELLO, M. B. de. **Teoria do fato jurídico**: plano da existência. 14. ed. rev. São Paulo: Saraiva, 2007.

MIRABETE, J. F. **Código de Processo Penal interpretado**. 8. ed. São Paulo: Atlas, 2001.

NICOLITT, A. **Manual de processo penal**. 2. ed. atual. Rio de Janeiro: Elsevier, 2010.

OLIVEIRA, E. P. de. **Curso de processo penal**. 12. ed. Rio de Janeiro: Lumen Juris, 2009.

OLIVEIRA, E. P. de. **Curso de processo penal**. 18. ed. rev., ampl. e atual. São Paulo: Atlas, 2014.

OLIVEIRA, E. P. de. **Regimes constitucionais da liberdade provisória**. 2. ed. Rio de Janeiro: Lumen Juris, 2007.

PARANÁ (Estado). Lei n. 14.277, de 30 de dezembro de 2003. **Diário Oficial do Estado do Paraná**, n. 6.636, 30 dez. 2003. Disponível em: <http://www.legislacao.pr.gov.br/legislacao/listarAtosAno.do?action=exibir&codAto=5826>. Acesso em: 7 out. 2020.

PARANÁ. Tribunal de Justiça. Habeas corpus n. 1.358.323-2. Relator: Desembargador José Laurindo de Souza Netto. Curitiba, 23 abr. 2015. Disponível em: <https://www.tjpr.jus.br/documents/18319/5218101/Processo_N%C2%BA_1358323-2_-_HC_Crime.pdf>. Acesso em: 7 out. 2020.

PRADO, G. **Em torno da jurisdição**. Rio de Janeiro: Lumen Juris, 2010.

RAMIDOFF, M. L. **Direitos difusos e coletivos IV**: Estatuto da Criança e do Adolescente. São Paulo: Saraiva, 2012a. (Coleção Saberes do Direito, v. 37).

RAMIDOFF, M. L. **Lições de direito da criança e do adolescente**: ato infracional e medidas socioeducativas. 3. ed. rev. e atual. Curitiba: Juruá, 2011.

RAMIDOFF, M. L. **SINASE – Sistema Nacional de Atendimento Socioeducativo**: comentários à Lei n. 12.594, de 18 de janeiro de 2012. 2. ed. São Paulo: Saraiva, 2012b.

RAMIDOFF, M. L.; RAMIDOFF, H. M. B. Audiência de custódia: desafios e expectativas. **Revista Internacional Consinter de Direito**, ano V, n. VIII, p. 213-238, jan./jun. 2019. Disponível em: <https://revistaconsinter.com/revistas/ano-v-numero-viii/direito-publico/audiencia-de-custodia-desafios-e-expectativas/>. Acesso em: 7 out. 2020.

RANGEL, P. **Direito processual penal**. 20. ed. São Paulo: Atlas, 2012a.

RANGEL, P. **Tribunal do júri**: visão linguística, histórica, social e jurídica. 4. ed. São Paulo: Atlas, 2012b.

ROSA, A. M. da. **Guia compacto do processo penal conforme a Teoria dos Jogos**. 2. ed. Rio de Janeiro: Lumen Juris, 2014.

SILVA JARDIM, A.; AMORIM, P. S. M. C. de. **Direito processual penal**: estudos e pareceres. 11. ed. rev. e atual. Rio de Janeiro: Forense, 2007.

SOARES, C. D. Princípios norteadores do processo penal brasileiro. **Democracia Digital e Governo Eletrônico**, 2007. Disponível em: <http://www.buscalegis.ufsc.br/revistas/files/anexos/13593-13594-1-PB.pdf>. Acesso em: 3 jul. 2017.

STF – Supremo Tribunal Federal. Pena pode ser cumprida após decisão de segunda instância, decide STF. **Notícias STF**, 17 fev. 2016. Disponível em: <http://www.stf.jus.br/portal/cms/verNoticiaDetalhe.asp?idConteudo=310153>. Acesso em: 7 out. 2020.

TÓPOR, K. A. M.; NUNES, A. R. **Audiência de custódia**: controle jurisdicional da prisão em flagrante. Florianópolis: Empório do Direito, 2015.

TOURINHO FILHO, F. da C. **Processo penal**. 31. ed. São Paulo: Saraiva, 2009. v. 4.

VARGAS, J. C. de. **Direitos e garantias individuais no processo penal**. Rio de Janeiro: Forense, 2002.

Questões para revisão

Capítulo 1
1. c
2. e
3. a

Capítulo 2
1. c
2. a
3. c

Capítulo 3
1. a
2. b
3. c

Capítulo 4
1. d
2. e
3. c

Capítulo 5
1. c
2. a
3. e

Capítulo 6
1. c
2. b
3. d

Capítulo 7
1. c
2. a
3. a

Capítulo 8
1. c
2. a
3. c

Mário Luiz Ramidoff é mestre em Direito (2002) pela Universidade Federal de Santa Catarina (UFSC) e doutor em Direito (2007) pela Universidade Federal do Paraná (UFPR), com estágio pós-doutoral em Direito (2014) na UFSC. É diretor executivo da Associação dos Magistrados do Paraná (Amapar), membro da diretoria da Escola Nacional da Magistratura, membro de inúmeros conselhos editoriais de revistas científicas e membro de grupos de pesquisas em programas de pós-graduação *stricto sensu* (mestrado/doutorado), além de atuar como professor titular do Centro Universitário Curitiba (UniCuritiba). Foi promotor de justiça do Ministério Público do Estado do Paraná e atualmente, pelo quinto constitucional, é desembargador do Tribunal de Justiça do Estado do Paraná. Autor de vários livros e artigos científicos publicados em revistas jurídicas e especializadas em direito da criança e do adolescente, direitos coletivos, direitos da juventude e da pessoa idosa, direito penal, direito processual penal, criminologia, política criminal, jurisdição e Ministério Público.

Os papéis utilizados neste livro, certificados por instituições ambientais competentes, são recicláveis, provenientes de fontes renováveis e, portanto, um meio **responsável** e natural de informação e conhecimento.

```
FSC
www.fsc.org
MISTO
Papel produzido
a partir de
fontes responsáveis
FSC® C103535
```

Impressão: Reproset
Fevereiro/2023